中等职业教育市场营销专业创新型系列教材

市场营销案例与实训

吴俊英 主编

科学出版社

北 京

内 容 简 介

本书集中阐述了市场营销的相关理论、实践、案例以及实训等内容，主要内容包括认识营销、市场调查与预测、营销环境分析、目标市场营销战略、产品策略、价格策略、分销渠道策略、促销策略、综合实训。

本书依据市场营销的操作流程编排，运用案例进行导入，有学习目标、案例导入、相关知识、案例思考、营销实训等模块，并设置了相应的情商培养励志内容。

本书既可作为中等职业学校、高职院校电子商务、市场营销、营销与策划等专业的教学用书，也可作为在职营销人员自学或岗位培训用书。

图书在版编目 (CIP) 数据

市场营销案例与实训/吴俊英主编. —北京：科学出版社，2016
（中等职业教育市场营销专业创新型系列教材）
ISBN 978-7-03-049181-7

Ⅰ. ①市… Ⅱ. ①吴… Ⅲ. ①市场营销学－案例－中等专业学校－教材
Ⅳ. ①F713.50

中国版本图书馆 CIP 数据核字（2016）第 146883 号

责任编辑：涂 晟 / 责任校对：陶丽荣
责任印制：吕春珉 / 封面设计：东方人华

科 学 出 版 社 出版
北京东黄城根北街 16 号
邮政编码：100717
http://www.sciencep.com

三河市骏杰印刷有限公司印刷
科学出版社发行 各地新华书店经销
＊

2016 年 7 月第 一 版 开本：787×1092 1/16
2016 年 7 月第一次印刷 印张：14 3/4
字数：329 000
定价：32.00 元
（如有印装质量问题，我社负责调换〈骏杰〉）
销售部电话 010-62136230 编辑部电话 010-62135763-2013

前　　言

"以能力为本位，以就业为导向"为职业教育教学目标，要求在专业课的教学中突出对技能型人才的培养。市场营销是一门应用性、实践性很强的学科，注重培养学生解决营销活动中的实际问题的能力及对市场的动态发展的敏感性。我们所面对的学生，基本上缺乏对市场和企业的实际情况的了解，运用案例与实训教学可以缩小理论与实践的差距。另外，现在市场上的职业教育教材，较侧重于专业知识与技能，忽略对学生情商的培养。因此，针对职业教育的特点，编者编写了本书。

编者按照正常、合理的教学顺序设计教材结构与内容，从而更加贴近市场营销教学与教改的需要，更有利于培养真正实用的营销专业相关人才。本书从市场开发、市场服务两个岗位群的任务及能力分析入手，以市场营销流程为主线，内容设计表达简明、具体，具有较强的可操作性和实用性；突出案例教学与实践操作技能的培养，以情商与实操双技能为培养目标。本书依据市场营销的操作流程编排，运用案例进行导入，有学习目标、案例导入、相关知识、案例思考、营销实训等模块，并设置了相应的情商培养励志内容。

建议用 36～54 课时学习本书，教师可根据教学内容自行调整。

项目	实训内容	实训课时
一	认识营销	4～6
二	市场调查与预测	4～6
三	营销环境分析	3～5
四	目标市场营销战略	4～6
五	产品策略	6～8
六	价格策略	3～5
七	分销渠道策略	2～4
八	促销策略	4～6
九	综合实训	6～8

本书由宁波市鄞州职业教育中心学校吴俊英担任主编。项目一、项目八、项目九由吴俊英编写；项目二、项目三由鄞州职业教育中心学校徐凤编写；项目四、项目五由鄞州职业教育中心学校许承韵编写；项目六、项目七由鄞州职业教育中心学校顾倩倩编写。

编者在编写本书的过程中，参阅了国内外相关书籍、报刊、互联网等大量信息，在此对相关作者表示衷心的感谢。

由于编者水平有限，书中难免有不足之处，恳请广大读者批评指正。

目　　录

项目一
认 识 营 销

学习目标

1）理解市场与市场营销的概念。

2）了解市场营销观念的演变与发展，区分现代营销观念与传统营销观念，树立以消费者为中心的现代市场营销观念。

3）掌握营销方式与营销技巧，并有意识进行自我训练。

4）培养分析问题与解决问题的能力，提高思维的逻辑性与发散性，调动学习的积极性。

5）建立市场竞争意识，培养创新精神与创业意识。

任务一　认识市场与市场营销

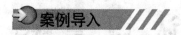 案例导入

案例 1　海 岛 卖 鞋

某国某制鞋企业老板一直思考企业如何进一步发展的问题。制鞋行业在该国可谓相当成熟，而且市场化程度很高，竞争异常激烈。

正当这位老板一筹莫展之际，公司财务科长提出了出国去某海岛旅游的请假申请。老板嘱咐财务科长考察一下该海岛的鞋业市场，分析公司通过出口打开国际市场、扩大销售的可能性。财务科长牢记老板的嘱托，在调研了该海岛的鞋业市场的情况后，向老板汇报说："这个地方连买鞋的地方都找不到，根本不存在什么鞋业市场，看样子公司发展需另辟蹊径。"

老板又找来 2 名长期在市场一线的销售人员，去海岛考察当地的鞋业市场。大约过了一周，销售人员甲汇报：他几乎走遍了海岛，发现这里的人几乎不穿鞋子，没有穿鞋的这种需求，自然也就没有市场。销售人员乙汇报：他走遍了海岛，发现这里的人几乎都没有鞋，海岛鞋业市场潜力很大。

老板又派他最信任的营销总监出马。1 个月后，营销总监拿出一份具体的海岛鞋业营销策划方案。方案基本认同销售人员乙的看法，认为公司在该海岛发展业务是一次难得的营销机会；不过对营销的可行性以及如何营销，认识大有不同。方案首先调查居民不穿鞋的原因：长期以来，由于海岛自然条件好，到处是沙地和草地，而且一年四季比较暖和，岛内居民就养成了赤脚的习惯。但是通过调查发现：岛内居民由于长期赤脚，缺乏保护，大部分人患有脚疾，穿鞋对他们有好处。也由于遗传特征和长期生活习惯不同，海岛居民的脚部特征和内陆居民有很大不同，因此应根据比较海岛人脚部特征重新设计生产适合海岛人的鞋，而不能简单地出售公司现有的鞋。公司还应开展大量的海岛公益活动、宣传活动，以培养海岛居民穿鞋的习惯，并确立公司的鞋业领导者地位。另外，方案还提到一种其他地方没有的水果，预计这种水果销售前景甚好，这样可以通过公共关系手段与海岛政府协商取得该种水果的独家代理权，以补偿低价在海岛售鞋造成的损失，以及组织公益活动推广穿鞋习惯的费用。

【分析】从这个案例中，我们可以看到不同人对市场的看法不同，不同的人对营销的理解也不同，以及营销者应如何理解市场和营销。财务科长将市场定义为商品交易的场所，即买方与卖方交易的场所，他认为没有买鞋的地方，就没有鞋业市场。2 位销售人员对市场的理解有所不同，他们认为市场是购买者的集合，市场中存在由购买力、购买意向与购买欲望组成的需求。营销总监才是真正的营销人员，正确地理解了市场的含义。

从本案例中，我们也可以发现，销售人员乙所理解的"营销"与营销总监所理解的有很大区别。严格来说，销售人员乙采用的是推销而不是营销，他只考虑如何将产品卖

出去，并没有考虑顾客的需求。营销总监则是真正的营销人员，他善于发现潜在的市场，在将近1个月的过程中做了市场调研，并且自己进行简单的产品设计，以适应这里特殊的消费者人群；尊重那个地方的特殊性，善于对市场进行差异化分析，找出目标市场的需求，在确定了目标市场、找出了目标市场偏好后能及时对自有产品进行调整，让调整后的产品既能适应新市场的需求又能保证生产利润。

案例 2　速溶咖啡的新形象

咖啡是西方人日常生活中常饮的饮料，产销量巨大。风靡世界的雀巢速溶咖啡，今天被人们奉为饮料佳品，但它刚问世时，却一度遭受冷落。

20世纪40年代，为了适应人们生活的快节奏，雀巢公司率先研制出了速溶咖啡并投入市场。

这种速溶咖啡免去磨咖啡豆、煮咖啡等烦琐的制作工序，只要用开水一冲即可享受一杯香浓美味的咖啡，而且保持了普通咖啡的优点。但是不久，雀巢公司就发现，人们仍然购买普通咖啡而不购买速溶咖啡，速溶咖啡的消费量仅占整个咖啡消费量的极小部分。

为弄清速溶咖啡受到消费者排斥的原因，雀巢公司进行了大量的调查，后来又求助于消费心理学家才恍然大悟。原来，雀巢公司在促销时只抓住了现代人生活节奏加快的特点，而忽略了支配消费行为的一个重要潜在因素——消费者的心理和民族传统习惯。人们普遍认为购买速溶咖啡的妇女不是一名好妻子，也就是说，速溶咖啡的产品形象是它的使用者是懒惰的家庭主妇。而当时速溶咖啡的广告中大量采用快速、方便、省事、经济等词语来描述速溶咖啡，加重了速溶咖啡的不利形象。人们认为速溶咖啡缺乏温暖感。

根据消费心理学家的这一发现，雀巢公司立即调整广告宣传，重新进行广告策划，改变原来不利的产品形象。宣传的重点由只强调其省时、方便转到既强调省时、方便，可以腾出更多精力去做其他事情，创造更多的财富和生活乐趣，又强调从速溶咖啡中同样可以尝到新鲜咖啡淳美、清香而浓郁的味道。从而使速溶咖啡饱含感情色彩，并且具有能代表更高的社会地位的形象。根据这一宣传宗旨，公司挑选最具温柔、善良、贤惠形象的女模特，为速溶咖啡做广告，广告媒体以杂志为主。于是，"雀巢咖啡"在各种妇女杂志刊登色彩鲜艳、内涵丰富的全页广告：颗粒饱满的棕色咖啡作为背景陪衬热气腾腾的咖啡，广告上"百分之百的纯正咖啡""满足你的咖啡瘾"等广告词十分醒目，并告诉人们，这就是美好温馨的生活。广告一出，由于迎合了人们的心理和消费习惯，消除了人们以为饮用速溶咖啡被看作懒惰的误解和心理疑虑，速溶咖啡的消费量迅速增加，速溶咖啡的新形象获得了广大公众的认可。

【分析】速溶咖啡从滞销到畅销，说明了消费者心理的复杂性，企业在开发产品之前，必须以消费者为中心，产品本身的质量、包装、品牌、产品说明、价格、购买地点、宣传等方面均要迎合顾客的需要。

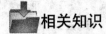

相关知识

一、市场的含义

市场是为了满足某种需要而购买或准备购买某种特定商品或服务的消费者群体。其主要含义：市场是商品交换的场所；市场是对某种商品或劳务的支付能力的需求；市场是对某种商品或劳务具有需求的所有现实的和潜在的购买者。

市场是由有需求的特定人群构成的，市场的大小取决于这些人群的总量、购买欲望和支付能力。

市场=人口+购买欲望+购买力

二、市场营销的含义

市场营销是指在以顾客需求为中心的思想指导下，企业所进行的有关产品生产、流通和售后服务等与市场有关的一系列经营活动（包括市场调查和预测，产品构思和设计，产品生产、定价、分销、促销和售后服务等内容），旨在满足市场需求，实现企业的经营目标。

市场营销并不等于推销。

三、市场营销观念

市场营销观念是指企业进行生产经营活动的基本指导思想。

1. 营销观念演变与发展

一定的企业经营观念是一定社会经济发展的产物，是随着商品经济的发展和企业经营环境的变化而不断演变和发展的。这个过程大致经历了以下 5 个阶段。

（1）生产观念

生产观念是卖方市场下，以生产为中心的经营观念。其观点：消费者欢迎那些买得到且买得起的产品；企业生产什么就卖什么，只要生产出来了，就不愁没有销路。

企业经营管理的重点：提高生产效率，增加产量，降低成本，在销售方面用不着花费精力。适用于：①产品供不应求，购买者没有什么选择余地；②企业以提高产量、降低成本、扩大销售为竞争手段。早期的福特公司"不管消费者需要什么颜色的汽车，我们的汽车就是黑色的"就是这种营销观念。

（2）产品观念

产品观念是一种盛行于 20 世纪 40 年代的营销观念，是一种继生产观念之后产生的又一种生产导向的营销观念。其观点：消费者喜欢那些质量好、价格低廉的商品，企业只要全力提高产品质量，降低成本，使自己的产品物美价廉，顾客就会上门来购买，就不愁销售。它强调产品质量，而忽视市场需求。如"酒香不怕巷子深""市场营销近视症"就体现了这种营销观念。

（3）推销观念

推销观念是在卖方市场向买方市场过渡时期产生的一种以推销为中心的经营观念。其观点：顾客（消费者）一般不主动购买非必需的产品，企业如果采取适当的促销措施，顾客可能会购买这些产品。如美国皮尔斯堡面粉公司提出的"本公司旨在推销面粉"就是这种营销观念。

（4）市场营销观念

市场营销观念是在买方市场条件下，以顾客为中心的经营观念。其观点：企业只有明确目标顾客的需求，才能比竞争者更有效地提供产品和服务，满足顾客需求，实现企业目标。消费者需要什么，就生产什么、卖什么，以消费者需要作为企业生产经营和服务的出发点。从推销观念到市场营销观念是企业经营观念的一次重大飞跃。

（5）社会营销观念

社会营销观念是以社会利益为中心的营销观念，这种观念强调在满足市场需求和获取利润的同时，还必须注意社会的利益。其观点：营销者必须在公司利益、消费者需求的满足和公共利益三者之间做出平衡。为方便消费者购买而使用的各种包装、软饮料瓶等体现了这种观念。

以上 5 种观念可归纳为两类：前三种是以生产为中心的传统观念，后两种是以市场（顾客或消费者）为中心的现代观念。

议一议

这五种营销观念有何区别？

2. 现代营销观念

现代营销观念是以顾客导向为基点的具有现代意识的科学的营销观念，除市场营销观念外，还有顾客导向、整体营销、关系营销、创新营销、绿色营销、大市场营销、网络营销等，构成了现代营销观念体系。

（1）顾客导向

顾客导向也称顾客满意营销，它要求企业的市场营销活动要以消费者为中心，树立"顾客第一"的观念，把消费者的需求作为企业营销工作的出发点与归宿点，全面满足消费者的需求，千方百计地维护良好的顾客关系，并把消费者是否满意和满意程度作为衡量企业营销活动的标准。顾客导向并不仅满足顾客已有的需求，还必须预见需求、引导需求、激发和拓展需求。

（2）整体营销

整体营销具有两个方面的含义：一方面是指企业内部各职能部门及全体员工均应以企业整体利益为共同目标，与营销部门协调配合，为争取顾客发挥应有的作用；另一方面是指协调发挥产品、定价、分销、促销等营销策略要素的整体效应，为顾客提供满意的产品和服务，同时注意保持企业所有的营销努力在时间上和空间上的协调一致。

（3）关系营销

关系营销是把营销活动看作一个企业与消费者、供应商、分销商、竞争者、政府机构及其他公众发生互动作用的过程，其核心是建立和发展与这些公众的良好关系。1985年，巴巴拉·本德·杰克逊提出了关系营销的概念。

（4）创新营销

创新是企业成功的关键，企业经营的最佳策略就是抢在别人之前淘汰自己的产品，这种把创新理论运用到市场营销中的新做法，包括营销观念的创新、营销产品的创新、营销组织的创新和营销技术的创新。

（5）绿色营销

绿色营销是指社会和企业在充分意识到消费者日益提高的环保意识和由此产生的对清洁型无公害产品需要的基础上，发现、创造并选择市场机会，通过一系列理性化的营销手段来满足消费者以及社会生态环境发展的需要，实现可持续发展的过程。绿色营销的核心是按照环保与生态原则来选择和确定营销组合的策略，绿色营销强调企业在营销中保护地球的生态环境，防止污染环境。

（6）大市场营销

大市场营销是指为了进入特定市场，并在那里从事业务经营，在战略上协调使用经济的、心理的、政治的和公共关系等手段，以获得各有关方面如经销商、供应商、消费者、市场营销研究机构、有关政府人员、各利益集团及宣传媒介等合作及支持。大市场营销教授菲利普·科特勒于1984年提出了大市场营销的概念。

（7）网络营销

网络营销就是利用网络进行的营销活动，是企业为实现其总体经营目标所进行的、以互联网为基本手段营造网上经营环境的各种活动。

议一议

现代市场营销观念与传统营销观念有何区别？

案例思考

案例1　宝洁公司和一次性尿布

宝洁（P&G）公司以其寻求和明确表达顾客潜在需求的优良传统，被誉为在面向市场方面做得好的美国公司之一。其婴儿尿布的开发就是一个例子。1956年，该公司开发部主任维克·米尔斯在照看其出生不久的孙子时，深切感受到一篮篮脏尿布给家庭主妇带来的烦恼。洗尿布的责任给了他灵感。于是，米尔斯组织人员研究开发了一次性尿布。

一次性尿布的想法并不新鲜。事实上，当时美国市场上已经有好几种牌子。但市场调研显示：多年来这种尿布只占美国市场的1%。原因首先是价格太高；其次是父母们认为这种尿布不好用，只适合在旅行或不便于正常换尿布时使用。调研结果还表明，一次性尿布的市场潜力巨大。当时美国和世界许多国家正处于婴儿出生高峰期，将婴儿数量乘以每日平均需换尿布次数，可以得出惊人的潜在销量。

宝洁公司产品开发人员用了1年的时间，力图研制出一种既好用又对父母有吸引力的产品。产品的最初样品是在塑料裤衩里装上一块打了褶的吸水垫子。但1958年夏天现场试验结果，除了父母们的否定意见和婴儿身上的痱子以外，一无所获。于是一次性尿布的研发又回到图纸阶段。

1959年3月，宝洁公司重新设计了它的一次性尿布，在实验室生产了37 000个，并拿到纽约州去做现场试验。这一次，有2/3的试用者认为该产品胜过布尿布。然而，接踵而来的问题是如何降低成本和提高新产品质量。为此要进行的工序革新，比产品本身的开发难度更大。一位工程师说它是"公司遇到的最复杂的工作"，生产方法和设备必须从头做起。不过，到1961年12月，这个项目进入了能通过验收的生产工序和产品试销阶段。

公司选择地处美国最中部的城市皮奥里亚试销这个后来被定名为"娇娃"的产品。发现皮奥里亚的妈妈们喜欢用"娇娃"，但不喜欢10美分一片尿布的价格。因此，价格必须降下来。在6个地方进行的试销进一步表明，定价为6美分一片，就能使这类新产品畅销，使其销售量达到零售商的要求。宝洁公司的几位制造工程师找到了解决办法，用来进一步降低成本，并把生产能力提高到公司能以该价格在全国销售"娇娃"尿布的水平。

"娇娃"尿布终于成功推出，直至今天仍然是宝洁公司的拳头产品之一。它表明，企业对市场真正需求的把握需要通过直接的市场调研来论证。通过潜在用户的反映来指导和改进新产品开发工作。企业各职能部门必须通力合作，不断进行产品试用和调整定价。

思考：

1）宝洁公司开发一次性尿布的决策是在什么基础上进行的？

2）其开发过程是否体现了现代市场营销的基本精神？

案例2 TCL集团的营销管理哲学

TCL集团股份有限公司（以下简称TCL集团）是目前中国最大、全球性规模经营的消费类电子企业集团，在全球40多个国家和地区设有销售机构。

TCL集团的经营理念包括2个核心观念和4个支持性观念。

1. 2个核心观念

2个核心观念如下：

1）为顾客创造价值的观念。它认为，顾客（消费者）就是市场，只有为顾客创造价值，赢得顾客的信赖和拥戴，企业才有生存和发展的空间。为此，公司明确提出"为顾客创造价值，为员工创造机会，为社会创造效益"的宗旨，将顾客利益摆在首位。

2）不断变革、创新的观念。它认为，市场永远在变化，市场面前人人平等，唯有不断变革经营、创新管理、革新技术的企业，才能在竞争中发展壮大。为此，公司根据市场发展变化不断调整企业的发展战略和产品质量与服务标准，改革经营体制，提高管理水平。

2. 4 个支持性观念

在具体的营销管理工作中，TCL 集团重点培育和贯彻了 4 个支持性观念：

1）品牌形象观念。将品牌视为企业的形象和旗帜、对消费者服务和质量的象征。花大力气创品牌、保品牌，不断使品牌资产增值。

2）先进质量观念。以追求世界先进水平为目标，实施产品、工艺、技术和管理高水平综合的全面质量管理，保证消费者利益。

3）捕捉商机贵在神速的观念。它认为，挑战在市场，商机也在市场，谁及时发现并迅速捕捉了它，谁比竞争对手更好地满足消费者需要，谁就拥有发展的先机。

4）低成本扩张观念。它认为，在现阶段我国家电领域生产能力严重过剩，在有条件实行兼并的情况下，企业应以低成本兼并扩大规模，为薄利多销奠定坚实基础。

TCL 集团在上述观念指导下，建立了统一协调、集中高效的领导体制，自主经营、权责一致的产权机制，灵活机动、以一当十的资本营运机制，举贤任能、用人所长的用人机制，统筹运作、快速周转的资金调度机制。依据目标市场的要求，TCL 集团投入上亿元资金，由近千名科技人员建立了 3 个层次（TCL 中央研究院、数字技术研究开发中心、基层企业生产技术部）的战略与技术创新体系，增强自有核心技术的研究开发能力，以此抢占制高点，拓展新产品领域，促进了 TCL 集团快速成长，实现全集团销售额、利税年均增长速度分别为 50% 和 45%。

思考：

1）TCL 集团的经营理念是否适应我国当代市场环境的要求？

2）近年来 TCL 集团成长发展的原因是什么？

营销实训

实训项目 1 1 分钟的自我推销演练

【实训目标】

1）培养在众人面前敢于讲话的能力。

2）培养在众人面前增强自信和勇气。

【实训内容与组织】

按照实训目标要求，结合学生的特点，建议采用的训练项目演练内容：①问候；②我是谁，包括姓名、来自哪里、个人兴趣爱好、专长、家庭情况、对学习市场营销课程的认识和学习期望等。其具体步骤为：

1）上台问候。上台后先对所有人问好，然后做自我介绍。注意展现热情，面带微笑。

2）正式内容演练，即自我推销介绍。注意音量、站姿、介绍顺序、肢体动作等。

3）致谢回座。对所有人致谢后再按教师示意回到座位。

【成果与检测】

1）自我评价（概述实现自我突破的关键和本次活动的自我突破）。

2）小组评价和教师评价（本次自我推销的表现）。

实训项目2 资料分析

【实训目标】

1）培养分析问题与解决问题的能力。

2）树立正确的市场营销观念。

【实训内容与组织】

根据提供的资料，结合所学的知识进行分析问题与解决问题能力的训练。其具体步骤为：

1）给出以下材料，让学生进行分组讨论。

康柏电脑公司在1991年以前，曾过于迷信"公司应该为客户提供最好的产品"这个观点，它蕴含的推论是："质量越好，营销成功的可能性就越大。"公司鼓励工程师设计、生产高品质产品，并不断加以完善。1991年康柏的管理层做了调整，新的负责人认为："要根据产品价格搞设计，用顾客的眼光看问题。考虑什么价位能吸引顾客光顾我们的产品，要想办法在此价位上生产出此种产品。"

2）结合学过的知识，根据提供的材料进行思考与讨论。

3）运用口头表达方式对问题进行陈述。

【成果与检测】

1）你的回答是：

2）自我评价（知识的正确运用与口头表达能力）。

3）小组评价和教师评价（分析问题、解决问题与口头表达的能力）。

实训项目 3　情境模拟

【实训目标】

1）培养分析问题与解决问题的能力、创新能力与应变能力。
2）树立正确的市场营销观念。

【实训内容与组织】

学生 5 人或 6 人为一组，根据提供的资料，结合所学的知识进行分析问题与解决问题能力、创新能力与应变能力的训练。其具体步骤为：

1）给出以下材料，让学生进行角色扮演。

某日，某购物广场顾客服务中心接到一起顾客投诉，顾客说从该商场购买的"苗苗"酸牛奶中喝出了苍蝇。正在这时，有位值班经理走过来说："你既然说有问题，那就带小孩去医院，有问题我们负责!"顾客听后更加生气，大声喊:"你负责? 好，现在我让你去吃 10 只苍蝇，我带你去医院检查，我来负责好不好? "边说边在商场里大喊大叫，并口口声声说要去"消协"投诉，引起了许多顾客围观。

该购物广场顾客服务中心经理听到后马上前来处理，假如你是这位经理，你将如何处理这一问题?

2）由 2 名学生根据提供的材料进行角色扮演，其他学生根据情境进行思考与讨论对策。

3）每组选出 1 名学生作为经理出面解决问题，其他成员可进行补充。

【成果与检测】

1）你对这问题的方法及过程、询问要点、预计的效果是:

2）结合同学们的做法，你认为最好的解决问题的方法与程序、询问要点是:

3）小组评价和教师评价（分析问题、解决问题与口头表达的能力）。

实训项目 4　案情讨论与思考

【实训目标】

1）培养分析问题与解决问题的能力。

2）树立正确的市场营销观念。

【实训内容与组织】

根据提供的资料，结合所学的知识进行分析问题与解决问题能力的训练。其具体步骤为：

1）给出以下材料：

IBM（国际商业机器公司）是世界上最大的信息工业跨国公司。IBM 成功的最主要原因就是，为用户提供良好的售后服务。IBM 的口号是 "一切为了销售""一切为了用户""人人参与销售""人人参与服务"。IBM 与用户打交道，不单纯为了推销产品，而要替用户排忧解难。IBM 认为，把产品销售出去，安装好仅仅是服务的开始。在这以后，公司要时时同用户保持联系，提供用户需要的各种维修和服务。IBM 还认为，建立买卖双方相互信任的伙伴关系，才能保证企业的长盛不衰。

IBM 与用户打交道时，为什么是"不单纯为了推销产品，而要替用户排忧解难"？为什么说"把产品销售出去，安装好仅仅是服务的开始"？为什么要"改变那种卖方盯住买方的口袋，想方设法从里面捞出钱来的想法"？

2）运用所学市场营销理论对以上材料进行分析，并思考从中获得的有益启示。

3）每组（5 人或 6 人为一组）选出 1 名学生为代表进行陈述，其他成员可进行补充。

【成果与检测】

1）运用所学市场营销理论分析。

2）从中获得的有益启示：

3）小组评价和教师评价（分析问题、解决问题与口头表达的能力）。

任务二　认识营销方式和营销技巧

 案例导入

案例 1　把梳子卖给和尚

有一家大公司，决定扩大经营规模，高薪招聘营销主管。该公司为了选拔真正有效能的人才，要求每位应聘者必须完成一道测试：以一周的期限推销 100 把木梳，并且把它们卖给一类指定的人群——和尚。

小尹、小石、小钱 3 个人勇敢地接受了挑战……

一周的期限到了，3 人回公司汇报各自的销售实践成果，小尹只卖出 1 把，小石卖出 10 把，小钱居然卖出了 100 把。

同样的条件，为什么结果会有这么大的差异呢？公司请他们谈谈各自的销售经过。

小尹讲述了历尽的辛苦，他跑了 3 座寺院，游说和尚应当买把梳子，无甚效果，还惨遭和尚的责骂，但仍然不屈不挠。最终有一个和尚受感动而买了 1 把梳子。

小石去了一座名山古寺，由于山高风大，前来进香的善男信女的头发被吹乱了。小石找到住持，说："蓬头垢面对佛是不敬的，应在每座香案前放把木梳，供善男信女梳头。"住持认为有理。那庙共有 10 座香案，于是买下 10 把梳子。

小钱来到一座颇负盛名、香火极旺的深山宝刹，对方丈说："凡来进香者，多有一颗虔诚之心，尤其对于积德行善之人宝刹应有回赠，保佑平安吉祥，鼓励多行善事。我有一批梳子，您的书法超群，远近闻名，可刻上'积善梳'3 个字，然后作为赠品。"方丈听罢大喜，立刻买下 100 把梳子。

【分析】这是典型的营销技巧运用的案例，它让我们明白：营销，可以让不可能的销售成为可能。面对把木梳推销给和尚这个难题，许多应聘者拂袖而去，拂袖而去的原因是他们的经营思维过于直线化，无法超越传统观念上的思维定式。在具体的推销实践中，小尹是一位执着型推销人员，有吃苦耐劳、锲而不舍、真诚感人的优点；小石具有善于观察事物和推理判断的能力，能够站在客户服务的角度，因势利导地实现销售；小钱通过对目标人群的分析研究，最后站在客户利益的角度，大胆创意，有效策划，开发了一种新的市场需求。传统角度而言和尚是不会用木梳的，纵然用也不会用得太多。但

小钱却发现寺庙里有着木梳销售的潜在市场，找到了这个潜在市场也就敲开了木梳畅销的大门。所以，以客户需求为导向，紧紧抓住客户的消费心理，大胆设想，小心求证，逐步引导，才能最终实现目标。

案例 2　糯米酒先生成功的微信营销

"@糯米酒先生"来自厦门，顾名思义，是位酿造糯米酒的先生，其酒坊坐落在福建永定县下洋镇廖陂村东兴楼，特点是采用传统纯手工工艺酿造客家土楼糯米酒，而永定的客家土楼早已闻名遐迩，我们并不陌生。

很难想象这位来自客家土楼的先生，早在 2012 年 8 月就申请了微信公共账号，名称叫"客家土楼糯米酒"，在半年多的时间里，他边摸索边积累，获得了初步成功，来看看他的成绩单：公共账号最新数据显示已有近 22 500 名粉丝，每月有近 5 万元的销售额，糯米酒定价 60 元/斤，多数客户会一次性购买 5～10 斤，因此每单价格在 300～600 元。

短短数月取得如此傲绩，他是怎么做到的？我们一起来揭开其中的秘密。

首先，他花了些时间调查厦门当地的高端厨房、橱柜企业及其店铺信息，最终锁定了 10 个大品牌和 20 个中端品牌。

其次，他精挑细选了些店铺，便和同事用了近半年的时间深入每家门店现场互动"拉粉"。

再次，他们根据自己的判断，一旦遇到合适的客户，便走过去主动搭讪，并递上印有二维码的名片，当场邀请客人关注。微信公共账号的私密性较强，一般不用担心泄露隐私，因此多数人容易接受。

最后，糯米酒先生施展攻心术，免费给每位客户邮寄一瓶试喝，因而同时获得了客户的第一手信息，他们会根据实际情况适度开展电话回访，进一步获得情感上的认可，最终取得客户信任。

如此反复坚持，他们最终获得了 400 多位忠实客户，并在公共账号上建立了互动关系。

当客户来电咨询时，糯米酒先生会直接告知账号，邀请客户关注，所有产品的标签上都有二维码接口，达到"利诱"客户关注的目的。

他们会不定期组织线下体验活动，召集客户到客家土楼的酿造基地监督、考察，这也是调动粉丝参与的一种方式。在活动结束后，客户会或多或少买些产品带回家，真是一举两得。

【分析】这是成功运用现代营销方式的案例。随着计算机与网络的普及，新的营销方式不断出现。微信不仅是一个媒体平台，也是销售平台，或者是 CRM 平台，这里面有巨大的营销空间。面对微信这个新媒体平台，要运用好营销策略，才能达到满意的营销效果。

相关知识

一、营销方式

营销方式是指营销过程中所使用的方法。营销方式包括体验营销、个性化营销、会员制营销、知识营销、情感营销、教育营销、事件营销、网络视频营销、论坛营销、微信营销、电子杂志营销、数据库营销、IM 营销、SNS 营销、搜索引擎营销、免费试用营销等，除此之外还有绿色营销、整体营销、服务营销、差异营销、直销、病毒营销、QQ 营销、微博营销等。（此处主要介绍前几种营销方式。）

营销无定法。随着社会发展，会出现许多新型的营销方式开拓市场。

1. 体验营销

以关注顾客体验为核心的体验营销战略成为新时期企业的必然选择。它以满足消费者的体验需求为工作重点，将"体验"因子纳入营销战略，为消费者带来新的价值，丰富顾客价值系统的内容，成为体验经济时代企业赢得竞争优势的重要战略。2004 年 4 月，美时美刻"体验"欢乐之旅活动堪称体验营销的典范。

2. 个性化营销

个性化营销的主要内容包括：用户定制自己感兴趣的信息内容，选择自己喜欢的网页设计形式，根据自己的需要设置信息的接收方式和接受时间，等等。据研究，为了获得某些个性化服务，在个人信息得到保护的情况下，用户才愿意提供有限的个人信息，这正是开展个性化营销的前提保证。

3. 会员制营销

会员制营销就是企业通过发展会员，提供差别化的服务和精准的营销，提高顾客忠诚度，长期增加企业利润。它已经被证实为电子商务网站的有效营销手段，国外许多网上零售型网站都实施了会员制计划，几乎已经覆盖了所有行业。一度是中国电子商务旗帜的时代珠峰公司于 2001 年 3 月初推出的"My8848 网上连锁店（U-Shop）"就是一种会员制营销的形式。

4. 知识营销

知识营销将成为企业获得市场的一种重要的营销方式。它使客户在消费的同时学到新知识、增加营销活动的知识含量；挖掘产品文化内涵，注重与消费者形成共鸣的观念价值；形成与消费者结构层次上的营销关系；培训顾客有针对性的销售。

5. 情感营销

情感营销就是把消费者的个人情感差异和需求作为企业品牌营销战略的核心，通过借助情感包装、情感促销、情感广告、情感口碑、情感设计等策略来实现企业的经营目标。"瘦身男女"美健俱乐部一直以超强的情感来维系管理者与员工、员工与员工、员工与顾客之间的关系。

6. 教育营销

众多企业不遗余力地试图站在教育原点上对客户进行营销服务，一方面借助这种形式大力推介企业文化、产品知识，另一方面更重要的是通过满足客户的学习需求，从而激发他们的签单热情，拉动销售。美容行业的营销其实一直与教育培训息息相关。如广州慧妮国际美容机构的教育培训，2003～2004 年更是做得有声有色。

7. 事件营销

事件营销是近年来国内外十分流行的一种公关传播与市场推广手段，集新闻效应、广告效应、公共关系、形象传播、客户关系于一体，并为新产品推介、品牌展示创造机会、建立品牌识别和品牌定位，是一种快速提升品牌知名度与美誉度的营销手段。与广告和其他传播活动相比，事件营销能够以最快的速度、在最短的时间内创造强大的影响力。

8. 网络视频营销

通过数码技术将产品营销现场实时视频图像信号和企业形象视频信号传输至互联网上，客户只需上网登录贵司网站就能看到对贵司产品和企业形象进行展示的电视现场直播。网络视频营销更容易取得用户的信任。

9. 论坛营销

论坛营销就是企业利用论坛这种网络交流的平台，通过文字、图片、视频等方式发布企业的产品和服务的信息，从而让目标客户更加深刻了解企业的产品和服务，最终达到宣传企业的品牌、加深市场认知度的目的。

10. 微信营销

微信营销是刚刚推出的一种网络营销方式。每一个人都可以注册一个微信账号，通过更新自己的微信发布商品信息。每天都可以跟大家交流更新的内容，或者发布大家所感兴趣的话题，从而达到营销的目的。

11. 电子杂志营销

电子杂志营销就是以电子杂志为载体的一种营销方式。电子杂志是一种非常好的媒体表现形式，它兼具了平面与互联网的特点，且融入了图像、文字、声音等，以动态方式呈现给读者，是很享受的一种阅读方式。

12. 数据库营销

数据库营销就是企业通过收集和积累会员（用户或消费者）信息，经过分析筛选后有针对性地使用电子邮件、短信、电话、信件等方式进行客户深度挖掘与关系维护的营销方式。网络营销中的数据库营销更多的是以互联网为平台进行营销活动。

13. IM 营销

IM（instant messaging，即时通信）营销是企业通过即时工具 IM 帮助企业推广产品和品牌的手段，常用的主要有两种情况：一是网络在线交流，中小企业建立了网店或者企业网站时一般会有即时通信在线，这样潜在的客户如果对产品或者服务感兴趣自然会主动和在线的商家联系；二是广告，中小企业可以通过 IM 营销通讯工具，发布一些产品信息、促销信息，或者可以通过图片发布一些网友喜闻乐见的表情，同时加上企业要宣传的标志。

14. SNS 营销

SNS（social networking services，社会性网络服务）营销就是利用 SNS 网站的分享和共享功能，在六维理论的基础上实现的一种营销。通过病毒式传播的手段，让产品被更多的人了解。

15. 搜索引擎营销

搜索引擎营销（search engine marketing，SEM）是以搜索引擎为平台，以调整网页在搜索结果页上的排名从而给网站带来访问量为手段，针对搜索引擎用户展开的营销活动，利用用户检索信息的机会尽可能将营销信息传递给目标用户。

16. 免费试用营销

免费试用营销是一种非常有效的营销方式。通过免费试用企业的新产品不仅可以提高品牌的知名度，还可以达到口碑营销的效果，所有免费试用的用户都将是后期的回头客户，会达到其他方式意想不到的营销效果。

二、营销技巧

营销技巧是对客户心理、产品专业知识、社会常识、表达能力以及沟通能力等的掌控运用。它是销售能力的体现，也是一种工作的技能。营销是人与人之间沟通的过程，宗旨是动之以情，晓之以理，诱之以利。常用的营销技巧有引导成交法、假设成交法、关键按钮成交法和富兰克林对比法等。

1. 引导成交法

引导成交法是指销售人员不停地询问顾客关于产品的意见，使得顾客不停地赞同或认可销售人员的意见，从而将认可强化到顾客的潜意识中，最终使其顺理成章地成交。引导成交法是一种功效卓著、广为各行各业的销售高手采用的技巧。其方法就是待顾客的考虑焦点从是否决定购买转向决定拥有及享用此项产品。这种方法主要的好处是能让销售人员保持主动，维系销售流程的控制权，可以依照自己的步伐结案，而且简单易行。

2. 假设成交法

假设成交法是推销人员假定顾客已决定购买商品，又称"假定成交法"，是推销人员展开推销努力的一种成交法。此种方法可以节约推销时间，提高推销效率；可以适当减少顾客的心理压力，形成良好的销售气氛；可以把顾客的成效信号直接转化为成交行动，促成交易的最终实现。但这种方法会产生过高的成交压力，破坏成交气氛，不利于进一步处理顾客异议，可能会让推销人员丧失成交的主动权。

3. 关键按钮成交法

关键按键成交法就是抓住成交的 3 个关键按钮：探知需求，做侦察兵；取得信任，做子弟兵；促成成交，做后勤兵。即做好售前服务，关注并探寻顾客的真实需求；做好售中服务，采用各种方法取得顾客的信任；做好售后服务，处理顾客的疑虑，促进销售达成。

4. 富兰克林对比法

富兰克林是美国的伟人，他每次在难以做决定的时候都会拿出一张白纸，在白纸中间画一条线，线的左边写要做这件事的理由，线的右边写不要做这件事的理由。这样富兰克林将理由进行二分法之后，列下来所有正面的理由和负面的理由。最后摊开这张纸看一看是正面理由多还是负面理由多，如果正面的理由大于负面的理由，就行动；如果负面的理由大于正面的理由，就不行动。我们同样将其运用于营销。在顾客犹豫不决的时候，让顾客写下应该买这个产品的理由与不该买这个产品的理由，从而进行决定是否购买。

案例思考

阿里发布"去啊"引发旅游品牌大狂欢

2014 年 10 月，原淘宝旅行举行新闻发布会，推出新独立品牌"去啊"及独立域名 alitrip.com。据介绍，"去啊"的品牌含义是："只要决定出发，最困难的部分就已结束。那么，就去啊！"而浓缩成发布会现场的一页 PPT，则是："去哪里不重要，重要的是……去啊。"

不料，这一句并不奇葩的表述，却引来了整个中国在线旅游圈的集体戏仿与致敬，堪称一场久违的狂欢。

"去啊"和行业里另一主角"去哪儿"，无论在字还是音上，都过于相近。从品牌传播角度上看，这是可以指摘的。而事实上，据发布会现场参与者介绍，"去啊"旅行总经理李少华在台上宣讲时，还真的说成了"去哪儿不重要，重要的是……去啊"。

"去哪儿"表示："人生的行动不只是鲁莽的'去啊'，沉着冷静地选择'去哪儿'，才是一种成熟态度！"将"去啊"和"去哪儿"两个品牌拎出来，制造冲突。而接下来跟进的旅游品牌，也基本延续了这个路数。

携程当仁不让地接过了下一棒。它这样突出了自己："旅行的意义不在于'去哪儿'，也不应该只是一句敷衍的'去啊'，旅行就是要与对的人，携手同行，共享一段精彩旅程。——携程自驾游用心为您打造完美假期。"

更多相关品牌也参与了这场集体戏仿与营销狂欢。

营销专家表示，在业务层面，淘宝旅行改为"去啊"，绝不仅是一个品牌更名，也是在战略和资源上的发力。淘宝旅行升格为阿里旅行，阿里航旅事业部升级为事业群，携程、去哪儿都难免为之侧目。表面看，这是一场公关大战或营销推广，但是对整个行业而言，还是有推动作用的。在这场狂欢中，受益最多的是小品牌。在旅游行业中，很多团队的知名度不及大企业，不过创业精神却值得钦佩，在这次大战中，很多小品牌也站在公众面前，这无疑是一次最好的推广。

思考：

1）本案例中采用了什么营销方式？

2）你从中受到了什么启示？

营销实训

实训项目 1 与陌生人交际与沟通

【实训目标】

1）培养与陌生人交际与沟通的能力。

2）加强自我心理突破的引导与训练。

【实训内容与组织】

1）运用交际与沟通理论，主动同一位陌生人交往，交流某个问题，并动员其与你共同做一件有价值的事。

2）行动前要进行周密的策划，见什么人，达到什么目的，可行性怎样，怎样进行自我形象设计，见面的第一句话怎样说，怎样展开说服过程，以什么方式说服对方等，都要有所思考与运筹。并写在实录卡的计划栏内。

3）交际与沟通的过程中，要充满自信，要诚恳、热情，又要适度，把握分寸；要运用所学的融通情感的社会心理学原则，进行有效沟通；要运用交涉的艺术，做好说服动员工作。关键是要使对方感到你们共同做的事能使对方获益。当然，不只是物资利益，还应该包括使其获得心理满足、成就感，以及愉悦的心情等。

4）交际结束后，要认真回忆与记载交际过程，总结交际与沟通的经验，并填好交际实录卡。

5）组织一次班级交流会，每组推荐 2 人介绍交际与沟通过程及体会。交流中，可以按照事先计划、事中过程、事后体会的思路介绍。学生之间可以进行评价、补充与矫正，最后由教师进行简要的总结。

【成果与检测】

1）填写沟通实录卡。

沟通主体		沟通对象		单位及职务	
沟通目标		时间		地点	
沟通前计划					
沟通过程实录					
沟通后体会					
教师评估					

2）自我反思（应如何进一步提高自己的交际与沟通能力）。

实训项目 2　组建模拟公司

【实训目标】

1）培养初步运用管理系统的思想建立现代组织的能力。

2）培养分析、归纳与讲演的能力。

【实训内容与组织】

根据所学知识与对实际企业调查访问所获得的信息资料，组建模拟公司。

1）以自愿为原则，6～8 人为一组，组建模拟公司，自定公司名称。

2）进行总经理竞聘，每个人以"我要做一个什么样的管理者"为题，发表竞聘讲演（要有发言提纲）。对总经理竞聘讲演提供建议思路如下：

① 基本内容结构。第一，竞聘目的与原因；第二，本人简介与条件优势；第三，目标承诺；第四，工作思路、战略及实现目标的举措。

② 把握要领。第一，认真分析主客观条件，研究竞聘态势，做到知己知彼；第二，研究选民心理，投其所好，满足需要，争取民心（主要是实际利益与情感士气两个方面）；第三，为自己科学定位，树立有魅力的自身形象。

3）投票选出公司总经理，完成模拟公司的初步组建。

4）选举形式可采用投票形式。

5）组织一次班级交流会，每组推荐 2 名成员发表竞聘讲演。

6）由教师与学生对各公司组建情况（含竞聘提纲）进行评估打分。

【成果与检测】

1）小组公司建立设计。

① 拟建公司名称及业务范围：

② 本人行动设计与竞选提纲：

③ 小组竞选活动评价：

2）公司人员招聘。

① 活动时间、地点：

② 本组招聘宣传计划与实施安排：

③ 招聘工作评价：

实训项目 3 头脑风暴法——选择最成功的饭店

假如你和你的同学试图决定在购物中心开设一家饭店。困扰你们的问题是，这个城市饭店很多，这些饭店能够提供各种价位的不同种类的餐饮服务。你们拥有开设任何一种类型饭店的足够资源。你们所面对的问题是决定开设什么样的饭店是最成功的。

【实训目标】

1）培养组织能力。
2）培养创新能力。

【实训内容与组织】

1）组成 3 个或 4 个小组，指定 1 位发言人在教师提问时向全班报告自己小组的发现与结论。小组集体花 5～10 分钟来讨论设计最可能成功的饭店类型。每位小组成员都要尽可能地富有创新性和创造力，对任何提议都不能加以批评。

2）指定 1 名小组成员把所提出的各种方案写下来。

3）用 10～15 分钟讨论各个方案的优点与不足，最终确定一个使所有成员意见一致的最可能成功的方案。

4）在做出决策后，对头脑风暴法的优点与不足进行讨论，确定是否有产生阻碍的现象。

5）每个小组推荐 1 名成员做中心发言，说明方案形成的过程，并评价小组完成情况，给本组打分。

6）教师与学生共同确定全班最佳创业方案。

【成果与检测】

1）组织活动过程概述。

2）最佳方案确定依据。

3）小组评价和教师评价（分析问题、解决问题与口头表达的能力）。

项目小结

通过本项目的学习与实训，写下你的收获。

自我小结：

同学的评价：

教师的评价：

EQ 驿站

从一粒米成功

提起中国台湾首富王永庆，几乎无人不晓。他把台湾塑胶集团推进到世界化工业的前 50 名。而在创业初期，他做的还只是卖米的小本生意。

王永庆早年因家贫读不起书，只好去做买卖。16 岁的王永庆从老家来到嘉义开一家米店。那时的嘉义已有米店近 30 家，竞争非常激烈。当时仅有 200 元资金的王永庆，只能在一条偏僻的巷子里承租一家很小的铺面。他的米店开办最晚，规模最小，更谈不上知名度了，没有任何优势。在新开张的那段日子里，生意冷冷清清。

刚开始，王永庆曾背着米挨家挨户去推销，一天下来，人不仅疲惫至极，效果也不太好。谁会去买一个小商贩上门推销的米呢？可怎样才能打开销路呢？王永庆决定从每一粒米上打开突破口。那时候的台湾，农民还处在手工作业状态，由于稻谷收割与加工的技术落后，很多小石子之类的杂物很容易掺杂在米里。人们在做饭之前，都要淘好几次米，很不方便，但大家都已习以为常。

王永庆却从这司空见惯中找到了切入点。他和两个弟弟一齐动手，一点一点地将夹杂在米里的秕糠、沙石之类的杂物拣出来，然后再卖。一时间，小镇上的主妇们都说，王永庆卖的米质量好，省去了淘米的麻烦。这样，一传十，十传百，米店的生意日渐红火起来。

王永庆并没有就此满足，他还要在米上下大功夫。那时候，顾客都是上门买米，自己运送回家。这对年轻人来说不算什么，但对一些上了年纪的人，就是很大的不便。而年轻人又无暇顾及家务，买米的顾客以老年人居多。王永庆注意到这一细节，于是主动送米上门。这一方便顾客的服务措施同样大受欢迎。当时还没有"送货上门"一说，增加这一服务项目可谓一项创举。

王永庆送米，并非送到顾客家门口了事，还要将米倒进米缸里。如果米缸里还有陈米，他就将旧米倒出来，把米缸擦干净，再把新米倒进去，然后将旧米放回上层，这样，陈米就不至于因存放过久而变质。王永庆这一精细的服务令顾客深受感动，赢得了很多的顾客。

如果给新顾客送米，王永庆就细心记下这户人家米缸的容量，并且问明家里有多少人吃饭，几个大人、几个小孩，每人饭量如何，据此估计该户人家下次买米的时间，记在本子上。到时候，不等顾客上门，他就主动将相应数量的米送到客户家里。

王永庆精细、务实的服务获得了嘉义人的好评，并且人人都知道在米市马路尽头的巷子里住着卖好米并送货上门的王永庆。有了知名度后，王永庆的生意更加红火起来。这样，经过一年多的资金积累和客户积累，王永庆便自己开办了一家碾米厂，在最繁华热闹的临街处租了一处大房子，临街做铺面，里间做碾米厂。

就这样，王永庆从小小的米店生意开始了他后来问鼎台湾首富的事业。

感悟　不要以为创造就非得轰轰烈烈、惊天动地，把一粒米这样细小的工作做好同样是一种创造。

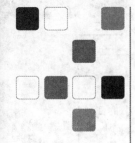

项目二
市场调查与预测

1）掌握市场调查问卷的设计方法。

2）能根据市场调查问卷，完成市场调查数据的统计。

3）了解市场调查报告的撰写方法。

4）培养使用计算机等现代化辅助工具完成课堂任务的能力，提高思维的逻辑性与分析数据的能力，调动学习的积极性。

5）建立市场调研的意识，了解数据的重要性。

任务一　市场调查问卷设计

案例导入

关于隐形眼镜在郑州市大学生中使用的市场前景的调查问卷

首先感谢郑州市各位同学的协助。本调查的目的在于了解隐形眼镜在大学生中的使用情况，以期对这一市场的发展前景做出初步预测。耽误您宝贵的时间，再次向您致谢！

1. 请问您现在配戴的是哪一种眼镜？
   A. 框架眼镜
   B. 隐形眼镜
   C. 未配眼镜
   D. 视力好，不需配
2. 假如您已经近视尚未配眼镜，您准备：
   A. 配框架眼镜　　　B. 配隐形眼镜　　　C. 不配镜
3. 您选择框架眼镜是因为：
   A. 价格适中
   B. 方便
   C. 一般近视者都戴
   D. 其他
4. 您未配隐形眼镜是因为：
   A. 价格过高　　　B. 怕伤眼睛　　　C. 未听说过　　　D. 其他
5. 戴眼镜给体育运动带来了一些不便，对此您持何种态度？
   A. 无所谓
   B. 无可奈何，不戴不行
   C. 运动时少戴
   D. 换成隐形眼镜
6. 长期戴框架眼镜，会使眼睛不同程度地变形，对此您持何种态度？
   A. 无所谓　　　B. 无可奈何　　　C. 尽量少戴　　　D. 换成隐形眼镜
7. 您现有的眼镜价格大约是多少？
   A. 框架眼镜价格　　　B. 隐形眼镜价格　　　C. 未配
8. 如果您想买隐形眼镜，请问您最高能接受以下哪一种价格？
   A. 200 元左右（普通型）
   B. 250～350 元（精品型）
   C. 450 元左右（定做）
9. 您购买眼镜的经济需求，家里是否会予以满足？
   A. 是　　　　　B. 否　　　　　C. 其他
10. 您购买眼镜的途径：
    A. 专卖店　　　B. 商店　　　C. 网上
11. 您现有的眼镜价格大约是多少？
    A. 100 元以下　　　B. 100～300 元　　　C. 300 元以上
12. 假如您要配戴隐形眼镜，您会选择使用哪种类型的软性隐形眼镜？
    A. 日抛型　　　B. 月抛型　　　C. 半年抛型　　　D. 年抛型
13. 您配戴隐形眼镜的时间有多久了？

A. 从未配戴　　　　B. 1年以下　　　　C. 1~2年　　　　D. 2~3年

14. 您对隐形眼镜镜片的保养程度:

　　A. 每天保养　　　　B. 经常保养　　　　C. 偶尔保养　　　　D. 从不保养

15. 您选择隐形眼镜时最看重哪方面的因素?

　　A. 价格　　　　　　　　　　　　　　B. 舒适度

　　C. 对眼睛的损伤程度　　　　　　　　D. 品牌

16. 在配隐形眼镜时,最令您担心的是:

　　A. 验光不准确　　　　　　　　　　　B. 品质没有保障,危害眼睛

　　C. 配戴不舒适　　　　　　　　　　　D. 价格不理想

17. 下列哪些促销活动会影响您购买隐形或框架眼镜时的选择?

　　A. 赠送护理液或眼睛布等关联产品　　B. 现场打折

　　C. 积分活动或会员制

18. 您的性别:

　　A. 男　　　　　　　B. 女

19. 您的职业:

　　A. 公务员　　　　　B. 学生　　　　　C. 公司职员　　　　D. 自由职业

20. 您的年龄:

　　A. 18岁以下　　　　B. 18~25岁　　　　C. 25~35岁　　　　D. 35岁以上

【分析】以上是一份较简单的调查问卷,里面包括了调查问卷的基本因素,前言和主体,还可以在最后写上关于本次调查的一些基本信息,如调查时间、地点、调查员姓名、被调查者的联系方式等信息的记录,并对被调查者的配合再次给予感谢。

相关知识

一、调查问卷的组成部分

一份正式的调查问卷一般包括以下3个组成部分。

第一部分:前言。主要说明调查的主题、调查的目的、调查的意义,以及向被调查者表示感谢。

第二部分:正文。这是调查问卷的主体部分,一般设计若干问题要求被调查者回答。

第三部分:附录。这一部分可以将被调查者的有关情况加以登记,为进一步的统计分析收集资料。

二、调查问卷的功能

1) 能正确反映调查目的、调查的具体问题,突出重点,能使被调查者乐意合作,达到协助调查的目的。

2) 能正确记录和反映被调查者回答的事实,提供正确的情报。

3) 统一的问卷还便于资料的统计和整理。

问卷的设计是市场调查的重要一环。要得到有益的信息,需要提问确切的问题。建

议通过提问来确定问题的价值：你将如何使用调查结果？这样做可避免把时间浪费在无用或不恰当的问题上。要设计一份完美的问卷，不能闭门造车，而应事先做一些访问，拟订一份初稿，经过事前实验性调查，再修改成正式问卷。

三、调查问卷的设计原则

设计问卷时应注意以下原则。

1）问卷上所列问题应该都是必要的。

2）所问问题是被调查者所了解的，不应是被调查者不了解或难以答复的问题。使人感到困惑的问题会得到如"我不知道"这样的回答。在"是"或"否"的答案后应有一个"为什么"。回答问题所用时间最多不超过半小时。

3）在询问问题时不要转弯抹角。如果想知道顾客为什么选择你的店铺买东西，就不要问："你为什么不去张三的店铺购买？"因为答案是他们为什么不喜欢张三的店铺，但你想了解的是他们为什么喜欢你的店铺。根据顾客对张三店铺的看法来了解顾客为什么喜欢你的店铺可能会导致错误的推测。

4）注意询问语句的措辞和语气。在语句的措辞和语气方面，一般应注意以下6点。

① 问题要提得清楚、明确、具体。

② 要明确问题的界限与范围，问句的字义（词义）要清楚，否则容易误解，影响调查结果。

③ 避免用引导性问题或带有暗示性的问题，诱导人们按某种方式回答出你想得到的答案。

④ 避免提问使人尴尬的问题。

⑤ 对调查的目的要有真实的说明，不要说假话。

⑥ 需要理解他们所说的一切。利用问卷做面对面访问时，要注意给回答问题的人足够的时间讲完他们要讲的话。为了保证答案的准确性，将答案向调查对象重念一遍。

不要对任何答案做出负面反应。如果你对答案不满意，不要显露出来。如果别人回答从未听说过你的产品，那说明他们确实没听说过，这正是你为什么要做调查的原因。

四、调查问卷的提问方式

调查问卷的提问方式可以分为以下两种形式。

1）封闭式提问，也就是在每个问题后面给出若干选择答案，被调查者只能在这些被选答案中选择自己的答案。

2）开放式提问，就是允许被调查者用自己的话来回答问题。由于采取这种方式提问会得到各种不同的答案，不利于资料统计分析，因此在调查问卷中不宜过多采用。

五、调查问卷的设计要求

在设计调查问卷时，设计者应该注意遵循以下基本要求。

1）问卷不宜过长，问题不能过多，一般控制在20分钟左右回答完毕。

2）能够得到被调查者的密切合作，充分考虑被调查者的身份背景，不要提出对方不感兴趣的问题。

3）要有利于使被调查者做出真实的选择，因此答案切忌模棱两可，使对方难以选择。

4）不能使用专业术语，也不能将两个问题合并为一个，以至于得不到明确的答案。

5）问题的排列顺序要合理，一般先提出概括性的问题，逐步启发被调查者，做到循序渐进。

6）将比较难回答的问题和涉及被调查者个人隐私的问题放在最后。

7）提问不能有任何暗示，措辞要恰当。

8）为了有利于数据统计和处理，调查问卷最好能直接被计算机读入，以节省时间，提高统计的准确性。

六、调查问卷设计时的注意事项

1）问卷必须与调查主题紧密相关。违背了这样一点，再漂亮或精美的问卷都是无益的。而所谓问卷体现调查主题，其实质是在问卷设计之初要找出与调查主题相关的要素。

例如，"调查某化妆品的用户消费感受"——这里并没有现成的选择要素的法则。但从问题出发，结合一定的行业经验与商业知识，要素就容易被寻找出来：一是使用者（可认定为购买者），包括她（他）的基本情况（自然状况，如性别、年龄、皮肤性质等）和使用化妆品的情况（是否使用过该化妆品、周期、使用化妆品的日常习惯等）；二是购买力和购买欲，包括她（他）的社会状况（收入水平、受教育程度、职业等）、化妆品消费特点（品牌、包装、价位、产品外观等）和使用该化妆品的效果（评价，问题应具有一定的多样性但又限制在某个范围内，如价格、使用效果、心理满足等）；三是产品本身，包括对包装与商标的评价、广告等促销手段的影响力、与市场上同类产品的横向比较等。应该说，具有以上几个要素对于调查主题的结果是有直接帮助的。被调查者也相对容易了解调查者的意图，从而予以配合。

2）问题的设置是否具有普遍意义。这是问卷设计的一个基本要求，但我们仍然能够在问卷中发现带有一定常识性的错误。这一错误不仅不利于调查成果的整理分析，而且会使调查委托方轻视调查者的水平。如下是一项关于"居民广告接受度"的调查内容：

你通常选择哪一种广告媒体？

A. 报纸　B. 电视　C. 杂志　D. 广播　E. 其他

如果将答案换为另一种形式：

A. 报纸　B. 车票　C. 电视　D. 墙幕广告　E. 气球

F. 大巴士　G. 广告衫　H. ……

我们的统计指标若没有那么细（或根本没必要），那我们就犯了"特殊性"的错误，从而导致某些问题的回答实际上是对调查无助的。

在一般性的问卷技巧中，需要注意的是，不能犯问题内容上的错误。例如：

你拥有哪一种信用卡？

A. 长城卡　B. 牡丹卡　C. 龙卡　D. 维萨卡　E. 金穗卡

其中"D"的设置是错误的，应该避免。

3）问卷的设计要有整体感。这种整体感即是问题与问题之间要具有逻辑性，独立的问题本身也不能出现逻辑上的谬误，从而使问卷成为一个相对完善的小系统。例如：

① 你通常每日读几份报纸？

A. 不读报　B. 1份　C. 2份　D. 3份以上

② 你通常用多长时间读报？

A. 10分钟以内　B. 0.5小时左右　C. 1小时　D. 1小时以上

③ 你经常读的是下面哪类（或几类）报纸？

A. ×市晚报　B. ×省日报　C.《人民日报》　D.《参考消息》

E.《中国广播电视报》　F.《中国体育报》……

在以上的几个问题中，由于问题设置紧密相关，因而能够获得比较完整的信息。调查对象也会感到问题集中、提问有章法。相反，假如问题是发散的、带有意识流痕迹的，问卷就会给人以随意性的感觉。那么，将市场调查作为经营决策的一个科学过程的企业就会对调查失去信心。

因此，逻辑性的要求即是与问卷的条理性、程序性分不开的。已经看到，在一份综合性的问卷中，调查者将差异较大的问卷分块设置，从而保证了每个"分块"的问题都密切相关。

4）所设问题要清晰明确、便于回答。如上文问题中"10分钟""0.5小时""1小时"等设计即是十分明确的。统计后会告诉我们：用时极短（浏览）的概率为多少；用时一般（粗阅）的概率为多少；用时较长（详阅）的概率为多少。反之，答案若设置为"10~60分"或"1小时以内"等，则不仅不明确、难以说明问题，而且令被调查者很难作答。

再则，问卷中常有"是"或"否"一类的是非式命题。例如：

您的婚姻状况：

A. 已婚　B. 未婚

显而易见，此题还有第三种答案（离婚/丧偶/分居）。如按照以上方式设置则不可避免发生选择上的困难和有效信息的流失，其症结即在于问卷违背了"明确性"的原则。

5）问题要设置在中性位置，不参与提示或主观臆断，完全将被调查者的独立性与客观性摆在问卷操作的限制条件的位置上。例如：

你认为这种化妆品对你的吸引力在哪里？

A. 色泽　B. 气味　C. 使用效果　D. 包装　E. 价格　F. ……

这种设置是客观的。若换一种答案设置：

A. 迷人的色泽　B. 芳香的气味　C. 满意的效果　D. 精美的包装……

这样一种设置则具有了诱导和提示性，从而在不自觉中掩盖了事物的真实性。

6）便于整理、分析。成功的问卷设计除了考虑紧密结合调查主题与方便信息收集外，还要考虑调查结果的容易得出和调查结果的说服力。这就需要考虑问卷在调查后的整理与分析工作。

议一议

撰写调查问卷时，有哪些注意点？

案例思考

舞蹈教育市场调查问卷

1. 受访对象：
   □ 妈妈　　　□ 爸爸
2. 您有几个小孩？
   □ 1个　　　□ 2个　　　□ 2个以上
3. 您通过什么方式了解舞蹈培训？
   □ 宣传单　　　□ 报纸杂志　　　□ 亲友
   □ 互联网　　　□ 电视广告　　　□ 同事
   □ 广告牌　　　□ 其他（请注明）
4. 您的孩子有参加过舞蹈培训吗？
   □ 有　　　　　□ 没有
5. 您认为孩子多大应该开始舞蹈培训？
   □ 3岁　　　　□ 3岁半　　　　　□ 4岁
   □ 5岁　　　　□ 5岁以上
6. 您为孩子选择舞蹈培训机构的时候会考虑哪些因素？（可多选）
   □ 品牌　　　□ 知名度　　　□ 机构历史　　　□ 经验
   □ 卫生　　　□ 园所环境　　　□ 舒适　　　　□ 交通
   □ 尊重幼儿　□ 课程　　　　□ 专业性　　　□ 便利
   □ 系统性　　□ 师资　　　　□ 爱心　　　　□ 离家近
7. 您认为孩子早期培养的重点是？（可多选）
   □ 体能的潜能开发　　　　　　□ 兴趣的开发
   □ 社会性的潜能开发（自我服务意识、社会交往能力）
   □ 学习模仿能力的潜能开发　　□ 基本功能力的潜能开发
8. 您每个月给孩子的教育预算是多少？
   □ 500元　　□ 500～1000元　　□ 1000～1500元　　□ 1500元
9. 您对以下哪种课程感兴趣？（期望孩子学舞蹈基于的动机）
   □ 兴趣　　　□ 专业考级　　　　□ 上好的学校　　　□ 表演演出
10. 您家里哪位家长可以陪同孩子上课？
    □ 妈妈　　□ 爸爸　　　□ 祖父/母　　　□ 保姆　　　□ 其他人

11. 您一般采用哪种交通工具带孩子上课?

□ 步行   □ 公交车   □ 出租车   □ 私家车

12. 您是否希望孩子参加集体活动?

□ 是   □ 否

13. 孩子学习过程中您最关注的问题是?

□ 生理健康   □ 学习能力   □ 形体塑造   □ 情绪兴趣

□ 表现能力

感谢您的宝贵时间和参与

年   月   日

思考:

根据问卷调查的内容、原则和注意事项对以上案例进行修改。

营销实训

实训项目1 入户访问

【实训目标】

1)培养与陌生人沟通交流的能力。

2)培养语言组织能力和逻辑能力。

【实训内容与组织】

按照实训目标要求,结合学生的特点,建议采用的训练项目演练内容:

1)学生2人一组,自由组合,做一次入户访问的场景设计。

2)根据事前准备好的市场调查入户调查表,2人中的1人为受访者,另1人为访问员,相互进行实地访问调查的情境模拟。

3)教师按照入户调查的访问要求抽查学生的模拟过程。

【成果与检测】

1)自我评价(概述实现自我突破的关键和本次活动的自我突破)。

2）小组评价和教师评价（本次入户访问的表现）。

实训项目2　旅游调查

【实训目标】

1）培养设计调查问卷的能力。
2）培养理解和分析资料的能力。

【实训内容与组织】

根据提供的以下资料，结合所学的知识进行分析问题与解决问题能力的训练。

据有关调查表明，在北京地区，境外常驻人员短期旅游比例最高，有74.2%的人曾经进行过1～4日的短期旅游，旅游频率平均为每人每年4次。因其国籍、民族、文化背景等方面的不同，这些常驻人员的短期旅游消费行为呈现出一定的差异，体现出不同的旅游偏好。本次调查是以问卷调查的形式，在北京地区的境外常驻人员中进行的。市场调研部门通过问卷调查后得出了以下结论。

1. 日本人人数最多，美国人频率最高

调查表明，在曾经短期旅游过的各地区常驻人员中，日本人占有的比例最大，占26.3%，其次是我国港台地区人员占23.4%，欧洲人占19.1%，美国人占14.4%。而在参加短期旅游的人当中，美国人的出游频率最高，一年平均出游5.4次，欧洲人、我国港台地区人员和日本人的出游频率紧随其后。

2. 城市旅游最受青睐

本次调查要求被访者填写最近3次短期旅游情况，回收了1029份短期旅游情况的有效问卷。市场调研部门根据每个旅游景点的主要景观特点将其分为4种类型——人文历史、自然风光、娱乐和城市旅游。从调查结果来看，城市旅游是最吸引境外常驻人员的，占全部旅游的一半，而纯娱乐类型地点的吸引力最差，仅占3.7%。调查显示，每次旅游的平均停留时间为2.9天。

在时间安排方面，多数境外常驻人员（35.8%）是利用公差进行短期旅游的；是利用公休期进行旅游的，占29.8%；周末旅游的排在第三位，占18.4%。在短期旅游的交通工具使用方面，去北京城郊旅游的交通工具主要是包车或专车，去北京附近地区的主要是乘坐火车，去较远地区的则以飞机作为首选的交通工具。

调查结果还表明，绝大多数（84.2%）的常驻人员，不随旅游团旅游。研究人员认为，这是由于常驻人员对环境的熟悉程度要远高于非常驻人员。随团旅游的人员最欢迎10人左右的旅游团。调查表明，去人文历史类型景观时，随团旅游比例最高，去娱乐类型旅游点的随团旅游比例在其次。

3. 选择旅游点的最重要因素是交通

此次调查显示，交通是否便利是影响境外常驻人员选择短期旅游地点的首要因素，旅游者都不约而同地将交通条件列为选择目的地的最重要因素。其他排在前五位的影响因素依次是自然风光、价格水平、文化历史、气氛和设施。除去交通条件，不同的旅游者对于其他因素重视的程度显示不同的特点，我国港台地区人员和美国人对旅游地点的舒适程度和风格要求较高，欧洲人则对旅游地点的距离十分重视。

4. 欧洲人、日本人最舍得花钱

对短期旅游消费情况的调查表明，短期旅游中最舍得花钱的是欧洲人和日本人，其次是美国人和我国港台地区人员。在扣除交通费之后的各项开支中，花费最多的项目是住宿，超过了总花费的1/3；其次是餐饮，占1/4；排在第三位的是娱乐，约占1/7。

总体看来，在京的境外常驻人员非常喜好短期旅游，他们在旅游偏好、消费习惯等方面都呈现一定的特征。

【成果与检测】

1）现在你的角色是该调查项目的调查人员，根据以上的调查报告，设计该旅游偏好的市场调查问卷。

2）自我评价（知识的正确运用与语言组织能力）。

3）小组评价和教师评价。

任务二　市场调查数据统计

 案例导入 ////

新生调查问卷数据分析

为全面了解外国语学院 2010 级新生入校后的学习生活状况，我院学生会权益部采取下寝走访和问卷调查相结合的方式进行了相关情况的了解。该问卷内容涉及新生心理、生活、学习、思想等多个方面。共发放问卷 300 份，收回 110 份，回收率 36.67%，数据分析结果如图 2-1～图 2-10 所示。

1. 几天来，你对现在大学生活的看法是：

A. 丰富多彩，充满激情　　　B. 与想象中有差距，但还是挺有意思的

C. 好坏参半，难以说清　　　D. 无聊、苦闷　　　E. 其他

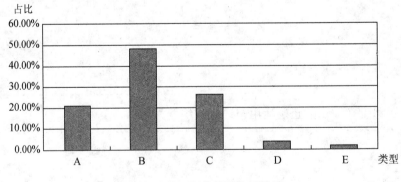

图 2-1　第 1 题的数据分析结果

2. 这些天你觉得最难适应的是：

A. 水土饮食　　B. 住宿环境　　C. 人际关系的处理　　　D. 思念家里

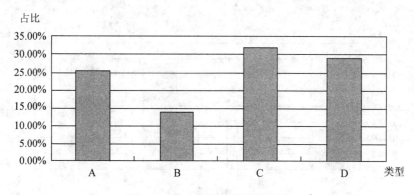

图 2-2 第 2 题的数据分析结果

3. 你对大学城生活的哪些方面比较满意？（可多选）

A. 住宿条件　　　B. 饭堂设施　　　C. 购物、娱乐场所　　D. 银行服务

E. 交通问题　　　F. 没有　　　　　H. 其他

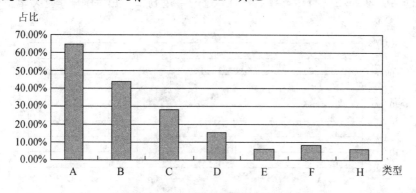

图 2-3 第 3 题的数据分析结果

注：其中 H. 其他类，学生写有校园氛围、环境好，图书资源丰富等。

4. 大学城里有哪些不便之处？请你按程度的大小排列：__>__>__>__。

A. 物资供应不足，购物困难　　　B. 信息封闭

C. 交通不便，出行困难　　　　　D. 与老师的沟通

注：此题抽取的是最便利和最不便利的数据作为分析，如图 2-4 和图 2-5 所示。

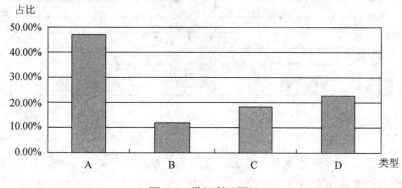

图 2-4 最便利处图示

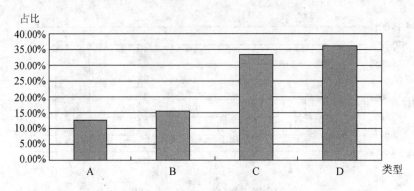

图 2-5　最不便利处图示

5. 你打算如何规划你的大学生涯？
A. 埋头苦读，学好专业知识　　B. 多参加社团活动，锻炼工作能力
C. 读书、参加社团两样兼顾　　D. 边读书边勤工　E. 好好享受大学生活

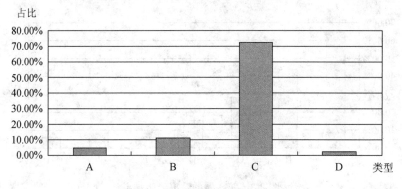

图 2-6　第 5 题的数据分析结果

6. 你对食堂工作及就餐环境有何看法？
A. 非常满意　　　B. 一般　　　C. 不满意，因为

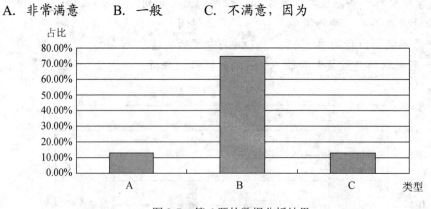

图 2-7　第 6 题的数据分析结果

注：其中 C 类不满意的原因，学生写有饭菜太辣、菜的品种不够、菜价高，以及服务态度不好、食堂环境太热等。

7. 由高中生过渡到大学生，你是怎样适应这一转变的？

A. 自己独力面对过渡期，一切进行得比较顺利

B. 有点迷茫，经过长时间的思考最终还是度过了

C. 向老师或师兄师姐请教，很快就解决了

D. 不知所措，非常苦闷

占比
40.00%
35.00%
30.00%
25.00%
20.00%
15.00%
10.00%
5.00%
0.00%
A
B
C
D
类型

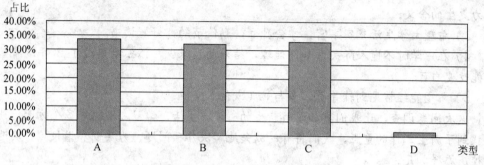

图 2-8　第 7 题的数据分析结果

8. 你想怎样安排你的课余时间？

A. 泡图书馆或在宿舍学习　　B. 和朋友出去玩或购物

C. 参加各种各样的社团活动　　D. 勤工俭学或出外找兼职

占比
50.00%
40.00%
30.00%
20.00%
10.00%
0.00%
A
B
C
D
类型

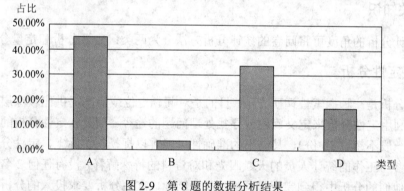

图 2-9　第 8 题的数据分析结果

9. 你觉得现在所在的专业怎么样？

A. 非常满意　　B. 基本满意　　C. 无所谓　　D. 不满意

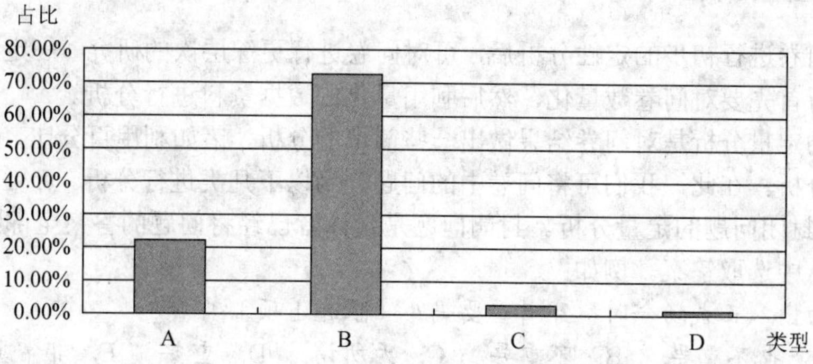

占比
80.00%
70.00%
60.00%
50.00%
40.00%
30.00%
20.00%
10.00%
0.00%
A
B
C
D
类型

图 2-10　第 9 题的数据分析结果

10. 如果你还有一些心里话想说，请畅所欲言，我们是你最忠实的聆听者。

【分析】以上案例中，对市场调查问卷结果进行了统计，共收到以下几条心声，总结如下：

1）学校社团繁多，不知选择哪个。

2）初次来到一个陌生的大集体，紧张多余兴奋，以后要好好学习，同时仔细体会自力更生的含义。

3）希望大学生活充实丰富，学会独立，勤俭节约，好好读书。

4）在中学时不懂人际关系如何处理，结果朋友很少，孤孤单单过了 3 年，希望大学能改变自己。

5）希望能经常见到辅导员，多与她（或他）交流。

这次问卷调查，让我们更加了解新生的心理、生活、学习、思想等多个方面，让我们找到了新生工作的重点，我们将有的放矢地解决各项问题，为共创和谐校园、共迎七十校庆添砖加瓦。

在这个数据说话的时代，只有通过数据和数据分析，才能正确掌握被调查者的想法，才能有的放矢、更好地为被调查者提供服务。

相关知识

从统计分析的角度可将问卷的统计分析方法分为两类：定性分析和定量分析。

一、定性分析

定性分析是一种探索性调研方法。目的是对问题定位或启动提供比较深层的理解和认识，或利用定性分析来定义问题或寻找处理问题的途径。但是，定性分析的样本一般比较少（一般不超过 30 份），其结果的准确性可能难以捉摸。实际上，定性分析很大程度上依靠参与工作的统计人员的天赋眼光和对资料的特殊解释，没有任何 2 名定性调研人员能从他们的分析中得到完全相同的结论。因此，定性分析要求投入的分析者具有较高的专业水平，并且优先考虑那些做数据资料收集与统计工作的人员。

二、定量分析

在对问卷进行初步的定性分析后，可对问卷进行更深层次的研究——定量分析。问卷定量分析首先要对问卷数量化，然后利用量化的数据资料进行分析。

简单的定量分析是对问卷结果做出一些简单的分析，诸如利用百分比、平均数、频数来进行分析。在此，我们可将问卷中的问题分为以下几类进行分析。

1）对封闭问题的定量分析。封闭问题是设计者已经将问题的答案全部给出，被调查者只能从中选取答案。例如：

您认为出入正式场合时，穿着重要吗？（限选 1 项）

A. 一点也不重要　　B. 不重要　　C. 无所谓　　D. 重要　　E. 非常重要

对于全部 45 次访问的回答，我们可以简单地统计每种回答的数目，可把结果整理成如表 2-1 所示。

表 2-1　出入正式场合穿着的重要性

变量类型	变量取值	频数	百分比①/%	累计百分比/%
一点也不重要	1	2	4.444	4.444
不重要	2	5	11.111	15.555
无所谓	3	10	22.222	37.777
重要	4	13	28.889	66.666
非常重要	5	15	33.333	100.000

注：是指回答变量类型这个答案的人数所占的百分比。

从表 2-1 中可以一目了然地看出分析结果——几乎 1/3 的被调查者认为在正式场合穿着很重要，仅有 15.6% 的人认为在正式场合穿着不重要。

表 2-1 是对全部样本总体的分析。然而，几乎所有的问卷分析都要求不同的被访群体之间的比较。这就需要用较为复杂的方法——交叉分析来实现。交叉分析是分析 3 个变量之间的关系。例如，美国的一位调研人员怀疑美国人"海外旅游的欲望可能与年龄"有关，但通过分析没有发现两者之间存在任何联系，当将性别作为第 3 个变量引进之后，发现在男性中 45 岁以下的人中有 60% 有"海外旅游欲望"，而 45 岁以上者只有 40% 有这种愿望。但是在女性中结果正好相反，因此，将全部数据混合在一起分析时，"年龄与海外旅游欲望"之间的关系就掩盖了，而按不同性别分类后，这种隐含的相关关系就被揭露出来，如表 2-2 所示。

表 2-2　按"年龄"和"性别"分类的"海外旅游的欲望"

项目	男性年龄		女性年龄	
	45 岁以下	45 岁及以上	45 岁以下	45 岁及以上
有"海外旅游欲望"	60%	40%	35%	65%
无"海外旅游欲望"	40%	60%	65%	35%
列总数	100%	100%	100%	100%
个案数	300	300	200	200

从表 2-2 中可以看出交叉分析的强大作用。它还可同时研究多个变量之间的关系。例如，可加上收入、职业等各方面来进行比较分析。

2）对开放问题的定量分析。开放性问题是指问卷设计者不给出确切答案，而由被调查者自由回答，如表 2-3 所示。

表 2-3　您为什么不想海外旅游

被调查者	回答
1	没有时间，等以后再说
2	根本不喜欢旅游，没什么意思
3	浪费金钱时间，还不如在家看电视
4	不安全
5	负担太重，没有钱

如果所有回收的问卷只有这5种答案，那么就很容易做出分析概括。可是，一般回收的问卷上百份，所以对于开放性问题就可能有几十种甚至几百种答案。对于这几百种答案，就很难进行分析。因此对于这种问题，必须进行分类处理。例如，可把不旅游的理由大概分为4类，如表2-4所示。

表2-4　不想旅游的理由

理由	百分数/%
时间原因	30
金钱原因	48
安全原因	10
纯粹不喜欢	12

用表2-4中的4种原因，我们就可以进行分析处理，并且从中很容易看出被调查者的观点。

3）数量回答的定量分析，即回答结果为数字。例如，对于"您为海外旅游花费多少"这类问题，最好的方法是对量化后的数据进行区间处理，区间范围的划分很大程度上依靠经验、专业知识。在用区间表示数量分布的同时，可使用各种统计量来描述结果，包括位置测度、平均值、中位数和出现频率最高的值或者分散程度的测定、范围、4分位数的间距和标准偏差。

上述3种方法仅是简单的问卷分析，靠简单的统计方法来处理数据是不可取的，因为这样会丧失大量的数据信息，使决策的风险增大，并使分析结果流于肤浅。

案例思考

工艺品雕刻工（玉雕）职业技能鉴定调查问卷

本调查是为了更好地了解玉雕从业人员对于工艺品雕刻工（玉雕）职业技能鉴定（中级工、高级工、技师）的认证需求，感谢您的参与配合！

请您就以下问题在您认为合适的地方打"√"。

1. 请问您的年龄：

□20岁以下　□20～30岁　□30～40岁　□40岁以上

2. 请问您的学历是：

□初中及以下　□高中或中专　□大专　□本科及以上

3. 请问您的职业是：

□学生　□玉雕工匠　□玉雕行业从业人员（非工匠）　□其他行业

4. 您从事玉雕行业的工作年限：

□1～2年　□3～5年　□5～10年　□10年以上

5. 您是通过什么方式学习玉雕的？

□学校专业学习　□祖传手艺　□做学徒　□没学过，但是有学习意愿

6. 您是否需要玉雕的专业技能培训？

□是，很需要 □不需要 □看看培训内容是否合适

7. 您希望参加什么形式的培训？

□学校专业教育 □短期培训班 □大师讲座 □工作室学徒

8. 您希望参加什么层次的培训？

□兴趣培养班 □基础学习班 □技艺进阶班 □大师一对一辅导

9. 您是否有玉雕行业的职业技能鉴定证书？

□是 □否

10. 您是否有意愿获得一份玉雕职业技能鉴定证书？

□是，十分需要 □无所谓 □否，不需要

11. 您认为以哪种考核方式进行职业技能鉴定更合适？

A. 笔试 B. 面试 C. 技能操作考试

D. 综合 A 类、B 类、C 类 3 种考核方式

注：调查样本的选择：调查样本包括学生、玉雕行业从业人员、对玉雕感兴趣的人。

调查方法：

A. 以工厂及工作室为单位发放问卷，然后统一收回。

B. 在玉雕协会以及校园网站上进行在线调查。

C. 如可能的话在名城苏州网上进行调查。

思考：

根据以上调查问卷进行市场调查，并运用计算机对调查数据进行统计分析。

营销实训

实训项目 根据调查问卷进行调研

【实训目标】

1）培养运用计算机进行数据统计的能力。

2）加强对计算机等辅助工具的运用。

【实训内容与组织】

在所在学校发放"关于隐形眼镜在郑州市大学生中使用的市场前景的调查问卷"，进行调研，数量为 100 份，运用计算机进行数据统计并分析。

1）学生 6 人为一组，在学校各个教学楼楼道、操场、餐厅等，运用交际与沟通理论，主动和其他学生进行沟通交流，并动员其填写问卷。

2）每组完成 100 份问卷调查，然后进行数据统计和分析，做成 PPT。

3）组织一次班级交流会，每组推荐 2 人介绍交际与沟通过程及体会。交流中，可以按照事先计划、事中过程、事后体会的思路介绍。学生之间可以进行评价、补充与矫正，由教师进行简要的总结，最后就数据的统计和分析进行交流。

【成果与检测】

1）填写沟通实录卡。

沟通主体		沟通对象		单位及职务	
沟通目标		时间		地点	
沟通前计划					
沟通过程实录					
沟通后体会					
教师评估					

2）自我反思（应如何进一步提高自己的交际与沟通能力）。

任务三　市场调查报告撰写

案例导入

2008 年中国 IT 消费调查研究报告：消费类

调查背景：

《2008 年中国 IT 消费调查研究报告》是在"2008 年度中国 IT 消费调查"收集的海量数据基础上，由天极网和艾瑞咨询合作分析撰写而成，是反映中国 IT 产品现状和发展趋势的最新市场研究报告。

"2008 年中国 IT 消费调查"是由中国计算机用户协会和中国互联网协会主办，天极传媒和中国互联网协会网络营销工作委员会承办，百家中文网媒参与合作的第七届大型 IT 消费调查。它是唯一覆盖了 IT 产品市场和消费者的综合性调查活动，在 IT 界拥有广泛的影响力。

本次调查采用网上调查、线下调查和行业分析相结合的方法，面向所有互联网用户和十大城市 IT 卖场与高校学生用户。天极网以本次调查收集的数据为基础，邀请业内知名咨询顾问和专家顾问团做指导，进行深入分析，最终形成《2008 年中国 IT 消费调查研究报告》。

《2008 年中国 IT 消费调查研究报告》针对我国整个 IT 行业做了深入、细致的调查分析，区别于以往的调查报告，本报告按照行业标准进一步细分产品，改为了九个大类，包括 PC 整机、办公外设、DIY 配件、数码产品、数字家庭产品、软件、互联网、通信产品和游戏动漫。本报告引用了数码产品中有关消费类数码照相机的调研数据与分析，旨在成为国内和国际 IT 企业、消费者了解消费类数码照相机产品市场的桥梁。

调查方法：

采用定量分析和定性分析的研究方法。定量方面，报告数据收集和分析主要采用了通过问卷星网站（http://www.sojump.com/）进行在线问卷调查，以及通过平面媒体进行线下问卷调查的方法；定性方面，对 IT 市场各环节厂商进行深入访谈和研究。两种调查方法相结合最终形成报告。

调查样本特征：

（1）调查时间

2008 年 11 月 10 日～12 月 15 日。

（2）样本数量

共有 352 432 位用户参与本次大型网络调查，共收到各产品调查有效问卷 893 026 份。

（3）样本分布

1）样本性别构成情况如图 2-11 所示。

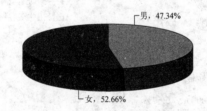

图 2-11　样本性别构成情况

2）样本学历分布构成情况如图 2-12 所示。

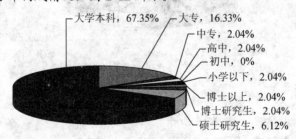

图 2-12　样本学历分布构成情况

3）样本行业分布构成情况如图 2-13 所示。

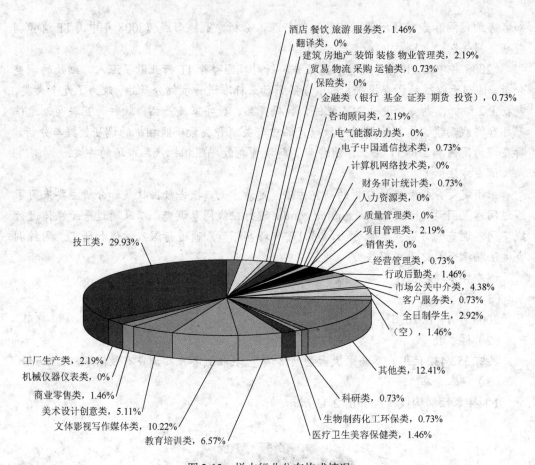

图 2-13　样本行业分布构成情况

4）样本收入构成情况如图 2-14 所示。

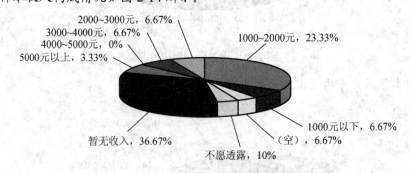

图 2-14　样本收入构成情况

5）样本年龄构成情况如图 2-15 所示。

6）样本地区构成情况如图 2-16 所示。

基于以上数据的分析所形成的 2008 年数码照相机市场现状与特点分析报告如下：

1. 更换数码照相机年限（图 2-17）

由于数码照相机属于耐用消费品，随着电子产品更新速度的加快，用户在购买数码照相机后一般会在 3 年内重新购买，此类用户占此次调研数据的 51%，可以视作消费类数码照相机产品最普遍的更新周期；同时，也有近 37% 的用户会在 1 年左右更换数码照相机产品，这个数据占整体的 37%，究其原因是目前用户除了将数码照相机作为拍摄工具外，也将其作为一种时尚消费品。

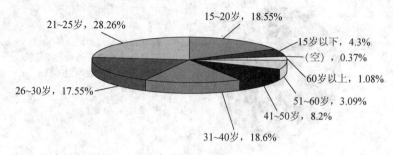

图 2-15　样本年龄构成情况

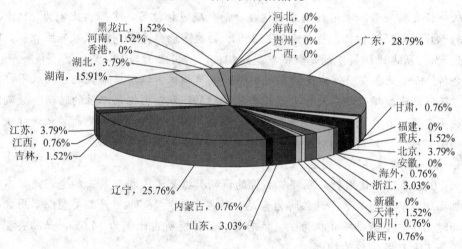

图 2-16　样本地区构成情况

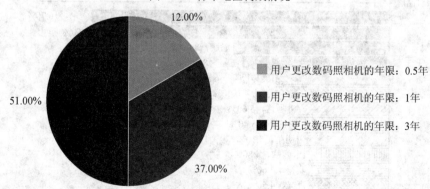

图 2-17　2008 年度中国 IT 消费调查研究报告：用户更换数码照相机年限

分析：基于此调研数据，我们建议数码照相机生产厂商可以根据用户的更新换代时间来调整自身产品的开发与生产周期，从而适应用户更新换代的需求，对于以时尚类数码照相机为市场切入点的厂商，可以适当地缩短自身产品的开发与生产周期，借以满足更新产品时间较短的用户需求。

2. 数码照相机类型（图 2-18）

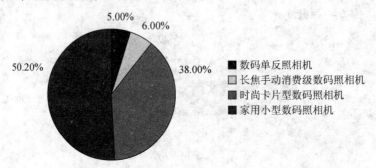

5.00%　6.00%

50.20%

38.00%

■ 数码单反照相机
□ 长焦手动消费级数码照相机
■ 时尚卡片型数码照相机
■ 家用小型数码照相机

图 2-18　2008 年度中国 IT 消费调查研究报告：用户使用数码照相机类型

从分析数据来看，家用数码照相机在目前数码照相机用户中所占比例为 5%；其次是时尚卡片型数码照相机，所占比例为 38%；再次是长焦手动消费级数码照相机，所占比例为 6%；所占比例最少的是数码单反照相机，所占比例为 5%。

分析：价格低廉且操作方便的家用小型数码照相机占据了目前数码照相机用户的大半，这符合目前数码照相机处于大规模普及阶段的现状。占据第二位的时尚类数码照相机的购买者集中在年轻用户以及女性用户，此类用户消费能力强，更新换代速度快，值得数码照相机生产厂商针对该类用户做出更大的产品研发与市场投入。

3. 数码照相机品牌（图 2-19）

从 2008 年用户使用数码照相机品牌的调研数据来看，排名前三的全部是日本数码照相机品牌。其中排名第一的品牌为索尼，所占比例为 16.7%，产品类型以家用数码照相机和时尚卡片型数码照相机为主。位居第二的佳能所占比例为 14.6%，产品类型包含消费级与专业产品，较为均衡。

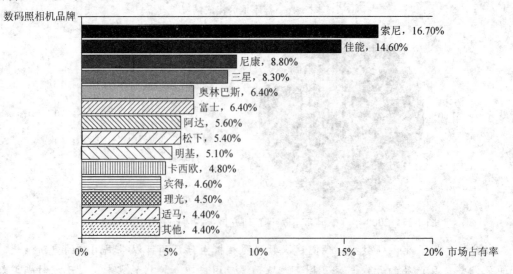

数码照相机品牌

索尼，16.70%
佳能，14.60%
尼康，8.80%
三星，8.30%
奥林巴斯，6.40%
富士，6.40%
阿达，5.60%
松下，5.40%
明基，5.10%
卡西欧，4.80%
宾得，4.60%
理光，4.50%
适马，4.40%
其他，4.40%

0%　　　5%　　　10%　　　15%　　　20% 市场占有率

图 2-19　2008 年度中国 IT 消费调查研究报告：用户使用数码照相机品牌

分析：汇总的数据中处于第一和第二的索尼与佳能在所占比例上较为接近，品牌优势相比其他品牌更加明显，处于第三与第四的尼康与三星，相比其他品牌的优势并不明显，预计未来的市场格局不明朗，排名上会产生一定变化。

4. 数码照相机价格（图 2-20）

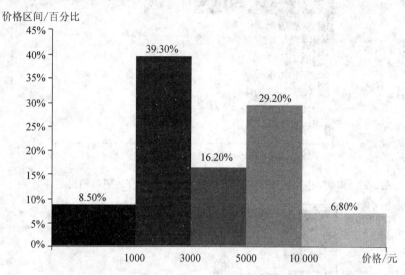

图 2-20　2008 年度中国 IT 消费调查研究报告：用户购买数码照相机所能承受的价格区间

从不同价格区间所占百分比来看，1000～3000 元价位是目前最为消费者所接受的价格区间，占据了 39.3%；其次是 5000～10 000 元价位的中高端数码照相机产品价格，占据了 29.2%。由此可见，价格适中的中端数码照相机产品价格和 5000～10 000 元价位的中高端数码照相机产品价格受到市场的认可，而价格过低或者偏高都无法受到市场欢迎。

分析：由于金融风暴和经济危机的影响，消费者的购买力降低，购买产品时对于价格因素更加趋于敏感。各品牌需谨慎推出高端产品，并且在推广上着重突出产品的性价比。

5. 国产数码照相机品牌知名度（图 2-21）

从数据来看，目前在消费者心目中居于前三位的国产数码照相机品牌全部为国内主流厂商，其中爱国者的品牌知名度达到 41.9%，为目前知名度最高的国产数码照相机品牌。

分析：2008 年国产数码照相机的进步显而易见，除了在质量上有明显提升外，价格上的优势是其发展势头猛烈的一大因素。在未来经济形势欠佳的情况下，各大品牌需巩固目前获得的成绩，切记急攻冒进，在打价格牌的同时需做好关注用户体验与售后服务工作。

6. 国外数码照相机品牌知名度（图 2-22）

从数据来看，目前在消费者心目中居于前三位的国产数码照相机品牌全部为日本数码照相机主流厂商，其中索尼的品牌知名度达到29%，为目前知名度最高的国外数码照相机品牌。

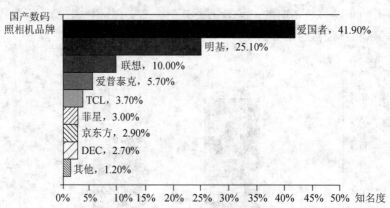

图 2-21　2008 年度中国 IT 消费调查研究报告：国产数码照相机品牌知名度

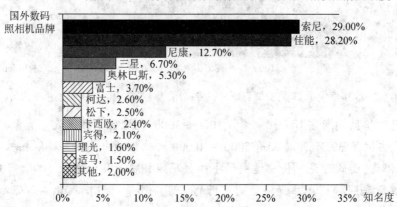

图 2-22　2008 年度中国 IT 消费调查研究报告：国外数码照相机品牌知名度

分析：就知名度而言，日本数码照相机品牌已深入人心，这和日系厂商进入中国的时间较早和较大的市场推广力度密切相关。目前国内一级城市的市场格局基本稳定，除了维持原有的策略外，因加强在二、三级城市的品牌影响力塑造工作。

【分析】这份分析报告的重点在于对样本的分析和对各数据的对比总结。分析报告中最重要的就是样本所提供的数据，结论和之后所采取的产品措施以及营销策略都是基于这些数据开展的。

相关知识

一、市场调查报告的特征

市场调查报告是经济调查报告的一个重要种类，它是以科学的方法对市场的供求关系、购销状况以及消费情况等进行深入细致的调查研究后所写成的书面报告。其作用在于帮助企业了解掌握市场的现状和趋势，增强企业在市场经济大潮中的应变能力和竞争能力,从而有效地促进经营管理水平的提高。

市场调查报告可以从不同角度进行分类。按其所涉及内容含量的多少,可分为综合性市场调查报告和专题性市场调查报告;按调查对象的不同,可分为有关于市场供求情况的市场调查报告、关于产品情况的市场调查报告、关于消费者情况的市场调查报告、关于销售情况的市场调查报告以及关于市场竞争情况的市场调查报告;按表述手法的不同,可分为陈述型市场调查报告和分析型市场调查报告。

与普通调查报告相比,市场调查报告无论从材料的形成还是结构布局方面都存在明显的共性特征,但它比普通调查报告在内容上更为集中,也更具专门性。

二、市场调查报告的格式与写法

市场调查报告的内容结构一般由以下 4 个部分组成。

1. 市场调查报告的标题

标题是市场调查报告的题目,一般有以下两种构成形式。

1)公文式标题,即由调查对象和内容、文种名称组成,如"关于 2002 年全省农村服装销售情况的调查报告"。值得注意的是,实践中常将市场调查报告简化为"调查",也是可以的。

2)文章式标题,即用概括的语言形式直接交代调查的内容或主题,如"全省城镇居民潜在购买力动向"。实践中,这种类型的市场调查报告的标题多采用双题(正副题)的结构形式,更为引人注目,富有吸引力,如"竞争在今天,希望在明天——全国洗衣机用户问卷调查分析报告""市场在哪里——天津地区三峰轻型客车用户调查"等。

2. 市场调查报告的引言

引言又称导语,是市场调查报告正文的前置部分,要写得简明扼要,精练概括。一般应交代调查的目的、时间、地点、对象与范围、方法等与调查者自身相关的情况,也可概括市场调查报告的基本观点或结论,以便读者对全文内容、意义等获得初步了解。然后用一过渡句承上启下,引出主体部分。例如,一篇题为"关于全市 2002 年电暖器市场的调查"的市场调查报告,其引言部分写为"××市北方调查策划事务所受××委托,于 2003 年 3 月至 4 月在国内部分省市进行了一次电暖器市场调查。现将调查研究情况汇报如下"用简要文字交代了调查的主体身份,调查的时间、对象和范围等要素,并用一过渡句开启下文,写得合乎规范。这部分文字务求精要,切忌啰唆芜杂;视具体情况,有时亦可省略这一部分,以使行文更趋简洁。

3. 市场调查报告的主体

主体是市场调查报告的核心,也是写作的重点和难点所在。它要完整、准确、具体地说明调查的基本情况,进行科学合理的分析预测,在此基础上提出有针对性的对策和建议。具体包括以下 3 个方面。

1)市场调查报告的情况介绍,即对调查所获得的基本情况进行介绍,是全文的基础和主要内容，要用叙述和说明相结合的手法，将调查对象的历史和现实情况包括市场占有情况，生产与消费的关系，产品、产量及价格情况等表述清楚。在具体写法上，既可按问题的性质将其归结为几类，采用设立小标题或者撮要显旨的形式，也可以时间为序，或者列示数字、图表或图像等加以说明。无论如何，都要力求做到准确和具体，富有条理性，以便为下文进行分析和提出建议提供坚实充分的依据。

2）市场调查报告的分析预测，即在对调查所获基本情况进行分析的基础上对市场发展趋势做出预测，它直接影响到有关部门和企业领导的决策行为，因而必须着力写好。要采用议论的手法，对调查所获得的资料条分缕析，进行科学的研究和推断，并据以形成符合事物发展变化规律的结论性意见。用语要富于论断性和针对性，做到析理入微，言简意明，切忌脱离调查所获资料随意发挥。

3）市场调查报告的营销建议，这层内容是市场调查报告写作目的和宗旨的体现，要在调查情况和分析预测的基础上，提出具体的建议和措施，供决策者参考。要注意建议的针对性和可行性，能够切实解决问题。

以《关于全市 2002 年电暖器市场的调查》一文为例，该市场调查报告的主体部分写为：

1. 生产情况

据调查，国内以电暖器为主要产品的生产企业为数不多，大约 30 家。2002 年，这些企业电暖器总产量约 240.19 万台。其中年产量超过 10 万台的主要有广东美的家电厂、宁波天工实业公司等 8 家企业。这 8 家企业电暖器总产量约 209.53 万台，占国内电暖器总产量的 87.24%。具体数字见表一（略）。

以上情况表明：虽然电暖器行业目前处于起步阶段，但生产集中程度非常高。特别是产量排行第一的广东美的家电厂，其产量超过国内总产量的 1/4，在本行业中处于明显的垄断地位。

2. 销售情况

据对北京、大连、沈阳、济南、杭州、武汉 6 个城市的 27 家大商场的调查，2002 年总销量约为 71 000 台。其中，销量超过 5000 台的有大连商场、大连百货大楼等 5 家商场，年销售总量约 44 447 台，占 27 家销售总量的 62.2%。具体数字见表二（略）。

以上情况表明：与电暖器生产的高度集中类似，电暖器销售的集中程度也非常高。这种现象一方面反映了电暖器市场正处于开发阶段，大部分商场把电暖器作为试销商品经营，把电暖器作为主要商品经营的为数甚少；另一方面，虽然经销电暖器获得成功的商场数量不多，但这些成功者的事实至少说明，电暖器极具市场潜力，具有良好的发展前景。

3. 各种品牌的竞争（略）

4. 市场分析与展望（略）

产品与建筑面积、供热面积的分析，产品生产和销售情况的分析（略）。

5. 几点建议（略）

产品调查是市场调查的主要内容之一。产品市场调查报告的行业性、专业技术性很强。其内容一般包括产品的品牌、质量、款式、功能、价格、技术、服务、消费，以及对产品的评价、意见、要求、产品的市场销售、市场展望等。上述市场调查报告范文侧重于对产品的生产、销售、品牌等情况的介绍，运用数字分析、对比、排位等方法分析，尤其是第四部分对影响产品销售的建筑面积、供热面积等深层背景进行分析，并进行预测，使文章更有力度，在此基础上所提出的对策和建议，必然显得理据充实，说服力强。

4. 市场调查报告的结尾

结尾是市场调查报告的重要组成部分，要写得简明扼要，短小有力。一般是对全文内容进行总括，以突出观点，强调意义；或是展望未来，以充满希望的笔调作结。视实际情况，有时也可省略这部分，以使行文更趋简练。

三、市场调查报告的写作要点

1. 以科学的市场调查方法为基础

在市场经济中，参与市场经营的主体，其成败的关键就在于经营决策是否科学，而科学的决策又必须以科学的市场调查方法为基础。因此，要善于运用询问法、观察法、资料查阅法、实验法以及问卷调查等方法，适时捕捉瞬息万变的市场变化情况，以获取真实、可靠、典型、富有说服力的商情材料。在此基础上所撰写出来的市场调查报告，就必然具有科学性和针对性。

2. 以真实准确的数据材料为依据

由于市场调查报告是对市场的供求关系、购销状况以及消费情况等所进行的调查行为的书面反映，因此它往往离不开各种各样的数据材料。这些数据材料是定性定量的依据，在撰写时要善于运用统计数据来说明问题，以增强市场调查报告的说服力。关于这点，我们从上述市场调查报告范文中也可略见一斑。

3. 以充分有力的分析论证为杠杆

撰写市场调查报告，必须以大量的事实材料做基础，包括动态的、静态的，表象的、本质的，历史的、现实的，等等，可以说错综复杂，丰富充实，但写进市场调查报告中的内容绝不是这些事实材料的简单罗列和堆积，而必须运用科学的方法对其进行充分有力的分析归纳，只有这样，市场调查报告所做的市场预测及所提出的对策与建议才会获得坚实的支撑。

议一议

市场调查报告包括哪些结构？

案例思考

大学生手机品牌消费的市场调查方案

一、问题的提出

随着现代通信技术的发展，手机已基本成为每个人的必要通信工具，并且现在手机的功能已完全不再像以前一样只是作为单一的通信工具，其附加功能也成为人们选购手机时考虑的重要因素。而大学生是现代社会的一类时尚消费群体，同时也是社会中的高素质人才，对现代科技有一定的了解。4G 时代悄然到来，那么大学生对手机的选购有哪些考虑呢？因此我们将对在校大学生做一项关于手机品牌的市场调查。

二、背景环境

随着社会的发展，手机在人们生活中的地位已经不容忽视，其影响越来越广泛。在了解各高校的大学生对手机品牌的追求的情况下，更能达到了解高校学生对手机品牌追求的不同的特点，能及时地掌握市场对大学生消费的特点。对手机品牌的追求是否体现着重视自我追求的个性的特点？一些国外品牌的强劲又是如何的呢？面对全球化市场中所带来的激烈竞争以及消费行为日趋理性和注重品牌的消费者，品牌在人们的生活中也越来越被重视。随着社会文明的不断发展，人们对手机的要求也不再是为了通信之用，它的功能角色也逐渐发生了变化。如今的大学生追求时尚，展现自我，手机的发展除了它最基本和最原始的功能，其附属功能似乎已成了手机的灵魂。而在市场竞争日益激烈的今天，品牌的作用也越来越强，尤其是在手机行业中。品牌就好比人的名字，把它和其他同类商品区别开来了，在区别的同时，成功打造自身品牌的手机赢得了消费者的信任和追随，提升了自己的知名度和美誉度。品牌作为一种商品综合品质的体现和代表，在追求时尚品位的消费观念占主导的今天，服装商品的购买率一定程度上就取决于消费者对品牌的认知。品牌知名度越高，其购买的人群范围越广。所以就目前手机市场结构及消费状况，我们对手机品牌进行了此次调研。

三、调查的目的和内容

（一）调查目的

通过对三亚学院大学生手机消费情况的调查，全面了解大学生手机消费的市场容量及其结构、质量、价格、品牌等内容以及相关市场情况，为手机生产和经营机构提供相关的市场信息。

1）研究消费者的行为与心理，了解大学生的手机消费情况与习惯。

2）手机及其市场现状与潜力分析，了解手机在大学生使用中的结构及其潜在的市场需求。

3）了解大学生对手机的媒体消费情况及接受态度。

4）理论与实际相结合，在市场调查过程中，学会发现问题、分析问题、解决问题,提高各个方面的能力。通过深入市场营销实践,初步学会运用市场学的理论,进行市场调查和分析,得出结论并提出建议。

（二）调查内容

基于要了解大学生手机普及率以及他们对手机的各种偏好和消费倾向及各种需求情况,因此具体调查内容为:

1）大学生对品牌印象与认知情况如何?

2）大学生购买手机的影响因素有哪些?

3）大学生手机拥有情况如何?

1. 调查对象和调查单位

调查对象为海南大学三亚学院在校大学生,其中以校内的每个学生为调查单位。据了解,该校在校学生大概数目是 17 000 人,拟采用抽样调查的组织方式,样本量为 100 人（大四 22 人,大三、大二、大一各 26 人；男女人数各半）。

2. 调查时间和调查期限

1）调查时间:2010 年 5 月 1 日起。

2）调查期限:1 周。

3. 调查方式和方法

1）调查方式:主要是问卷调查。

2）调查方法:在海南大学三亚学院东区,北区食堂门口随机拦截被调查者,进行交谈访问和发放问卷表。

4. 小组成员及任务分配

1）成员名单:曾敬、杨志彬、陈震广、张磊、魏立明。

2）任务分配:

制定总体方案:曾敬。

调查项目、调查问卷的设计、修改和制作:杨志彬、陈震广。

搜集资料:张磊。

实地调查:全体成员。

调查资料的统计:陈震广。

分析调查结果和撰写调查报告:全体成员。

四、调查费用

问卷方案设计费用:共 20 元。

打印问卷:0.2 元/张,共 100 张。0.2×100=20（元）。

车费:2 元/人,共 4 人。2×4=8（元）。

撰写报告及调查汇报费用:100 元。

总计:20+20+8+100=148（元）。

五、调查问卷

1. 您的性别:

A. 男　B. 女

2. 您的年级:

A. 大一　B. 大二　C. 大三　D. 大四

3. 您的月生活费是多少?

A. 500 元以下　B. 501～800 元　C. 801～1000 元　D. 1001 元以上

4. 您理想中的手机价格是多少?

A. 1000 元以下　B. 1001～1500 元　C. 1501～2000 元　D. 2001～2500 元

E. 2501～3000 元　F. 3001 元以上

5. 您所持有的手机品牌:

A. 诺基亚　B. 摩托罗拉　C. 三星　D. 联想　E. 苹果

F. 索尼 G: 西门子　H. 波导　I. 康佳　J. 飞利浦

K. 其他:（请注明）_____

6. 您正在使用的手机款式:

A. 直板　B. 翻盖　C. 滑盖　D. 旋转

7. 您对目前正在使用的手机是否满意?

A. 不满意,很想更换　B. 一般,凑合着用

C. 较满意,适用　D. 很满意,是最爱

8. 您下次准备购买的手机款式:

A. 直板　B. 翻盖　C. 滑盖　D. 旋转

9. 您下次准备购买的手机品牌:

A. 诺基亚　B. 摩托罗拉　C. 三星　D. 联想　E. 苹果

F. 索尼　G. 西门子　H. 波导　I. 康佳　J. 飞利浦

K. 其他:（请注明）_____

10. 您对手机的要求比较注重什么?（选取 3 项）

_____

A. 质量　B. 价格　C. 服务　D. 功能　E. 外观款式　F. 配置　G. 健康　H. 扩展性　I. 品牌　J. 重量　K. 颜色　L. 待机时间 M. 其他: _____

11. 您最注重手机的什么功能?（多选）

_____

A. 手机 QQ　B. 拍照摄像　C. 通话　D. 蓝牙　E. 游戏娱乐　F. MP3、MP4 G. 蓝牙功能　H. 导航功能　I. 超长待机　J. 3G 上网　K. 其他: _____

12. 您喜欢手机的颜色类型是?

A. 单一色调　B. 多种色彩

13. 您认为手机外壳哪种最好看?

A. 金属　B. 皮革　C. 塑料　D. 其他: _____

14. 您对手机了解的渠道来自?（可多选）

A. 电视　B. 报纸　C. 网络　D. 同学朋友之间相互交流

E. 宣传活动　F. 卖场广告　G. 广播　H. 杂志　I. 其他: _____

15. 您一般多久更换手机?

A. 0.5 年以内 B. 0.5~1 年 C. 1~2 年 D. 2 年以上

16. 您一般到什么地方购买手机?

A. 专卖店 B. 移动或联通公司 C. 超市或百货店 D. 网络 E. 大卖场

17. 以下几种手机促销方式中,最能吸引你的是哪一种?

A. 购机赠话费 B. 现场打折 C. 送相关配件 D. 抽奖活动

您的联系方式: _____ 调查人员: _____

思考:

根据给出的调查报告主题和问卷,发份问卷进行调查并整理问卷调查后的数据,完善这份市场调查报告。

营销实训

实训项目1 全程模拟——产品开发需求调查

【实训目标】

1)培养发散的思维。

2)培养团队合作的能力。

【实训步骤】

1)提出产品开发的构想。

2)假若要开发一种不用牙膏的液体牙膏,确定所采用的调查方法及所需资料的来源,调查是否存在市场需求。

3)以小组为单位,设计调查问卷,各调查小组将调查问卷完成后进行小范围试答,并根据试答的结果进一步地修改和完善调查问卷,并将修改好的问卷最终稿进行复印。

4)模拟进行问卷的调查和回收。

5)在调查的基础上,以小组为单位进行讨论,得出调查结论。

【实训指导】

教师应指导学生,提高问卷调查设计的质量,对所设计问卷的合理性进行分析,重点围绕以下问题设计问卷:这种需求市场是否存在?假若市场存在,哪些人群可能会使用?这种产品应当具有哪些效用?

【成果与检测】

1)以组为单位,每组要交回 60 份已填的调查问卷。

2）在班级进行交流，每个小组推荐 2 名成员进行问卷设计和调查的经验交流，并对以上产品的市场需求做出估计，写出简要的分析报告。

3）学生评价和教师评价。

实训项目 2　实践训练——实地调查报告的撰写

【实训目标】

1）培养运用 Word、Excel、PPT 等计算机辅助软件的能力。
2）树立正确的调查报告撰写的理念，必须从实际出发，诚实准确。

【实训步骤】

1）以小组为单位，结合本地某一项目（楼盘、化妆品、家电、食品、旅游等任意选择）进行第一手资料的实地调查。
2）通过第二手资料的收集，完善有关信息及内容。
3）小组之间以 PPT 演示文稿的形式进行成果交流汇报。
4）按照实训的相关要求，完成市场调查报告。

【实训指导】

教师首先要让学生明确市场调查报告的意义，并指导学生提高市场调查报告的撰写质量。要求学生按照调查目的、调查内容、调查方法、调查结果与分析等项目完成调查报告。

【实训考核】

1) 撰写市场调查报告。

2) 根据小组的实践表现和小组 PPT 演示综合评价（学生与教师共同评价）。

项目小结

通过本项目的学习与实训，写下你的收获。

自我小结：

同学的评价：

教师的评价:

_____

_____

_____

_____

_____

_____

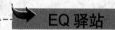 **EQ 驿站**

路边的小店

一对善良的夫妇在路边开了一家小店铺,卖一些副食和生活用品。

他们并不着急赚钱,主要是为了方便附近的村民。他们还在小店的门外挂了个牌子,上面写着:天热路远,本店免费提供饮水。过往的行人看到这个牌子,就停下来在小店里喝口水,大部分人很乐意在店里买些东西,接着上路。

这家小店渐渐就被周围的人所熟知了,大家都愿意前来购买自己需要的东西。很快,这家小店铺便发展成了一家百货商店。

感悟 播种善良的种子,就会有丰厚的收获。在人生的路上,慷慨总是伴随着喜悦同行。

项目三
营销环境分析

学习目标

1）掌握消费者需求心理。
2）能对竞争者从各角度进行分析。
3）了解 SWOT 战略分析方法。
4）培养分析问题与解决问题的能力，提高思维的逻辑性与发散性，调动学习的积极性。

任务一　消费需求分析

化妆品的"攻心战"

北京西乐日用化工厂（以下简称西乐厂）是北京市海淀区四季青乡化轻公司下属的一个乡办化妆品生产企业。它的前身是一个修补轮胎的手工作坊。1984 年，该厂根据社会对日用化妆品需求不断增长的趋势，正式转产护肤霜。几年来，西乐厂坚持依靠科技，不断开发出适销对路的新产品，继 1984 年投产当年产值达 20 万元后，销售额连年翻番，到 1990 年已突破 900 万元。这家只有 200 多名职工的乡办企业，目前已开发出 6 个系列的 42 个品种的产品，每年为国家创利税上百万元，产品不仅在激烈的市场竞争中占有一席之地，而且已经在我国北部地区广为流行、走俏。西乐厂之所以取得如此好的成绩，其中一个极为重要的原因就是该厂抓住了消费者对日用化妆品的消费心理并展开了心理营销。

1. 抓住顾客的求新求美心理

随着化妆品消费需求的发展，消费者不再仅仅追求化妆品的美容需要，而是更加重视其护肤、保健等多种功能。1984 年，西乐厂引进了北京协和医院开发的硅霜生产技术，并把这种经过临床医疗试验证明具备护肤、治疗良效的专用技术，用来开发新型的化妆品，当年 9 月通过硅霜工业化生产者技术鉴定后，很快就生产出以"斯丽康"命名的护肤霜投入市场。这种化妆品与传统护肤霜的不同之处，在于它以硅油代替了以往常用的白油或动、植物油脂。这种硅油涂在皮肤上，能形成一种薄膜，一方面能防止皮肤表面因水分丧失而引起皮肤干燥，另一方面能维持皮肤细胞的正常新陈代谢。因此，斯丽康护肤霜由于使用了硅油，可起到美容、增白、洁肤的作用。长期使用硅油化妆品，不但无害，而且可使使用者的皮肤滑润、弹性好。几年来，该厂陆续推出的"斯丽康高级护肤霜""斯丽康增白粉蜜"以及化妆用的"底霜"、婴儿用的"宝宝霜"等多种新产品，已经受到了经常需要化妆品的顾客以及寒冷干燥地区消费者的青睐。西乐厂在满足消费者的这些求新求美心理中，不断占领新的市场。

2. 抓住顾客的求实心理

对于化妆品消费者来说，最大的担心是化妆品的副作用，如害怕导致皮肤过敏.担心长期使用会患皮肤病，会影响身体健康。针对这一点，西乐厂牢牢把握产品质量关，并努力让消费者信赖该产品的质量。他们抓住消费者求安全的这一心理特征，在推销化妆品过程中，必带"三证"，即生产许可证、卫生许可证和质量合格证，以取得用户对产品质量的信赖。该厂还主动邀请质量监督部门、卫生管理部门来厂检查、评定。由于该厂重视科技开发，严格质量检查，注重厂容，文明生产，因此，先后得到北京市经济委员会和农业部颁发的西乐牌斯丽康高级护肤霜、斯丽康增白粉蜜等优质产品证书，在检测、卫生评比中也多次受到肯定。通过这些上级主管部门的肯定性评价，提高了企业的声誉和形象。为了推销新产品，西乐厂还经常派出技术人员参加展销会、订货会，由科技人员用医学道理,深入浅出地讲解皮肤的结构和斯丽康特有的功效,用科学道理解除用户的疑虑和误解。他们还通过直接演示法通俗易懂地说明硅油化妆品对皮肤的保护作用。在表演时,演示者用两块布,一块是普通布,另一块是经过硅油处理过的布,做两组对比实验。一组实验是用一杯水分别从两块布倒下去,普通布透水,硅油布滴水不透,从而形象地显示了硅油化妆品具有保持水分的良好性能;另一组实验是分别在两块布下面点燃烟,结果普通布把烟挡在下面,而经硅油处理的那块布却青云直上,显示硅油处理的布透气。两组实验直观地表现了斯丽康化妆品"透气不透水"的独创功能,说明对人体皮肤有益无害。这种"攻心战"使广大用户心悦诚服地接受了斯丽康化妆品,取得了心理营销的成功。

3. 抓住顾客的求名心理

西乐厂化妆品之所以很快在市场上走俏,这与该厂选用"斯丽康"这个牌子不无关系。"斯丽康"这个由有机硅的英文"silicone"音译而来的名字,发音响亮,并带有一点儿"洋味",在一定程度上能够满足部分消费者追求高档、进口、名牌化妆品的心理需求。当广告上出现"斯丽康高级化妆品"的宣传时,广大消费者并没有把这个名字与乡镇企业联系起来。由于种种原因,当前社会上对乡镇企业产品抱有质量差、档次低的成见;相反,认为高档的化妆品应是进口产品或合资企业的产品。针对部分化妆品消费者这一心理,西乐厂在广告宣传时,采取着重宣传产品特色,而不是宣传企业自身的促销策略,随着"斯丽康"产品的推出,当"斯丽康护肤霜"深入人心,在北京家喻户晓的时候,人们并未想到享有盛誉的"斯丽康"化妆品的厂家出自一个乡办企业。一直到了斯丽康化妆品相当走俏时,西乐厂的名字才逐渐为顾客知晓。

【分析】从这个案例中可以看出,现代企业面对的消费者市场已处于心理消费占主流的时期,消费者会依据自己的心理喜好去尝试购买所需的商品。现代消费者的购买心理很复杂,且购买不同的商品时其心理活动不尽相同,企业只有结合自己的产品特点去透彻了解消费者的心理需求倾向,抓住其带有普遍性的主要购买动机努力展开心理营销,才能使营销活动卓有成效。

本案例中,西乐厂就是因为紧紧抓住了消费者购买化妆品的求美、求新、求实、求名等主要情感和理智购买动机对其展开了"攻心战",从而才在激烈的化妆品市场竞争中占据了一席之地,使产品在我国北部地区广为流行,企业才拥有了自己的一份市场"蛋糕"。另外,从消费者的购买行为分析,消费者的购买活动是一个过程,这一过程通常从认识需要开始,经过信息收集、评估比较、购买决策直到购后感受等阶段来共同完成。在这个过程中,影响消费者选择的一系列心理因素,如需要和动机、感觉和知觉、学习、信念和态度等都会作用于其购买决策的每一阶段。这其中,动机是消费行为的直接动力,感觉和知觉作为人的感性认识具有选择性,包括选择注意、选择记忆、选择理解等,这些会共同作用于人的选择意向。而如何选择又取决于以往和现今学习获得的购买经验及商品知识,以及由此建立起来的对商品品牌和商家的信念与态度。这就是消费者购买的一般心理规律。企业只有抓住这一规律,采取行之有效的营销手段,才能促使消费者的购买活动朝着有利于本企业的方向发展。该案例中企业所用的营销策略基本上是与消费者购买心理相符的。

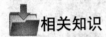

相关知识

一、消费者需要的特性

消费者需要主要是指一种心理活动，这种心理活动会强烈地推动消费者去实现自己的目的，满足自己的需要。它是推动消费者进行各种消费行为的最普遍的内在原因，是消费行为前的一种心理倾向。需要是购买过程的动因和起点，离开了人们的需要，一切商品就失去了它存在的意义。然而在实际过程中，消费者需要的表现十分复杂，它既受到消费者自身特点的影响，又受到各种外界因素的影响，因此在对现代消费需求的分析之前有必要对消费者需要的特点进行了解。

1. 消费者需要表现出多样性

由于各个消费者的收入水平、文化程度、职业、性格、年龄、民族和生活习惯不同，自然会有多种多样的爱好和兴趣，因而消费者对于商品和服务的需求也就千差万别。而这种差异就表现为消费需求的多样性。

2. 消费者需要具有发展性

随着社会的发展，消费者的心理需求也将不断被激化和推进，一种需要得到满足，另一种需求又会产生，当老一代的需求满足了，新一代又会产生更高的需求，如此反复地永无止境地向前发展。需要的无限发展性与科学技术的发展互相作用，成为人类社会发展的重要推动力。并且消费者需要的发展趋势总是由低级向高级发展、由简单向复杂发展的。

3. 消费者需要富有时代特征

虽然每个消费者的需求各不相同，而又千变万化，但在一定时期、一定的社会范围内，由于受到当时社会因素及环境的影响，人们往往会对某一种或某些商品表现出普遍的爱好，具有那个时代的特征。

4. 消费者需要存在伸缩性

伸缩性是消费者需要受到多种因素影响，需要得到满足或实现，也可能被抑制或减弱，而呈现出的特征。它因商品或服务的品种、水平的不同而呈现差异。一般来说，对耐用消费品需要的伸缩性较大，对日用消费品需要的伸缩性较小。

5. 消费者需要具有可导性

消费者心理需求的产生、发展和变化，同现实生活环境有密切关系。生产技术的发展，商品的发展变化，消费观念的更新，社会时尚的变化，工作环境的变化，文化艺术的熏陶，包装、广告的诱导等，都可能使消费者的需要发生变化。

我们由此可以看出消费者的需求是十分复杂的，它既受到消费者自身特点的影响，又受到各种外界因素的影响。在现代，时代变迁和社会环境的变化从方方面面影响着现代消费者的需求，使消费需要的内容、形式、层次不断改变和进化，并呈现出一系列新的消费趋向。

二、消费者购买行为的类型

按消费者购买的态度和要求，购买行为可以分为 7 种，如表 3-1 所示。

表 3-1　按购买态度和要求划分的消费者购买行为的主要类型

类型	消费者特点及营销对策
习惯型	这类消费者根据以往的经验和使用习惯来进行购买。营销者只需想办法帮助其实现购买即可
理智型	这类消费者购买的主动性和主观性较强。营销者应尊重其选择，适时地加以赞许和肯定，不要过多地参与意见
经济型	这类消费者对商品的价格非常敏感。营销者应强调商品的物美价廉、物有所值，帮助其选择适合其心理价位的商品
冲动型	这类消费者容易受外界刺激的影响，情绪容易冲动。营销者应利用商品外观和广告，帮助其认识、挑选实用好看的商品
情感型	这类消费者情感体验深刻，想象力丰富。营销者应营造购买的气氛，以情促销
不定型（随意型）	这类消费者缺乏商品知识和购买经验，没有固定的偏爱。营销者应热情地给予帮助，认真、热情地介绍商品
疑虑型	这类消费者小心、谨慎，疑心大，不会仓促做出决定。营销者应耐心接待，鼓励其大胆购买

三、消费者购买过程的参与者

一个消费购买决策的形成，是由多个人共同参与做出的，一个人可能担任多个角色，如表 3-2 所示。

表 3-2　消费者购买过程的参与者

消费者购买过程的参与者	内容
发起者	最先建议或想到购买某种产品或服务的人
影响者	其看法和建议对最终购买决定有相当影响的人
决策者	在部分或整个购买决策中有权做出决定的人
购买者	进行实际购买的人
使用者	直接使用或消费所购买产品或服务的人

案例思考

案例 1　暑假去哪里玩？

王先生：35 岁，重庆某船运公司部门经理，月薪 4000 元，从小在北方长大。
王太太：32 岁，某中学历史老师，月薪 1800 元，在重庆长大。
儿子：8 岁，上小学二年级。

爷爷：60 岁，爱好书画，参加过中越战争。

一个周末的夜晚，王先生一家在客厅里看电视，王先生拿着遥控器毫无目的地翻动着，寻找着好看的电视节目，儿子安安静静坐在他旁边，屏幕翻到旅游卫视，电视画面为迪士尼乐园儿童游乐的场景。顿时，儿子大叫了起来："我要去那儿玩，妈妈，我要去那儿玩。"妈妈平静地回答他说："儿子，我跟你说，那是在日本，一个很远很远的地方，怎么去玩啊？"儿子来劲了，大声叫道："不行，不行，我要去日本，我要去那儿玩。"

"行，放假了爸爸带你去玩。"爸爸敷衍道。

10 点钟过后，孩子睡着了。先前儿子大闹的场面还在妻子脑海中浮现。

妻子对丈夫说："你不是每年有一次带薪假期吗？"

"咋啦？"丈夫不解地反问道。

"咱们家房子也买了，儿子现在还小，爸爸有退休工资，日子还算稳定。你看人家老李家，每年都出去玩一次，咱们还是在结婚前出去过几次，现在我们是不是也该出去看看，同时让咱儿子也长长见识？"妻子问道。

"恩。"丈夫做出了回应，但没有说什么。

"暑假快到了，你看能不能把你的带薪假期移到暑假，咱们暑假也出去玩一次？"妻子把想说的话说了出来。

"好吧，不过到哪里去玩呢？"丈夫表示赞同。

"这样吧，你查看一些资料，看哪里比较好玩。"妻子对丈夫回答道。

接下来，王先生在平时上班的同时，特别留意了一些旅游消息，偶尔也上网查一些资料。

王先生开始查了一些国内著名旅行线路的资料，如九寨沟—黄龙、昆明—大理—丽江—香格里拉、丝绸之路等，这些旅游线路对他有相当强的吸引力。他在电视里看过九寨沟的一些画面，那里的水美得可以让人忘记一切；他想去丽江，丽江的水、丽江的桥以及纳西族人安逸祥和的生活方式远离了城市的喧嚣；他还想到丝绸之路去看看，去追寻张骞的足迹，去领略中华古老而灿烂的文化。他想去的地方太多了，王先生一时拿不定主意。他想到了妻子，妻子是中学历史老师，喜欢看人文景点，特别是一些历史遗迹。他想找到一条自然资源和人文资源并重的旅游线路。

一天，王先生下班回家，看见爷爷和儿子坐在一起，爷爷正给儿子讲越南的一些情况。爷爷参加过中越战争，对越南那边的情况比较熟悉。王先生的思维一下子打开了，他想，他们一家人从来没有到国外旅游过，为什么不到国外去旅游呢？自己刚升迁不久，原计划庆祝一下，但苦于工作忙的缘故，一直抽不出时间，现在自己的工作已经进入了正轨，假期一家人就到国外去旅游吧。

睡觉前，王先生把自己的想法给妻子说了一下，妻子表示赞同丈夫的想法。同时，妻子表达了两点想法：一是对国外的情况不熟悉，不知道能否适应那里的环境，他们都不会英文；二是她听同事说，目前中国已开通了多条出境旅游线路，包括欧洲、日本、韩国、澳大利亚、新马泰等，如果要出国，到底该选择哪一条旅游线路呢？

王先生表示他到旅行社去了解一下情况。

王先生去了重庆中国旅行社，接待他的是一位姓李的年轻女士。王先生首先说明了自己的来意，他说他们全家想在这个暑假到国外去旅游，但不知道选择哪条旅游线路比较好。

李小姐首先从总体上给他介绍了一些情况。她说，新马泰这条旅游线路开发时间比较早，现在成熟一些，价格相对便宜，而且这几国的文化背景和中国有相似之处；欧洲旅游线路这两年才得到开发，现在的旅游产品形式是把多个国家捆绑在一起，没有把一个或两个国家作为一条旅游线路的，因此一般说来价格高一些，出游时间也长一些。另外，他们还开通了到韩国、日本、澳大利亚和马尔代夫等的旅游线路。也开通了一些非洲国家，如南非、毛里求斯等，美洲现在主要集中在商务旅游。

王先生思索了一会，决定把欧洲游和新马泰旅游作为重点考虑和选择的对象。李小姐给王先生看了欧洲游和新马泰旅游的一些资料。

回到家后，王先生把在旅行社了解的情况和自己的想法给妻子说了一下。妻子把丈夫拿回来的资料看了一下，她特别留意了价格、游览景点和住宿条件。

"我想我们去新马泰吧，欧洲游的价格太贵了，每人 10 000 元，快是我一年的工资了。尽管在妻子的心目中，欧洲对她的吸引力更大，她想去看法国的凯旋门、卢浮宫和埃菲尔铁塔，想去看看古罗马的斗兽场，想在威尼斯的城中泛舟，但是，她还是做出了这样的决定。

"好吧！"丈夫勉强地赞同了。

丈夫接着说道："咱们这是第一次到国外去旅游，先去近的地方吧，近的地方我们比较熟悉，下次我们出去旅游就走远点。这样吧，我查一下新马泰这些国家的一些资料，到时候我们去旅游心里才有底。我有个同学去新马泰玩过，还比较满意。在马来西亚的吉隆坡可以看世界第四高塔——凤梨塔，可以目睹好莱坞影片《偷天陷阱》中的那两幢联体摩天大楼，它们是目前世界上最高的大楼；可以去目前世界最大的海洋公园巴雅岛玩，咱们的儿子肯定特别喜欢。在新加坡我们到马六甲海峡拍照，让咱们家的历史也在那里凝固，我们还要到著名的圣沟沙岛游玩。在泰国我们领略浓郁的泰国水乡风情，去有'东方夏威夷'之称的海滨度假胜地芭提雅。"

妻子打断了丈夫的话，说："我听我的同事说到新马泰去旅游，如果报价格低的团，购物特别多，让人特别扫兴，你再到旅行社去问一下，如果是那样，我们就报标准高一些的团。"

最后，王先生报了一个价格稍高的团。但是爷爷没有去，爷爷说他身体不好，出去怕消受不起。

在暑假，他们全家度过了一次愉快的旅行。

思考：

1）哪些因素影响了王先生一家对旅游产品的选择和购买？是怎么影响的？

2）在本案例中，哪些因素影响了王先生一家这次旅游目的地的选择？

案例 2　车子的消费者定位

第一种：一直以来，跑车为大多数消费者特别是年轻人所青睐。但由于跑车价格不菲，所以许多消费者难以实现其消费愿望。1964 年福特公司推出了一种经济型跑车"野马"，该品牌车上市价格仅为豪华跑车价格的 1/3 左右，一时赢得了消费者的认可，取得了甚好的销售成绩。之后，通用、克莱斯勒公司均以多款轿跑车陆续投放市场，但福特"野马"车 40 年来一直是领军品牌，至今仍雄踞全球跑车单品牌车销售量的榜首。

我国同样有不少酷爱跑车的消费者，进口跑车价值十分昂贵，对此吉利汽车工司推出了经济型跑车。这种跑车具有相当低的价位，性价比甚高，具有找空隙进入市场的营销思路和满足这类消费群体意愿的服务理念，因此也受到了消费者的喜爱。

第二种：桑塔纳系列中被俗称为"普桑"的老车型，虽然属于淘汰车型，但现在每年仍然可以销售 10 万辆左右，市场占有率甚大。这就是具有保守型购买动机的消费群体的消费区域。"普桑"的价格已降低了一半多，生产成熟，品质稳定，而且买中级车享受经济车的消费，维修市场零配件充足便宜，维修工对车型最为熟悉，另外车型老、不起眼，用得安心、放心。

第三种：在对购买汽车 90 天内同品牌每百辆车出现缺陷的统计中，一开始奔驰品牌缺陷数量少，很快日本的凌志、无限就成为最佳，美国车也通过努力赶到前面。但是奔驰在人们心目中依旧是第一名品牌汽车，2001 年、2002 年两年的品牌价值均在 210 亿美元以上。

第四种：20 世纪 80 年代末，日本公司在美国市场推出豪华轿车"无限"（Infinity）。在电视广告中见不到靓丽的车型，代之以反复呈现的大自然、原野、雷雨、大海和森林。广告词则为"所谓的豪华是指多一种多彩的自然感觉，所谓的美指一种密切的个人关系"。这种在视觉、听觉上给予的豪华和美丽观念给许多消费者留下了深刻的印象，这正符合他们的信念。Infinity 轿车从此屡屡列在美国各品牌轿车年销售量的榜首或前几名。

思考：

按消费者购买的态度和要求分，以上 4 种车的类型分别适合哪种消费者？为什么？

📛 营销实训

实训项目 1　全程模拟

【实训目标】

1）培养观察和了解他人的能力。

2）培养在众人面前发表个人意见的能力。

【实训内容与组织】

按照实训目标观察和了解他人，结合学生的特点，建议采用的训练项目演练内容：
1）学生 6 人为一组，模拟要购买一件家庭电器。
2）小组成员每个人讲出认为购买该家庭电器最应考虑的因素。

【成果与检测】

1）自我评价（概述实现自我突破的关键和本次活动的自我突破）。

2）小组评价和教师评价（本次发表个人意见的表现）。

实训项目 2　角色扮演

【实训目标】

1）培养分析与解决问题的能力。
2）树立正确的消费者心理观念。

【实训内容与组织】

在日常生活中，如果某位同学在书店购得一本书，此书价格 10 元，该同学 8 元购得，但当他得知许多同学以 7 元就买到了同样一本书，他会觉得自己吃了亏。同样如果一样商品本来价值是 10 元，某人 11 元购得，但当他得知别人以 12 元购得后，他又会觉得自己占了便宜。

要求学生设身处地扮演以上各角色，并分析自己所扮演各个角色的心理，从而总结出消费者心理的规律。

【成果与检测】

1）你所扮演的是哪个角色？是什么心理？

2）自我评价（知识的正确运用与口头表达能力）。

3）小组评价和教师评价（分析问题、解决问题与口头表达的能力）。

实训项目3　案情讨论与思考

【实训目标】

1）培养分析问题与解决问题的能力、创新能力与应变能力。
2）树立从消费者心理出发的观念。

【实训内容与组织】

根据提供的资料，结合所学的知识进行分析问题与解决问题能力的训练。

1）给出以下材料：

美国一家制鞋公司经过市场调查，发现人们购买鞋子的焦点已不仅仅关注"质优价廉"，而更多的是能体现和寄托消费者自我个性、情感的产品。于是，该公司设计人员便发挥想象力，设计出了能激发人们购买欲望、引起感情共鸣的鞋子，并有意赋予鞋子以不同个性和情感色彩，如"男性情感""女性情感""优雅感""野性感""轻盈感""年轻感"等。此外，他们还想方设法地给鞋子起了许多稀奇古怪的名字，如"笑""哭""愤""怒""爱情"等，充分满足消费者的情感需要。面对日益竞争的市场，公司还准备开发更多的新产品，同时，取不同个性和情感色彩的名字。

2）学生根据提供的材料进行思考与讨论。

3）每小组（5 人或 6 人为一组）选出 1 名学生为代表进行陈述，其他成员可进行补充。

【成果与检测】

1）体现所学消费者心理理论分析。

2）如果你是制鞋公司的营销经理，面对竞争激烈的市场，如何针对某一顾客群的需求，提出有创意的产品构思并为之赋予有个性化和情感色彩的名字？

3）小组评价和教师评价（分析问题、解决问题与口头表达的能力）。

任务二 竞争者分析

案例导入

红高梁挑战麦当劳的失利

麦当劳 1937 年从经营小餐厅开始，经过几十年的发展，成为一个颇具规模的快餐厅，并通过连锁经营的方式迅速遍及世界各地，发展成为世界性跨国企业集团。从 1993 年这个洋快餐登陆北京王府井开始，它以惊人的速度席卷中国大地，使得中国几千年来的各种名胜小吃都难以与之抗衡。看到如此情况，乔赢站出来，扛起民族快餐——"红高梁"的大旗，要与洋快餐一决高低。1995 年 4 月 15 日，在大洋彼岸的麦当劳建店 40 周年之际，红高梁的店址便确定在麦当劳的对面，并挑起"红高梁挑战麦当劳"的横幅，激励人心，同时店内装饰及员工服装等也类似麦当劳，其用意不言而喻。

红高梁亮相后，一时间取得了很大的成功，日营业额从 2000 元突破万元大关，随后 44 万元起家的乔赢仅仅用了 8 个月的时间就滚动到了 500 万元。到了 1996 年他已经在北京、上海和广州等地建立了连锁店，并打算在 5 年内使红高梁遍布全球，在世界各地计划开设 2 万家分店。1997 年，红高梁在全国 20 多个城市铺开，然而这些分店并没有如他所愿就相继夭折，截至 1998 年年底，红高梁投资兴建的各地分店相继倒闭，负债总额达 3600 万元，最终梦断中原。

[分析]乔赢的失败在于市场定位不准确。市场定位的方法是一种竞争策略，目的是帮助企业进入目标市场，展示自己的竞争优势，吸引消费者，增强竞争能力，它显示一种竞争关系，乔赢采取的迎头定位，是一种与市场上占据支配地位的、最强大的竞争对手对着干的定位方法。企业进行市场定位，必须知己知彼，同时应具备以下条件。

1）能生产出比竞争对手质量更优或成本更低的产品。

2）选定的目标市场能容纳两个或两个以上的相互竞争的企业所提供的产品。从这点看，乔赢并不会输给麦当劳，因为中国有 12 亿人口的市场空间。

3）比竞争对手拥有更多的资源和更强的能力。从这点看，乔赢与对手相比差距很大。

4）选定的目标市场位置与本企业的声誉和经营能力相符合。乔赢在每个城市里，不管其能力是否能承受，凡是有麦当劳的地方，他都在其对面开设一家"红高梁"，其花费甚至比麦当劳高出几倍，凡是能用钱买的他都买了，广告、包装、形象宣传等。乔赢超前的连锁扩张理念和敏锐的策划能力曾使"红高梁"体验成功，但这些过于虚而不务实的经营思想，终于导致"红高梁"不能把机会转变成踏实的经营。事实证明，乔赢苦心引导人们所认知的"红高梁"并不存在，纸上规则和效益使"红高梁"分不清现实与远景的区别，乔赢把几年后才可能出现的效益提前贴现，既坑了投资人，也害了自己。

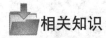相关知识

一、市场竞争分析的意义

企业之间存在着激烈的市场竞争，是市场经济的一个特征。在市场经济条件下，企业从各自的利益出发，为取得较好的产销条件，进而实现生产要素的优化配置。因此，竞争也是市场经济运行的主要规律之一。所以，企业不仅要了解自己的目标顾客，还要了解自己的竞争对手，只有知己知彼，才能百战不殆，在市场竞争中获胜。竞争分析同市场细分和目标市场选择一样，都是寻找市场机会，确定企业的发展方向，属于企业的综合战略范畴。

在激烈的市场竞争中，任何企业都无法回避竞争，优胜劣汰是自然的法则，也是市场经济的法则，企业也正是在激烈的市场竞争中才得到了发展，消费需求得到满足，社会经济在竞争中进步。当今市场以进入买方市场，从前几年的热水器大战、彩电大战、VCD 大战、白酒大战、矿泉壶大战等，到现在愈演愈烈的保健品大战，这种企业和产品间的竞争，造就了一批成功企业、企业家和名牌产品，同时也将许多企业和产品逐出市场。市场上这种浓浓的火药味儿让广大消费者应接不暇，也使广大消费者从中受益，企业要想在竞争中获胜，必须培养自己的竞争优势，超越竞争对手，所以，分析和了解竞争对手为企业制定竞争策略提供了坚实的基础。

二、市场竞争者分析

1. 竞争的主要形式

市场经济条件下，企业的竞争主要表现在以下两种方式上。

（1）价格竞争

企业进行价格竞争的条件是成本的降低，如果不能降低成本，降价竞争就会给企业造成企业利润的下降，从而损害企业的利益，要想在竞争中居于有利的地位，企业必须努力降低成本。在市场价格竞争中，企业的价格竞争优势，实际上就是企业的成本竞争优势。

作为企业市场竞争的基本形式，价格竞争可能引发企业所不愿意看到的结果，即轮番降价造成的价格战。价格竞争的主要手段就是降价，当一个企业率先降价时，必然会招致其他企业的报复，引起其他企业跟着降价，轮番降价的结果是企业利润的普遍下降，使大家都不能从价格竞争中获得好处。虽然从一般意义上讲，几个竞争可以促使企业提高劳动效率，不断改进老产品和生产经营，最终使消费者受益，但在某些情况下，价格战的恶性竞争，可能使企业的正常生产经营难以进行，更谈不上有能力进行研究与开发、进行创新了，所以，为了避免这种恶性竞争，越来越多的企业需求通过非价格竞争的手段进行市场竞争。

（2）非价格竞争

非价格竞争是通过产品差异化进行的竞争，它一般是在不改变产品价格的情况下，

通过改变产品的某种属性，形成本企业产品与竞争企业产品之间的某些差异，以吸引更多的消费者购买。与价格竞争比较，非价格竞争较为隐晦、间接，所以相对来讲不容易招致竞争企业的报复，能收到良好的竞争效果，许多企业将非价格竞争作为常规的竞争手段。

非价格竞争被人们认为是企业竞争手段的发展，是企业市场竞争的高级形式，但非价格竞争必然导致企业生产经营成本的增加。例如产品质量的改进，往往是以增加生产经营的投入为代价的。

2. 竞争者的识别

竞争者是微观环境的构成要素之一，市场上几乎每一个机会都有竞争者在竞争，企业的营销活动总是受到各种竞争者的包围和影响。因此，企业要善于识别竞争者，并制定相应的竞争策略。

一个企业的竞争者包括现实竞争者和潜在竞争者，凡是满足相同的市场需求或服务同一目标市场的企业，无论是否同属于同一行业，都可能使企业的潜在竞争者面临更大的威胁。企业既不能患"营销近视症"，也不能患"营销远视症"，必须仔细辨别谁才是真正的竞争对手。一般情况下，竞争者包括以下 4 个层次。

1）提供相似产品的企业：提供相似产品或服务给相同的顾客群，如长虹、康佳、海信等电视品牌互为竞争对手。

2）提供同类产品的企业：把制造相同产品或提供相同服务的企业看作自己的竞争对手，如长虹可以把所有电视机厂家看作自己的竞争对手。

3）满足同一种需求的竞争者：把所有提供相同的产品（核心产品相同）的企业看作竞争者，这样长虹公司不仅要与电视机生产企业竞争，而且要与 VCD 等产品企业竞争。

4）所有与自己争夺同一目标顾客的企业：长虹公司可以把所有出售耐用消费品、度假旅游等企业看作自己的对手（谁在跟自己争夺同一目标顾客群体，谁就是你的竞争对手）。

3. 竞争者优势和劣势分析

获取竞争者优势和劣势的信息非常困难，一般情况下要通过细致的市场调查获得，或者借助二手资料整理分析，也可以通过合法的渠道获取其内部信息，了解竞争对手的优势和劣势，还可以制定有针对性的竞争策略，以避其锋芒、攻其弱点、出其不意，利用竞争者的错误获取市场竞争优势。

竞争者的优势和劣势通常表现为以下 7 个方面：①产品，产品组合、市场适应性等；②销售渠道，销售渠道的效率、深度和广度、服务能力等；③市场营销管理水平，调研能力、新产品开发能力、销售队伍结构情况、营销组合等；④生产与经营，人才、技术、专利、成本、原料来源及成本；⑤研究与开发能力；⑥资金实力；⑦组织管理等。

4. 竞争定位

在进行市场分析的基础上，企业必须明确自己在同行业竞争中所处的位置，结合企业的经营目标、资源和环境，以及企业在目标市场上预期的位置，制定正确的市场竞争策略。根据市场上的竞争地位不同，企业的市场竞争定位可以分为四种类型：市场领先者、市场挑战者、市场跟随者、市场补缺者。

案例思考

宝洁和联合利华竞争分析

1. 产品策略

宝洁和联合利华在各个方面都有着激烈的竞争。以洗发护发产品为例，宝洁先后推出了"海飞丝""飘柔""潘婷"3个品牌，在市场上分别以"去头屑专家""头发柔顺专家"以及"头发营养专家"的形象出现。除此之外，1996年，宝洁还推出了伊卡璐草本精华产品系列，诉求点定位为充分利用可再生自然资源，不含任何化学成分，却能被微生物分解。区别其他化学产品，伊卡璐填补了宝洁公司洗发护发领域缺乏植物产品的空白。2002年，针对中高端消费市场，宝洁公司联合国际闻名的美发沙龙品牌沙宣推出了"沙宣"品牌。而联合利华继推出力士、夏士莲的洗护组合后，近年，联合利华又强势推出专业去屑品牌"清扬"，旨在弥补、提升其在去屑市场竞争中的不足，对宝洁旗下的海飞丝形成不小的冲击。

事实上，从功能上看，宝洁和联合利华产品基本一致，但是二者选择了截然不同的品牌营销战略。宝洁公司选择的是多品牌战略，联合利华则选择单一品牌战略。多品牌战略的实施有两个特点：一是不同的品牌针对不同的目标市场，二是品牌的经营具有相对的独立性。在宝洁内部，飘柔、潘婷和海飞丝传递给消费者不同的功效诉求，分属于不同的品牌经理管辖，他们之间相互独立、相互竞争。实施多品牌战略可以最大限度地占有市场，对消费者实施交叉覆盖，且降低企业经营的风险，即使一个品牌失败，对其他的品牌也没有多大的影响。单一品牌战略是相对于多品牌战略而言的，它是指企业所生产的所有产品都同时使用一个品牌的情形。例如，联合利华旗下的力士品牌和夏士莲品牌，其产品包括洗发护发系列、美肤沐浴系列以及香皂系列。采用单一品牌战略的好处：一是所有产品共用一个品牌，可以大大节省传播费用，对一个品牌进行宣传的同时可以惠及所有产品；二是假如品牌已经具有一定的市场地位，新产品的推出无须过多宣传便会得到消费者的信任；三是众多产品一同出现在货架上，可以彰显品牌形象。当然，采用单一品牌战略也有其明显不足之处，即品牌下某一产品出现问题，极有可能产生连锁反应累及其他。

2. 价格策略

宝洁公司在中国市场的价格策略包括两个阶段。第一阶段是1990年之前，这段时间是宝洁的黄金时期，很高的品牌溢价能力使得宝洁独家雄踞高端市场，所以有条件采用市场撇脂的价格策略。

但是从进入20世纪90年代中期，众多本土中小企业的进攻使得宝洁不得不采取低价策略。这就是宝洁公司价格策略的第二阶段。而联合利华自进入中国市场开始，竟将低价战略作为其在中国市场胜算的最佳策略。为了降低成本，联合利华开始了以降低成本为目标的业务调整和收缩。中国日用消费品市场的一个显著特征就是消费者对价格的敏感度非常高。当面对低价格的时候，品牌的吸引力便会大大衰减，价格优势有时甚至对消费者购买决策起到决定性作用。

3. 渠道策略

在宝洁和联合利华进入中国市场的开始阶段又不约而同地选择了传统的分销方式，即借助分销商完成全国的网络覆盖。这种模式下，分销商承担了所有零售终端的供货，所以哪种产品的利润高，分销商就会卖力推广那家的产品。鉴于这种情况，宝洁和联合利华先后进行了渠道变革。宝洁一改此前经由分销商向零售商供货的方式，逐渐开始向重点零售商直接供货。打破了华南、华北、华东、西部四个销售区域的运作模式，改为分销商渠道、批发渠道、主要零售渠道和大型连锁渠道以及沃尔玛渠道。联合利华一改原有的渠道格局，将大卖场、超市、量贩店等现代通路独立出来，作为直供客户和主要客户，由联合利华直接负责供货。其余的客户全部归类到传统通路，仍然由分销商负责供货。与此同时，联合利华分销商体系进行了调整，将分销商数量从原来的 600 多家精简成现在的 400 多家，这些分销商分担的业务量还和原来差不多，但是他们更加稳定且富有竞争力。

4. 促销策略

宝洁促销策略最明显的特点是一种产品承诺一个诉求点。例如，宝洁推出的几种洗发水，海飞丝的功效诉求是"去头屑"，潘婷是"健康头发"，飘柔是"柔顺"，沙宣是"高品质"。其实海飞丝与飘柔的配方和实际功效非常相近，但是广告中做了不同的功效诉求。另一个特点是在报纸、杂志、电视、电台等主要媒体上投入大量的广告费用，采取持续的广告攻势对消费者产生持续的影响。这种持续的广告攻势不仅仅是推销产品，更是向公众传递宝洁的营销概念。联合利华更侧重从产品生命周期角度来选择差异化促销方式。在新产品上市时，通常都会投入大量的人力物力进行地毯式广告攻势。在很短的时间内，将新产品的诉求功效传递给消费者，吸引消费者购买并在消费者中形成传播效应。到了产品的成熟期，联合利华往往会采取营销组合的促销方式，利用旗下知名品牌之间的合作，较好地达到促销目标。

思考：

1）本案例中保洁和联合利华属于哪种竞争方式？对保洁的优势和劣势进行分析。

2）从 4 个营销策略对宝洁和联合利华的竞争进行分析。

营销实训

实训项目 1　根据自己的成绩进行竞争分析

【实训目标】

1）培养正确的自我认识和认识他人的能力。

2）培养语言组织的能力。

【实训内容与组织】

1）以最近的一次大型考试为例，对自己的各科成绩进行分析，列出优势科目和劣势科目。

2）对比自己成绩好的前 5 名同学从各科成绩进行分析，列出他们的优势科目和劣势科目。

3）找出自己和前五名同学的差距，制订"追赶"计划。

【成果与检测】

1）填写成绩分析卡。

竞争者		总分	
语文			
数学			
英语			
专业			

2）自我反思（应如何进一步提高自己的成绩）。

实训项目 2　汇源产品网络市场竞争对手调研

【实训目标】

1）培养初步运用网络收集和筛选资料的能力。

2）培养分析、归纳与讲演的能力。

【实训内容与组织】

根据所学知识与对实际企业调查访问所获得的信息资料，进行调研汇报。

1）以自愿为原则，6~8 人为一组，自定小组名称。

2）投票选出小组长，小组长进行分工和监督。

3）班级组织一次交流会，每个小组推荐 2 名成员阐述调研情况。

4）由教师与学生对各组汇报情况进行评估、打分。

【成果与检测】

调研结束，完成以下表格。

序号	调研网站	调研方式	调查结果

任务三　SWOT 战略分析

案例导入

中国电信的 SWOT 分析

在已经过去的一年里，中国电信的新闻热点、焦点不断。电信资费的调整、中国电信南北大分拆以及中国电信将面临入世挑战等让人们瞩目。在新的一年里，中国电信又将上演一场"与狼共舞"的惊险剧目。面对激烈的市场竞争，对中国电信进行 SWOT (Strengths——优势、weaknesses——劣势、opportunities——机会、threats——威胁) 分析，也许能让大家对中国电信未来的发展有一个清醒的、客观的认识。

1. 中国电信的优势和劣势分析

（1）优势分析

自 20 世纪 80 年代中期起，中国电信经历了 30 多年的高速发展，已经形成了规模效益。尽管此间经历了邮电分营、政企分开、移动寻呼剥离、分拆重组等一系列的改革，但在中国的电信业市场上，中国电信仍具有较强的竞争和发展优势，主要表现在客户资源、网络基础设施、人才储备、服务质量等方面。

1）中国电信市场引入竞争机制后，中国电信与中国移动、中国联通、中国网通等运营商展开激烈竞争。中国电信南北分拆后，在保留原有大部分固定电话网和数据通信业务的同时，继承了绝大部分的客户资源，保持了良好的客户关系，在市场上占领了绝对的优势。1.79 亿多的固定电话用户，1500 多万的数据通信用户，为中国电信发展业务，增加收入奠定了良好的基础。

2）中国电信基础网络设施比较完善。改革开放 30 多年来，中国电信已建成了覆盖全国，以光缆为主、卫星和微波为辅的高速率、大容量、具有一定规模、技术先进的基础传输网、接入网、交换网、数据通信网和智能网等。同时 DWDM 传输网、宽带接入网相继建设数据通信网络和智能网不断扩容。中国电信的网络优势已经成为当前企业发展的核心能力，同时具备了向相关专业延伸的基础和实力。

3）中国电信在发展过程中培养和储备了一大批了解本地市场、熟悉通信设备的、

具有丰富的电信管理经验和专业技术知识人才。同时中国电信还积累了大量丰富的运营管理经验，拥有长期积累的网络管理经验、良好的运营技能和较为完善的服务系统。

4）中国电信日趋完善的服务质量。中国电信成立了集团客户服务中心，为跨省市的集团客户解决进网需求；建立了一点受理、一站购齐的服务体系，最大限度地方便用户；推出了首问负责制，解决了企业在向用户提供服务过程中的相互扯皮、相互推委的问题；另外，还设立了服务热线（10000）、投诉热线（180）等，建立了与用户之间的沟通服务，提供互动式服务。

（2）劣势分析

虽然中国电信具有一定的发展优势，但我们应该辩证地看待这些优势。辩证法告诉我们，优势和劣势都是相对的，即在一定的条件下，优势很可能就转变成劣势。中国电信虽然拥有丰富的客户资源、完善的网络设施以及大量的储备人才，但缺乏现代企业发展所必需的战略观念、创新观念、人力资源开发管理、人文环境建设以及与此相适应的市场制度环境。业内人士认为，中国电信拥有资源优势，但却缺乏资源运作优势。目前，中国电信的劣势主要表现在以下4个方面。

1）企业战略管理与发展的矛盾。一方面，企业决策层只重视当前战术和策略，忽视长远战略，湮没在日常经营性事物中，不能统观大局；另一方面，企业缺乏应对复杂多变环境的企业运作战略策划人才。这个问题是当前实现企业持续发展、保持长久竞争优势的核心问题。

2）企业内部创新与发展的矛盾。面向计划经济的职能化业务流程、管理模式、组织模式已经呈现出与快速发展的不适应，并逐步成为制约电信企业参与全球化竞争的主要因素。ERP 管理和组织模式的改革创新以及企业特色人文环境的建设是实施企业发展战略应考虑的焦点问题。

3）中国电信现有的基础设施不能为用户提供特色服务。中国电信虽然拥有比较完善的网络基础设施，但这大都不是根据市场的实际需要建设的，而是为了满足普遍服务的需要。

4）拆分让中国电信由主体电信企业降级到区域性的电信企业。新中国电信的主要阵地将固守在南方市场，而北方市场将由新中国网通占领。即使受到拆分影响，中国电信的实力也仍然最强，只是苦于无全国网络，无法开展全国性的业务。

2.　中国电信的机会和威胁分析

（1）机会分析

我国国民经济的快速发展以及加入 WTO，将为我国的信息化建设和通信发展提供前所未有的发展机遇。同时也为中国电信提供了巨大的机会，主要表现在以下6个方面。

1）国民经济的持续快速发展，形成了潜力巨大的市场需求，为中国电信提供了更大的发展空间。中国加入 WTO 本地经济比较优势的重新配置资源所带来的巨大收益将进一步增强当地经济实力，而且入世将推动外资的引进和内需的拉动。入世后各地将极大改善投资环境，法律透明度提高和国民待遇的实现将吸引大量外来资本，本地企业实力将得到提高和增强，企业电信消费水平随之提高。劳动力市场结构的调整和转移必然带来社会人员的大量流动，同时拉动巨大的通信需求，话务市场将进一步激活。

2）电信业法律法规不断健全完善，电信业将进入依法管理的新阶段，为中国电信的发展创造了公平、有序的竞争环境。随着电信业法制的健全，政府的经济职能将发生根本的转变，政府会把企业的投资决策权和生产经营权交给企业，让企业经受市场经济的考验。这意味着政府将给中国电信进一步松绑，给予其应有的自主权，有利于中国电信按市场经济规律运作。

3）中国政府大力推进国民经济和社会信息化的战略决策，为中国电信的发展创造了历史性的机会。"三大上网工程"（政府上网、企业上网、家庭上网）造就了我国消费能力强劲的信息产业市场，为我国信息产业市场创造良好环境的同时，使我国成为全球最大的信息产业市场之一。

4）中国加入 WTO 后电信市场逐步对外开放，将加快企业的国际化进程，有利于企业的经营管理、运作机制、人才培养与国际接轨。同时可促进中国电信借鉴国外公司的管理经验，积极地推进思维、技术、体制创新，提高产品档次，降低成本，完善服务质量，改进营销策略，增强核心竞争力。

5）电信市场潜力巨大。首先，我国经济发展不平衡，地区之间、消费层次之间的差异决定了电信需求的多层次和多样化，而通信技术的飞速发展，促进电信企业的网络升级换代和业务的推陈出新，在固定电话网与计算机通信的融合点上开发新业务潜力巨大，激发出新的消费需求。因而，从总体上看，我国电信市场孕育着巨大的需求潜力。其次，从固定电话看，中国电信平均主线普及率，远低于发达国家平均水平。主线收入、盈利水平和市场规模也与发达国家平均水平相差甚远，发展的空间和潜力仍旧巨大。最后，从中国电信的其他业务看，互联网和固网智能网业务的市场规模及盈利能力将随着企业外部环境层次的提高而不断扩大。

6）移动牌照的发放。工业和信息化部时任部长吴基传曾经在公众场合说过，中国将拥有四个综合电信运营商，它们能够经营固定、移动、数据和其他各种基础电信业务，这意味着将再发两张移动牌照。目前，移动通信领域是潜力最大，也是竞争最激烈的通信领域，将成为各电信企业的必争之地。一旦中国电信拿到了移动牌照，那么移动领域将是中国电信的又一主营业务。

（2）威胁分析

正所谓机会与威胁同在。任何事件的影响都是相对的，中国电信在迎接巨大机会的同时也将面临巨大的威胁，具体表现在以下 3 个方面。

1）电信市场竞争格局由局部转向全面、由简单转向多元。首先，在竞争趋势方面，国内市场竞争将由价格竞争向核心能力创新竞争过渡。在过渡期间，市场份额的抢夺将成为市场跟随者的发展重点。其次，入世后的国际资本竞争压力也将逐步增大。国外电信运营商将通过兼并、联合和收购等方式实现全球服务化的速度不断加快。中国电信市场的 ICP、EMAIL、数据库、传真、视频会议等增值业务首当其冲地受到较大冲击，对电信企业的稳定增长产生影响。

2）中国电信人才流失较为严重。国内外许多公司采用高薪、高福利等政策吸引中国电信人才，造成中国电信人才严重流失。这一现象至今仍未得到解决。人才的流动是竞争的必然结果，是关系到中国电信生存发展的关键问题。因此，如何体现人才价值、发挥人才潜能，是中国电信必须正视的一个问题。

3）非对称管制对中国电信的影响。中国电信在经营许可、互联互通、电信资费、电信普遍服务等方面受到相对严格的行业管制。在目前的中国电信市场上，管制的不平等已经制约了中国电信的发展，在日趋激烈的电信市场竞争形势下，中国电信应加快改革步伐。新中国电信公司不久后也将通过上市进行机制转换，实现与中国联通、中国移动相同的机制平台，从而开展有效的公平竞争。

【分析】通过上述中国电信的 SWOT 分析之后，可得出以下 4 个方面的结论。

1）通过分析可以看出目前电信企业的发展前景并不乐观，但是在这种状况下企业更应该发挥杠杆效应，用企业自身的微博优势抓住稍纵即逝的机会，如中国入世的机会。

2）电信集团目前的抑制性主要表现在管理层的目光、能力等的局限性上，因此，在管理结构方面企业应追加投资，改革企业管理机构与制度，也更加适应市场多元化的要求。

3）企业的脆弱性在于拥有大部分市场，但是由于区域划分的原因企业的市场份额被大大削减，因此，企业不仅要稳固原有的市场，而且要抓住机遇，努力开拓新市场。

4）电信集团的问题性在于企业持续发展与日益激烈的市场竞争之间的矛盾。具体体现在企业单一的管理结构与市场多元化之间的矛盾，企业公平竞争与不完全竞争市场之间的矛盾，顾客日益增长的需求与企业产品宽度之间的矛盾。

最后，在运用 SWOT 分析的过程中，我们也会看到 SWOT 的不足之处，而且 SWOT 分析法的分析范围有限，其本身又有一定的时代性限制。例如中国电信的发展方向，它是适应形势与政策进行稳步成长还是走差异化战略之路进行发展的问题仍待考虑。SWOT 分析法并没有充分考虑到企业改变现状的主动性，然而企业完全可以通过寻找新的资源来创造优势、发挥优势、弥补劣势，从而达到过去无法实现的战略目标。

相关知识

一、SWOT 战略分析的含义

在现在的战略规划报告里，SWOT 分析是一个众所周知的工具。它实际上是将对企业内外部条件各方面内容进行综合和概括，进而分析组织的优劣势、面临的机会和威胁的一种方法。

通过 SWOT 分析，可以帮助企业把资源和行动聚集在自己的强项和有最多机会的地方，并让企业的战略变得更加明朗。

二、SWOT 模型含义介绍

优劣势分析主要着眼于企业自身的实力及其与竞争对手的比较，而机会和威胁分析将注意力放在外部环境的变化及对企业的可能影响上。在分析时，应把所有的内部因素（优劣势）集中在一起，然后用外部的力量对这些因素进行评估。

1. 机会与威胁分析

随着经济、社会、科技等诸多方面的迅速发展，特别是世界经济全球化、一体化过程的加快，全球信息网络的建立和消费需求的多样化，企业所处的环境更为开放和动荡。这种变化几乎对所有企业都产生了深刻的影响。正因为如此，环境分析成为一种日益重要的企业职能。环境发展趋势分为两大类：一类表示环境威胁，另一类表示环境机会。环境威胁是指环境中一种不利的发展趋势所形成的挑战，如果不采取果断的战略行为，这种不利趋势将导致公司的竞争地位受到削弱。环境机会就是对公司行为富有吸引力的领域，在这一领域中，该公司将拥有竞争优势。

对环境的分析也可以有不同的角度。例如，一种简明扼要的方法就是 PEST（political——政治，economic——经济、social——社会、technological——科技）分析，另外一种比较常见的方法就是波特的五力分析。

2. 优势与劣势分析

识别环境中有吸引力的机会是一回事，拥有在机会中成功所必需的竞争能力又是另一回事。每个企业都要定期检查自己的优势与劣势，这可通过企业经营管理检核表的方式进行。企业或企业外的咨询机构都可利用这一格式检查企业的营销、财务、制造和组织能力。每一要素都要按照特强、稍强、中等、稍弱或特弱划分等级。

议一议

当企业面对环境变化（机会或威胁）时，企业该有何对策？

案例思考

案例 1 探秘星巴克

星巴克公司是一个盈利能力很强的组织，它在 2004 年盈利超过 6 亿美元，同年该公司所产生的收入超过 50 亿美元。它通过提供声誉良好的产品和服务，已经成长为一个全球性的咖啡品牌。它在全世界的 40 个主要国家已经有了大约 9000 家咖啡店。

2005 年星巴克被评为《财富》最佳雇主 100 强公司之一。星巴克重视员工，被认为是一个值得尊敬的雇主。该组织具有很强的道德价值观念和道德使命，致力于做行业的佼佼者。

星巴克在新产品开发和创造上享有声誉。然而，随着时间的推移，它的创新仍有容易受到动摇的可能。它对于美国市场的依存度过高，超过 3/4 的咖啡店都开在自己的老家。有人认为它需要寻求一个投资组合的国家，用来分散经营风险。该组织依赖于一个主要的竞争优势，即零售咖啡。这可能使它在进入其他相关领域的时候行动缓慢。

在 2004 年星巴克和惠普共同创建了 CD 刻录服务，在圣莫尼卡（美国加州）咖啡馆，顾客可以制作他们自己的音乐 CD。在它的咖啡店里提供新的产品和服务，如平价产品。该公司有机会扩大其全球业务。新的咖啡市场，如印度和太平洋地区的国家开始出现。

谁知道在未来，咖啡市场是会增长并且保有客户，还是会出现新品种饮料或休闲活动从而取代咖啡？星巴克面对咖啡原料和乳制品成本上升的局面。由于其概念被市场认可，在 1971 年西雅图，星巴克的成功吸引许多竞争对手纷纷进入市场或复制品牌，从而构成潜在威胁。

星巴克的使命是生产出世界上最优秀的咖啡，同时保持它成长的原则。

思考：

根据案例，对星巴克进行 SWOT 分析。

案例 2　永不止步的耐克

耐克是一个充满竞争力的品牌。菲尔·奈特（耐克的创办者和总裁）曾说道："商场就是没有硝烟的战场。"耐克认为对健康的最好理解就是竞争。在亚特兰大奥运会上，锐步强调对比赛的宣传。而耐克开创性地将宣传的焦点锁定在那些顶级的运动员身上，此举大获成功。

耐克没有工厂。它不愿将资金套在厂房和生产工人身上，这使得它能够专注于设计。强大的研发部门为耐克开发了大量革命性的创新产品，而它则寻找那些质优价廉的生产商家代理生产。如果价格上涨，它能够很轻松地将生产基地移至那些价格更具竞争力的区域。

耐克是一个全球性的品牌，它是世界运动品牌中的"No.1"。它著名的"一道钩"迅速地被人们识别出来，并且菲尔·奈特还把这个图形纹到了他的脚踝上。

耐克有着很广的运动产品系列，然而，主要的收入来源还是依赖于鞋业市场。这使得耐克公司在该市场上的份额将受到重创，而且零售行业对价格非常敏感。诚然，耐克有着自己的零售商，但它的大部分收入却仰仗各个零售商的销售，而零售商的收入来源于消费者。作为普通消费者，难以区别出零售厂商的不同。因此，耐克的利润往往会因零售商通过转嫁价格战的压力而受到挤压缩水。

思考：

从耐克公司内部环境出发，分析该公司的优势和劣势。

营销实训

实训项目　对自己及就业行业进行 SWOT 分析

【实训目标】

1）培养在众人面前敢于讲话的能力。
2）能够更进一步了解和剖析自己。

【实训内容与组织】

1）评估自己的长处和短处。每个人都有自己独特的技能、天赋和能力，在分工日趋细化的市场经济条件下，一个人不可能样样精通。

以表格的形式列出你喜欢做的事情和你的长处所在（如果觉得界定自己的长处比较困难，可以做一些测试习题，做完之后，你可以发现你的长处所在）。同样，通过列表，你可以找出自己不喜欢做的事情和你的弱势。

找出你的短处与发现你的长处同等重要，因为你可以基于自己的长处和短处做两种选择：一是努力去改正你常犯的错误，提高你的技能；二是放弃那些对你不擅长的技能要求很高的职业。列出你认为自己所具备的很重要的强项和对你的职业选择产生影响的弱势，然后标出那些你认为对你很重要的强、弱势。

2）找出你的职业机会和威胁。我们知道，不同的行业、不同的公司都面临不同的外部机会和威胁，这些机会和威胁会影响你的第一份工作和今后的职业发展。如果公司处于一个常受到外界不利因素影响的行业里，很自然，这个公司能提供的职业机会将很少，而且没有职业升迁的机会；相反地，充满了许多积极的外界因素的行业将为求职者提供广阔的职业前景。所以，找出这些外界因素将助你成功地找到一份适合自己的工作，对求职是非常重要的。

列出你感兴趣的一两个行业（如保健、金融服务或者电信），然后认真地评估这些行业所面临的机会和威胁。

【成果与检测】

1）优势分析。

2）劣势分析。

3）机会分析。

4）威胁分析。

项目小结

通过本项目的学习与实训，写下你的收获。

自我小结：

同学的评价：

_____
_____
_____
_____
_____

教师的评价：

_____
_____
_____
_____
_____

➤ EQ 驿站

比尔的利润

比尔在城里开了一间五金店，生意还不错，但他却是一个对会计一窍不通的人。他从不用账簿，支票装进一个深色的信封内，现金钞票放在雪茄盒里，到期的账单插在票插上。

做会计师的小儿子对他说："你每天不记账，根本就不清楚你一天的支出、收入是多少，也不知道一天的利润是多少。你这样经营是不行的。"

比尔说："我只知道我来城里前只有一条裤子和一双鞋——这就是我所拥有的一切。而现在，我有一间很好的五金店、一栋房子和两辆汽车。我还有一个善解人意的妻子和两个可爱的孩子——一个是大学老师，另一个是优秀的会计师。"

"我的利润就是这些！"比尔说完笑着看着小儿子。

感悟 抱着一颗平和的心去看待人生，不要让欲望占据了心灵。知足常乐，我们拥有的已够多，只是未发觉罢了。

项目四
目标市场营销战略

学习目标

1）了解市场细分、目标市场、市场定位的概念和作用。

2）掌握有效市场细分的标准、条件和程序。

3）掌握目标市场的营销策略。

4）掌握市场定位的方法。

5）能够运用所学知识对市场进行有效细分，确定目标市场，为产品进行正确的市场定位。

任务一　目标市场预测、选择与定位

案例导入

案例1　战略细分，江中抢占儿童助消化用药市场

1. 前言

2003 年年底，江中药业股份有限公司（以下简称江中）在对儿童助消化药市场进行全面研究分析后，决定实施战略细分，推出儿童装江中牌健胃消食片，以对江中牌健胃消食片（日常助消化药领导品牌）的儿童用药市场进行防御。

对于一个 OTC（非处方药）新品，面市 6 年，就在全国范围全线飙红，完成超过 5 亿元的销售额。这样一份成绩，充分证明了实施战略细分的强大威力。

2. 危机突现

2003 年 4 月，山东省的百年老厂宏济堂，在中央电视台六套等媒体投放了神方牌小儿消食片的一条新广告片，广告中暗示消食片有儿童和成人之分，对当时并没有明确细分市场的江中健胃消食片造成了冲击。

江中非常清楚，如果静观其变将丧失宝贵的时机，因为一旦等到神方小儿消食片在消费者心智中建立第一印象，就如同坚固的堤防被撕开了一道口子，滔天洪水将破堤而入。到时只怕江中健胃消食片想要补救也来不及，更遑论封锁竞争了。因此，江中马上制定应对策略。

主动细分市场，加快儿童专用助消化药品的上市，趁儿童助消化药市场的竞争尚不激烈，尚无竞品占据消费者的心智，全力将新品推向全国市场，使自己成为儿童助消化药这个新品类的代表品牌，从而巩固其市场主导权。任何一个企业，在决定进行细分战略时，必须考虑两个因素：细分市场的吸引力（市场大小、成长性、盈利率、低风险等），以及细分市场是否与公司的目标、资源相匹配。

3. 寻找利润增长点，重提细分儿童市场

通过历时 2 个月的调查发现：

1）家长们缺乏"儿童助消化药"可供选择，担心儿童用"成人药品"有损健康，造成不用药儿童的数量惊人，市场存在大量空白。

2）地方竞品庞杂，多为"杂牌军"，缺乏品牌壁垒的庇护，易于抢夺。

3）江中现有儿童用户满意度"虚高"，家长存在儿童用"成人药品"的担心，造成用药量偏低，存在提升的空间。

细分市场有许多的办法，然而，并不是所有的细分都是有效的。研究结果显示，儿童助消化药物的主要购买者，3～12 岁的孩子家长认为"儿童助消化药"与"成人助消化药"是不同的，而且是否为"儿童专用"直接影响到他们的购买决策，是有效细分。

市场细分还需要看时机。研究结果显示，"儿童助消化药"是一个早已形成的市场，需求客观存在，而目前"杂牌"当道，"儿童助消化药"的需求被全国数百个地方产品

暂时性满足，谁能一马当先占据消费者心智资源，谁就能迅速地占据并统一市场，而无须经历长时间的认知教育，细分风险小。因此，从细分的时机上来看，这也是进行战略细分的最佳点。

"儿童助消化药"是一个全新、待创建的品类市场，拥有巨大的市场前景，必须对儿童助消化药新品实施战略细分，第一个创建、开拓该品类，使之成为品类的代表。相应地，江中牌健胃消食片将重新定位在"成人助消化药物"。

4. 后记

因此，在随后的几年里，江中在资金分配上将儿童装江中健胃消食片作为优先保障产品，拨出巨额推广费用，全力抢占"儿童助消化药"的市场资源。

【分析】定位理论指出，开创新品类（新细分市场）是成为品类代名词的最佳机会，也是造就该细分市场领导者的最佳途径。因此，作为领导者，要防御市场被竞品的细分，甚至被颠覆，就必须时刻保持警惕，正视不同细分市场的需求变化，并有壮士断腕的勇气，主动采用自我细分战略。自行细分，虽然可能牺牲眼前利益并付出代价，却能真正维持企业的长远利益——保持市场主导地位。

案例 2　细分制胜

这一年，对于飞常准和今夜酒店特价来说，都是非常之年：它们一边应对着携程、艺龙等业内巨头的封杀，一边在市场的缝隙里快速长大。它们的故事在这一年里启发了很多创业者。

1. 找到需求，创造市场

细分市场制胜，首先要找到那个有价值的市场，而市场是由需求成就的，因此对于需求的探寻与把握，是实现细分市场制胜的关键。对于飞常准而言，在航空这个市场，携程、艺龙、去哪儿这些企业已经充分满足了旅客便捷购票的需求，而对于低价机票的追求这个领域，也已经有了春秋航空抢占先进。如果继续进入这些领域，有没有足够的实力暂且不论，即使有实力，在市场已经被瓜分殆尽的时刻再进入，分到一杯羹的难度也着实不小。

就是这样一个看似已经没有机会的市场，飞常准的创始人郑洪峰看到了一丝缝隙：对于经常乘坐飞机的人而言，航班不准时无疑是一个令人头疼的问题，航班会不会延误？到底会延误多久？为什么在坐进机舱后，依然还要无休止地等待？这种未知感在带给旅客无限焦虑的同时，也让航空公司承受了巨大的压力。郑洪峰正是从这一困局中找到了自己的空间，飞常准无法左右航班是否延误，但是借助全方位的数据以及一整套完善的分析系统，可以相对准确地告诉旅客他的航班会不会延误；如果延误了，是什么原因造成的；延误的时间会有多久；甚至航空公司是否可能调用其他的飞机来执行这段航程。它的价值就在于让原本被阻断的信息流变畅通，满足了乘客渴望了解航班实时情况的迫切需求，因此一经推出，立即得到热捧，开拓出了这个市场。

如果说飞常准所抓住的需求更多来自旅客，那么今夜酒店特价则首先抓住了酒店的需求。对于酒店业而言，不论入住率如何，诸如房租、人力等一大部分的成本都是固定的，因此客房空置，是对于资源的巨大浪费，但酒店也不可能一味无限制的低价，因为这会造成品牌价值的流失，也降低对那些并不差钱的顾客的吸引力。

今夜酒店特价正是抓住了这个需求，与酒店进行合作，每天6点之后，将当天的剩房在今夜酒店特价的平台上以白天网络预订价格的5折进行销售。很显然，这一尝试在很好帮助酒店清空"库存"的同时，又避免了因为低价清货而可能带来的负面影响，因此在推出之后，获得市场的认可，也就是水到渠成的事情了。

2. 建立优势，深耕细作

抓住需求，开拓出市场，这是细分市场制胜的第一步。但如果仅仅只做到这一点，并不一定最终能够实现"制胜"二字。发现了金矿，但最终却为人做嫁衣，这样的事例并不少见。因此，对于需求的持续挖掘与利用，自身优势的迅速建立，这都是实现细分市场制胜所必须做的。

今夜酒店特价在初战告捷之后，很快就被携程盯上。事实上，很多细分市场的开拓者最终没有成为最后的胜利者，就是败给了实力雄厚的巨头，然而今夜酒店特价这次却没有败下阵来。其创始人任鑫曾经这样认为，心无旁骛地专注于这个细分市场，是他们的优势所在。对于携程，要做一个同样的应用，很容易，但是他们如果这么做了，在一定程度上是在消耗自己原有的客户资源，说得直白，就是告诉那些原本就想订800元一晚的客人，你想要住的酒店，现在只要400元一晚。也许成交笔数上去了，但是却牺牲了背后的收益率。而对于今夜酒店特价而言，就没有既得利益流失这样的问题。

【分析】飞常准、今夜酒店特价，无疑就是其中典型，在被携程、艺龙这样的巨头垄断的机票、酒店市场，它们敏锐地发现了市场中被忽略的那部分需求，分别找到了属于自己的生存空间，并取得了快速的发展。由细分市场切入，找寻制胜之道，这将又是一条创业之道。

相关知识

市场细分是指企业按照细分标准，把某一类产品的整个市场划分为若干个需要不同标准的产品和服务的消费者群的市场分类过程。市场细分不是对产品进行分类，而是对同一种产品需求各异的消费者进行分类。每一个消费者群就是一个细分市场，也称子市场或亚市场，每一个细分市场都是由需求倾向相似的消费者群体构成的。不同细分市场的消费者对同一产品的需求有明显的不同，同一细分市场的消费者对产品的需求则相似。

一、市场细分标准

市场细分对企业的市场营销具有重要的现实意义，但是必须找到科学的细分依据。市场细分是根据细分标准进行的，不同的市场有不同的特点，细分市场所采取的标准也就不同。

1. 消费者市场细分的标准

消费者对商品需求的差异性是市场细分的理论依据，凡是构成消费者差异的因素都可以作为市场细分的标准。就消费者市场来说，这些影响因素即市场细分标准或细分变量，归纳起来主要有地理环境、人口因素、心理因素、购买行为等方面，如表4-1所示。

表4-1 消费者市场细分的标准

细分标准	具体变量
地理环境	国别、气候、人口密度、城乡、地理位置、交通环境、城市规模等
人口因素	社会阶层、年龄、性别、职业、收入、受教育程度、家庭结构、种族、国籍、民族、家庭生命周期等
心理因素	生活方式、性格、兴趣、偏好、对各种营销要素的敏感程度等
购买行为	购买动机、追求的利益、使用频率、品牌与商标的信赖程度、使用者情况等

（1）地理环境

地理环境是指消费者所处的地理位置、地理环境以地理环境来细分市场，是由于处在不同地理位置环境的消费者有不同的需要、不同的消费观念和偏好，即使对同一类产品的需要也往往不同，如城乡对消费品的不同需求，南北方对饮食的不同需求等。

地理环境是企业细分市场应首先考虑的重要因素。它是一种静态因素，比较容易划分，并且被广泛应用。但地理环境不是唯一的标准，因为处于同一地理环境的消费者仍会存在很大的需求差异。因此，企业要选择目标市场，必须和其他许多因素综合起来考虑，以选出较为理想的目标市场。

（2）人口因素

人口因素与需求差异性之间存在密切的因果关系。例如，服装、化妆品一直是按性别分类的，汽车则是按收入分类的。不同受教育程度、不同职业的消费者，其审美观、价值观不同，消费者需求差异性很大。

人口因素是企业细分市场重要又常用的依据，人口因素的资料获取也比较容易。

（3）心理因素

消费者的购买行为除了受地理环境、人口因素的影响外，与心理因素也密切相关。心理因素是指消费者的心理特征。

许多企业，特别是生产消费品的企业，越来越重视按生活方式来细分市场。例如，把消费者群分为传统型、新潮型、节俭型、奢侈型、严肃型、活泼型等。

不同性格的人购买行为的差异是很大的。例如，性格外向的人购买快乐类商品比较多，经常出现情感型购买；性格内向的人则注重实用类商品，倾向理智型购买。独立性较强的人，受外界因素影响较小；而依赖性较强的人，则经常受外界影响。

（4）购买行为

购买动机中比较普遍的心理现象有求实心理、求安全心理、喜新心理、爱美心理、时尚心理、地位心理、名牌心理、友谊心理等。所有这些心理因素都可以细分为市场的参数。

2. 生产者市场细分的标准

消费者市场细分的标准，除人口因素、心理因素中的一些具体变量外，大部分可以用到生产者市场，用作生产者市场细分的依据。但由于消费者市场细分的对象是个人，生产者市场细分的对象是企业，生产者市场的消费基本是理智购买，从而形成了一些生产者市场细分的特殊标准，主要有以下3种，如表4-2所示。

表4-2　生产者市场细分的标准

细分标准	具体变量
用户规模	购买力、企业大小
用户地点	地区、国别、集中程度
用户要求	用途、期求利益

（1）用户规模

在生产者市场，大用户、中用户、小用户的区别比消费者市场普遍、明显。大用户虽少，但采购量大；小用户数量多，但采购量小。用户的采购规模不同，企业的营销组合方案也就不同。对于大用户，由公司的主要业务负责人联系，直接供应；对于中小用户，可由推销员负责或经销商去组织供应。

（2）用户地点

一个国家或地区，由于自然资源、气候条件、社会环境、历史继承等方面原因，以及生产的相关性和连续性，都会形成若干产业区，如我国的京津唐工业区、三大养蚕基地、山西煤炭等。企业按用户的地理位置来细分市场，选择用户比较集中的地区作为自己的目标市场，不仅联系方便、信息反馈较快，也可以更有效地计划运输路线，节省运力、运费，降低销售成本。

（3）用户要求

生产者购买不是为了消费，而是为了生产的需要。不同的生产者对产品有不同的要求。例如同一种钢材，有的用于民用，有的用于制造武器。这两类用户对购买钢材有不同的要求。军用注重产品的质量、可靠性，价格是次要因素；民用既要求产品质量，又要考虑价格合适。

用户规模、用户地点、用户要求，是生产者市场细分的3种主要形式。许多企业经常根据市场需要将多种细分变量结合在一起作为生产者市场细分的依据。

二、目标市场的选择

1. 目标市场的概念

所谓目标市场，就是企业营销活动所要满足的市场，是企业为实现预期目标而要进入的市场，即企业有针对性地选择一定的消费者群，为实现预期目的，有重点地投入经营资源，开展市场营销活动的市场。目标市场有两种情况：一种是在市场细分的基础上，企业根据自己的资源条件和经营能力选择一个或数个子市场作为自己的目标市场；另一种是不对市场进行细分，不加选择地将所有顾客和地区即产品的整体市场作为企业的目标市场。

企业要进入的目标市场一般应具备以下条件。

1）该市场具有一定的规模和发展潜力，确有尚未满足的需求和购买力。

2）该市场符合企业的目标和资源条件，本企业具有开拓该市场的能力。

3）本企业在该市场具有竞争优势。竞争对手较少，且尚未完全控制市场。

2. 企业占领目标市场的方式

运用市场细分战略选择目标市场时，企业占领目标市场的方式有 5 种。

（1）产品-市场集中化

产品-市场集中化是指企业的目标市场集中于一个细分市场，企业只生产一种产品，只供应一个顾客群。一般小型企业采用这种策略。如只生产低端手机，只供应中、低收入者。

（2）产品专业化

产品专业化是指企业向各个顾客群同时供应一种产品。如只生产低端手机，却分别同时供应高、中、低收入 3 个顾客群。

（3）市场专业化

市场专业化是指企业向同一顾客群供应不同性能的同类产品。如生产高、中、低端手机，只供应高收入群体。

（4）选择性专业化

选择性专业化是指企业为不同的顾客群提供不同性能的同类产品。企业可以生产低端手机供应低收入群体，生产中端手机供应中等收入群体，生产高端手机供应高收入群体。

（5）全面涵盖

全面涵盖是指企业进入每一个细分市场，为所有顾客群体提供所需要的性能不同的系列产品。这一般是大企业采取的策略。

企业选择了目标市场后，首先要在目标市场上进行产品的市场定位。市场定位是企业全面战略计划中的一个重要组成部分。通过市场定位，可以看出企业产品的特征、企业产品与同类产品的区别以及企业竞争者的情况。

三、市场定位的定义

市场定位就是企业根据竞争者现有产品在市场上所处的位置，针对消费者对该产品某种特征或属性的重视程度，强有力地塑造出本企业产品与众不同的、令人印象鲜明的个性或形象，并把这种形象生动地传递给顾客，从而使该产品在市场上确定适当的位置，即市场定位是塑造一种产品在市场上的位置，这种位置取决于消费者怎样认识这种产品。市场定位还通过为自己的产品创立鲜明的特色或个性，从而塑造出独特的市场形象。产品的特色或个性，有的可以从产品实体上表现出来，如形状、成分、构造、性能等；有的可以从消费者心理上反映出来，如豪华、朴素、时髦、典雅等；有的表现为价格水平，有的表现为质量水准等。在市场定位时，一方面要了解竞争者的产品具有的特征，另一方面要了解消费者对该产品各种属性的重视程度。依据这两个方面的分析，再确定本企业产品的特色和独特形象，这样，就可以塑造出一种消费者将被企业产品与别的同类产品联系起来而按一定方式去看待的产品，从而完成产品的市场定位。

四、市场定位策略

市场定位策略是一种竞争策略，它显示了一种产品与其他企业同类产品或企业之间的竞争关系。定位方式不同，竞争态势也不同。市场策略的主要定位方式如表 4-3 所示。

表 4-3　市场策略的主要定位方式

市场定位策略	含义	特点
避强定位	一种避开强有力的竞争对手的市场定位方式	能够迅速在市场上站稳脚跟，并能在消费者当中迅速树立起一种形象。由于这种定位方式市场风险较小、成功率较高，常为多数企业所采用
迎头定位	一种与在市场上占据支配地位的，即最强的竞争对手"对着干"的定位方式	迎头定位有时风险很大，但也有很多企业认为这是一种能激励自己奋发向上的、可行的定位方式，一旦成功，就会取得巨大的市场优势
重新定位	通常是指对销路少、市场反应差的产品，或是产品本身很好，但为了进一步扩大市场占有率，能有效地与竞争对手相抗衡进行的二次定位方式	重新定位的原因可能是企业决策失误引起的，也可能是对手有力反击或出现新的强有力竞争对手而造成的。重新定位准确，能够获得成功
寻找市场定位	寻找为许多消费者所重视的和未被占领市场的定位方式	一旦寻找市场定位准确，将会为企业带来极大的成功

五、市场定位的方式

市场定位的方式主要有 7 种，如表 4-4 所示。

表 4-4　市场定位的方式

市场定位方式	说明
特色定位	从企业和产品的特色加以定位
功效定位	从产品的功效加以定位
质量定位	从产品的质量加以定位
利益定位	从顾客获得的主要利益加以定位
使用者定位	根据使用者的不同加以定位
竞争定位	根据企业所处的竞争位置和竞争态势加以定位
价格定位	根据产品的价格加以定位

六、市场定位的步骤

1. 调查研究影响定位的因素

（1）目标消费者对产品的评价标准

企业进行市场定位时，首先要了解消费者的最大偏好和愿望，以及对产品优劣的评价标准，以此作为定位决策的依据。

（2）竞争对手的定位情况

竞争对手的定位情况包括竞争对手提供的产品、其产品在消费者心目中的形象、营销策略及效果、其产品成本和经营情况。

（3）自己在目标市场潜在的竞争优势

竞争优势有两种基本类型：一是价格低；二是提供更多的特色。企业要准确把握自己在目标市场潜在的竞争优势，然后选择采取何种定位策略。

2. 选择竞争优势和定位策略

企业通过与竞争者在产品、特色、功效、质量、价格、成本等方面的分析比较，了解自己的优势与劣势，确定自己的竞争优势，从而确定自己的定位策略。

3. 确定定位方案

（1）初步确定定位方案

以产品为特征画出目标市场的现状图，根据目标市场的现状图直观了解市场状况，把企业放到现状图不同的位置，就是不同的定位方案，如图4-1所示。

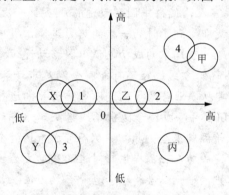

图 4-1　目标市场的现状图

图4-1中，横轴代表价格，纵轴代表质量。圆圈甲、乙、丙分别代表3种产品及其在市场上所处的位置，圆圈1、圆圈2、圆圈3、圆圈4代表消费者在市场上的位置，圆圈的大小代表消费者数量的多少。从图中看，企业定位在 X、Y 的位置比较恰当。

（2）修正定位方案

为了确保定位成功，企业应在定位市场上进行调查和试销活动，如发现偏差应马上纠正。

（3）重新定位

市场定位确定以后，应随时注意目标市场的变化，根据实际需要进行重新定位。促使企业重新定位的因素有3个：消费者的需求发生了变化；竞争者发生了变化；企业自身发生了变化。

4. 准确地传播企业的定位观念

企业做出市场定位决策后，必须大力开展广告宣传，把企业的市场定位准确地传递给消费者，避免因宣传不当造成定位不足、定位混乱、定位狭窄、定位过度等问题。

案例思考

案例 1　动感地带的市场细分策略

2002 年 11 月 21 日，一个名为 M-ZONE（动感地带）的新品牌在广东移动用户面前正式登场。广东移动在一次市场调查中发现，短信等数据业务使用量最大的用户，主要集中在学生、刚毕业参加工作的白领和一些中等学历、参加工作较早的人群。他们年龄一般集中在 15～25 岁，是中国改革开放之后成长起来的一代，其共同点是多为独生子女，而且在成长过程中受到我国港台以及外国文化的影响，形成了多种不同层次的价值取向。广东移动一开始就选择了"喜爱尝新但腰包还不够鼓"的年轻用户，并且创造了一个酷酷的、刺猬头、带着一脸坏笑的 M 仔卡通人物作为动感地带品牌代言人，使得中国移动通信服务第一次有了形象代言人的概念。动感地带面市后，旋即受到了时尚一族的热力追捧，用户数增长迅猛，短信业务更是突飞猛进。动感地带在广东的成功也使中国移动逐步意识到此前全球通、神州行等通过业务划分品牌的方式已经不再能完全满足市场和用户个性化需求的变化，通信产品的品牌需要从以业务为导向到以客户为导向进行重新定位。中国移动经过反复的思量，在 2003 年年初终于做出了战略抉择：将动感地带作为与全球通和神州行并行的第三大子品牌来全力推广，从而形成市场的全面覆盖。全球通定位在高端市场，针对商务、成功人士，提供针对性的移动办公、商务服务功能；神州行满足中低市场普通客户的通话需要；动感地带有效锁住以大学生和公司白领为主的时尚用户，推出语音与数据套餐服务，全面出击移动通信市场，牵制住了竞争对手。同时，动感地带的目标群体，三五年后将从低端客户慢慢变成高端客户，从长期的市场战略来看，企业便为在未来竞争中占优势埋下了伏笔，培育了相当一部分明日高端客户。

思考：

1）动感地带的细分标准是什么？目标市场是什么？

2）动感地带成功的启示是什么？

案例 2　"采乐"去屑，挖掘药品新卖点

西安杨森生产的"采乐"去头屑特效药，上市之初便顺利切入市场，销售量节节上升，一枝独秀。

"采乐"的成功模式主要来自产品创意，去头屑特效药，在药品行业里几乎找不到强大的竞争对手，在洗发水的领域里更是如入无人之境。所以，西安杨森找到了一个很好的市场空白地带，并以独特的产品品质，成功地占领了市场。

头屑是由头皮上的真菌过度繁殖引起的，清除头屑应杀灭真菌。普通洗发水只能洗掉头发上的头屑，西安杨森的方法是杀灭头上的真菌，针对头屑发病的根本。这些独特的产品功能性诉求，有力地抓住了目标消费者的心理需求，使消费者要解

决头屑根本时，忘记了去屑洗发水，想起了"采乐"。

　　思考：

　　1）"采乐"的市场定位是什么？

　　2）"采乐"采用的是哪种市场定位策略？

　　3）结合所学营销知识谈谈"采乐"成功的秘诀。洗发水应如何应对"采乐"的挑战？

营销实训

实训项目1　目标市场的选择

【实训目标】

1）培养分析市场的能力。

2）培养有效市场细分的能力。

【实训内容与组织】

1）学生5～8人为一组，分别组建模拟公司并明确公司的经营范围。

2）模拟公司根据所学的目标市场营销策略知识，针对自己所经营的商品进行市场细分，选择目标市场，进行市场定位。

3）写出目标市场营销策划方案。

4）各组进行交流。

【成果与检测】

1）自我评价（概述实现自我突破的关键和本次活动的自我突破）。

2）小组评价和教师评价（本次自我推销的表现）。

实训项目2 资料分析

【实训目标】

1）培养分析问题与解决问题的能力。
2）树立正确的目标市场营销思想。

【实训内容与组织】

根据提供的资料，结合所学的知识进行分析问题与解决问题能力的训练。其具体步骤为：

1）给出以下材料，让学生进行分组讨论。

珍视明滴眼液目前在眼药水市场中位于三甲之列，年销售额在亿元以上，品牌知名度达到 40%以上，在学生消费者人群中有较高的市场占有率。但是，在消费者心目中，"珍视明很便宜""学生用的产品""低档""毕业后再没买过"。眼药水市场近几年的迅速发展，白领阶层视力疲劳、眼睛干涩等症状骤然增加，白领成为眼药水消费人群中的重要组成部分。

如果珍视明不对原有的目标市场进行调整，就可能丧失千载难逢的市场机会；如果珍视明不随着市场的变化调整策略，就难以满足学生对眼药水越来越高的要求。与此同时，眼药水第一品牌曼秀雷敦推出的"小乐敦"正在逐步蚕食学生市场。

在上海进行了样本量为 300 份的问卷调查，调研结果表明，珍视明的使用者主要集中在初中、高中学生，而学生购买珍视明的用途是"消除视力疲劳"，而不是企业一直认为的"预防假性近视"。市场定位理论告诉我们，企业及其产品要在消费者心目中率先占据自己的位置，如果珍视明将自己定位于"假性近视首选药品"上，定位很尖锐和准确，但这个市场与巨大的干眼病市场相比太小了。如果企业加大推广力度传播"预防假性近视"，如果消费者认为珍视明就是预防假性近视的产品，后果将是用于"消除视力疲劳"的消费者减少，销量不升反降。而且，作为功效性产品，珍视明或其他任何产品都无法阻止假性近视转为真性近视。

2）结合学过的知识，根据提供的问题进行思考与讨论：珍视明滴眼液采用的目标市场策略是什么？随着市场竞争的加剧，珍视明滴眼液的目标市场出现了什么问题？

3）运用口头表达方式对问题进行陈述。

【成果与检测】

1）你的回答是：

2）自我评价（知识的正确运用与口头表达能力）。

实训项目 3 市场调查

【实训目标】

1）学会调查市场。

2）培养根据调查结果发现问题、解决问题的能力。

【实训内容与组织】

1）学生 5 人或 6 人为一组，并指定小组负责人。

2）学生以小组为单位，在学校附近选择两三家大型的综合百货商场，了解各个商场经营商品的类别、层次，分析其定位的差异。

3）实施调查，做好详细记录。

4）对调查资料分析整理。

5）依据市场细分和市场定位理论，找出各商场市场定位的特点。

6）写出分析报告，各组在班级交流。

【成果与检测】

1）你对这问题的方法及过程、询问要点、预计的效果是：

2）结合同学们的做法，你认为最好的解决问题的方法与程序、询问要点是：

3）小组评价和教师评价（分析问题、解决问题与口头表达的能力）。

任务二　目标市场营销战略设计

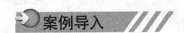 案例导入

案例 1　汇源的疏忽

在碳酸饮料横行的 20 世纪 90 年代初期，北京汇源饮料食品集团有限公司（以下简称汇源）就开始专注于各种果蔬汁饮料市场的开发。汇源是国内第一家大规模进入果汁饮料行业的企业，凭借其 100%纯果汁专业化的"大品牌"战略和令人眼花缭乱的"新产品"开发速度，在短短几年其销售收入、市场占有率、利润率等均在同行业中名列前茅，从而成为果汁饮料市场当之无愧的引领者。其产品线也先后从鲜桃汁、鲜橙汁、猕猴桃汁、苹果汁扩展到野酸枣汁、野山楂汁、果肉型鲜桃汁、葡萄汁、木瓜汁、蓝莓汁、酸梅汤等，并推出多种形式的包装。应该说这种对果汁饮料行业进行广度市场细分的做法是汇源能得以在果汁饮料市场竞争初期取得领导地位的关键成功要素。

但当 1999 年统一企业中国控股有限公司（以下简称"统一"）涉足橙汁产品后，一切就发生了变化。在 2001 年统一仅"鲜橙多"一项产品销量已超过汇源。2002 年第一季度的最新统计显示，汇源的销量同样排在鲜橙多之后，除了西北地区外，华东、华南、华中等六大区都被鲜橙多和康师傅的"每日 C"抢得领先地位，可口可乐的"酷儿"也表现优异，显然汇源的处境已是大大不利。尽管汇源把这种失利归咎于可能是"PET 包装线的缺失"和"广告投入的不足"等原因，但在随后花费巨资引入数条 PET 生产线并在广告方面投入重金加以市场反击后，其市场份额仍在下滑。显然，问题的症结并非如此简单。

在市场的投入初期，由于客户的需求较为简单直接，市场细分一般是围绕着市场的地理分布、人口及经济因素等广度范围展开的。但当客户的需求多样化和复杂化，特别是情感性因素在购买中越来越具有影响力的时候，此时市场竞争已经由地域及经济层次的广度覆盖向需求结构的纵深发展了。以统一"鲜橙多"为例，其通过深度市场细分的方法，选择了追求健康、美丽、个性的年轻时尚女性作为目标市场，首先选择的是 500 毫升、300 毫升等外观精致适合随身携带的 PET 瓶，而卖点直接指向消费者的心理需求："统一鲜橙多，多喝多漂亮。"其所有的广告、公关活动及推广宣传也都围绕这一主题展开。例如，在一些城市开展的"统一鲜橙多 TV-GIRL 选拔赛""统一鲜橙多阳光女孩"

"阳光频率统一鲜橙多闪亮 DJ 大挑战"等，无一不是直接针对以上群体，从而极大地提高了产品在主要消费人群中的知名度和美誉度。再看看可口可乐专门针对儿童市场推出的果汁饮料"酷儿"，相信没有哪一个儿童能抗拒"扮酷"的魔力，年轻的父母也对小"酷儿"的可爱形象大加赞赏。而汇源果汁饮料从市场初期的"营养、健康"诉求到现在仍然沿袭原有的功能性诉求，其包装也仍以家庭装的为主，根本没有明显个性特征的目标群体市场。只是运用广度市场细分的方法切出"喝木瓜汁的人群""喝野酸枣汁的人群""喝野山楂汁的人群""喝果肉型鲜桃汁的人群"等一系列在果汁市场竞争中后期对企业而言已不再具有细分价值的市场。即使其在后期推出了 500 毫升的 PET 瓶装的"真"系列橙汁和卡通造型瓶装系列，但也仅是简单的包装模仿，形似而神不似。

【分析】由于市场细分的重要性，国内越来越多的企业已经开始关注并加以应用。但由于传统计划经济的影响以及"市场细分"理论体系本身尚未完善，加之市场细分方法的实际应用在国内也鲜有流传，故许多企业在运用时往往容易陷入认识的误区，即不管市场所处的竞争结构和环境只对市场进行静态的浅度市场细分，而当市场的竞争结构发生变化时仍然使用原有的市场细分方法，从而丧失了很多市场机会，甚至丢失已有的市场份额。

案例 2　本田巧取美国市场

1960 年以前，美国摩托车市场主要由英国 BSA 公司、胜利公司、诺顿公司、意大利古伊公司、美国哈莱-大卫森公司所垄断。在其小型摩托车市场上，美国产库什曼摩托车占其市场份额的 85%。但是，美国摩托车市场的规模相对来讲非常小，主要由警察、军人、摩托车爱好者，以及像"地狱天使"和"魔鬼信徒"这样的不良分子所组成。对此，美国一家咨询公司在一份报告中曾向英国人建议，完全放弃这一个极小的市场，而转向其他行业投资。

然而，日本的本田公司没有接受这种观点，他们决定重新开创摩托车事业，创造一个崭新的市场。本田销售的对象"并不是那些已经拥有摩托车的人，而是那些以前从未想过要购买摩托车的广大消费者"。于是，本田公司开始向美国大众出售一种带有自动离合器、三速变速器和电启动装置的体积小、重量轻的摩托车。这种摩托车操作简便，有着安全而讨人喜欢的外观，甚至在女士车上还有踏脚板。他们努力提高产品质量，就连那些对机械性能不熟悉的人，也认为购买这种摩托车比较安全。在推销上，他们针对一般家庭和新生的休闲阶层，采用较低的价格和"骑上本田你最帅"的广告词大做宣传。

对小型摩托车需求的剧增，使本田公司创造和控制了一个极大的新市场，通过不断推出新产品，经常改进产品的设计和外观，改进售后服务，使公司在原来的基础上更加壮大。在 10 年间，曾有几家竞争者如 BMW 和哈莱公司，在大型摩托车市场上开始了反攻，但本田公司所具有的优势远远超过这些公司 30 年。

进入 20 世纪 90 年代以来，顾客将要求更多、更快、更好和更便宜的产品和服务，并将根据自己的要求进行选购。如果顾客过高的要求在你那里得不到满足，他们将从其他地方得到满足，因为他们的选择越来越多。在这种压力极大的状态下，小心翼翼和仿效他人的策略是注定要失败的，因此，本田认为突出产品的个性显得更为重要，通过不断改进现有产品和服务，让顾客感到更方便、新颖、有价值和实用。

【分析】企业保持长期优势的关键在于使自己在市场上区别于其他竞争者的能力。任何一家企业都应能够回答下面的问题：①本企业同其他企业的区别在哪里？②是什么因素使我们在市场上独领风骚？③我们以什么样的方式向顾客提供了其他企业没有提供的价值？④将采取什么样的措施来确保自己在未来不同于其他企业？本田公司通过市场细分和选择目标市场创立了一个全新的又完全独特的模式，使自己在那些大型企业所占领的市场上脱颖而出。

相关知识

一、目标市场营销策略

企业选择涵盖市场的方式不同，营销策略也就不一样。归纳起来有 3 种不同的目标市场策略可供企业选择：无差异营销、差异性营销、集中性营销。

1. 无差异营销

无差异营销就是把整体市场作为企业的目标市场。其着眼点是顾客的共同需要，不考虑需要的差异，并以一种市场营销组合方案，推出一种或几种产品去吸引、满足所有的顾客。无差异营销策略除了适用于同质市场的产品开发外，主要适用于有广泛需求的，能够大量生产、大量销售的产品。这种企业一般具有大规模的单一生产线，拥有广泛的、大众化的销售渠道，能开展强有力的促销活动，能进行大量的广告和统一的宣传，能在消费者心目中建立起"超级产品"的形象。

无差异的最大优点就是成本的经济性。大批量的生产和储运必然会降低单位产品的成本；无差异的广告宣传能节省促销费用；不进行市场细分，也节省了因市场调研、产品研制、制定实施多种市场营销组合方案所需要的人力、物力和财力。由此可见，不仅在同质市场上运用无差异营销策略合理，而且在能够大量生产、大量销售的异质市场上，运用该策略多数情况下也是合理的。但是，这种策略对于大多数产品不适用。对于一个企业来说，一般也不宜长期采用。因为消费者的需求是多种多样和不断变化的，一种产品长期为该产品的消费者采用是很少见的，同质市场的产品除外；当众多的企业都采取无差异营销策略时，就会使市场竞争非常激烈，而消费者的不同需求却不能得到满足；其他同类企业在你采用无差异营销策略时，会采用差异性营销策略来满足不同顾客的需求，为特定的细分市场服务，常常会胜过采用无差异营销策略的企业。由于这些原因，一些曾长期实行无差异营销的大企业最终被迫转而实行差异性营销。

例如可口可乐公司，在 20 世纪 60 年代前曾以单一品种、单一标准的瓶装和统一的广告宣传长期占领世界软饮料市场，由于软饮料市场竞争激烈，特别是百事可乐异军突起，打破了其独霸市场的局面，终于被迫放弃无差异营销策略。

2. 差异性营销

差异性营销是指企业把产品的整体市场划分为若干个细分市场，选择两个以上乃至全部细分市场作为目标市场，按照不同子市场的不同需求，分别制定不同的市场营销组合，分别开展不同的市场营销活动。实行差异性营销，能够分别满足不同消费者群的需要，有利于企业扩大销售，而且如果一个企业能在数个细分市场上都取得良好的营销效果，就能树立良好的市场形象，提高消费者对该企业产品的信赖程度和购买频率。在市场竞争激烈的情况下，采用这种策略可以缩小企业在市场上的失利。实行差异性营销，要根据企业本身的特点以及产品和市场状况来确定。一般来说，对那些经营差异性较大、市场变化较快的产品的企业，以及那些本身有一定的资源能力应付市场变化所带来的产品更新和技术设备更新的企业，可以考虑采用这种差异性经营策略。

商业经营也可以采用差异性营销。但是，实行差异性营销，生产费用、管理费用、销售费用会大幅度增加，这就要求销售额的扩大所带来的利益必须超过营销总成本增加的费用。也就是说，企业不能进入过多的细分市场。实行差异性营销需要比较雄厚的财力、较强的技术力量和素质较高的营销人员，这就使相当一部分企业，特别是小企业无力采用差异性营销策略。

3. 集中性营销

集中性营销是指企业集中所有力量，进入一个细分市场（或是对该市场进一步细分后的几个更小的市场部分），力图在这些子市场中占有较大的市场份额。

集中性营销主要适用于资源力量有限的小企业。小企业无力在整体市场或多个细分市场上与大企业抗衡，而在大企业未予注意或不愿顾及、自己又力所能及的某个细分市场上全力以赴，则往往易于取得经营上的成功。由于资金占用少、周转快、成本费用低，能取得良好的经济效益，也因为易于满足特定需求而有助于提高企业与产品在市场上的知名度。可以说，寻找"市场缝隙"，实行集中性营销，以创造益于自身成长的"小气候"，是小企业变劣势为优势的唯一选择。这一策略的不足之处是潜伏着较大的风险。一旦目标市场突然不景气，如消费者的需求爱好突然发生变化，或者市场上出现了强大的竞争对手，企业就会因为没有回旋余地而立即陷入困境。因此，采用集中性策略的企业必须密切关注目标市场的动向，并应制定适当的应急措施，以求进可攻，退可守，进退自如。

以上 3 种目标市场策略，除了根据本企业的特点、产品和市场情况来选择和确定以外，还要根据以下方面情况的变化来调整目标市场：在一定时期内，特别是在产品开发初期，可以把市场看成无差异营销，但过了这个时期，人们的消费发生了变化，从无差异的消费变成了有差异的消费，就需要采用差异性营销和集中性营销的目标市场策略。因此，企业要树立不断改变目标市场的经营观念，以适应市场多变的需要。

二、选择目标市场营销策略应考虑的因素

一个企业采用上述哪一种目标市场策略，要考虑多方面的因素。主要有以下 5 点。

1. 企业状况

企业人力、物力、财力雄厚，管理水平高，可以考虑采用差异性或无差异性营销策略；如果企业资源有限，经济实力差，无力顾及整体市场或多个细分市场，则适于选择集中性营销策略。

2. 产品特点

同质或基本同质的产品，如食盐、墨水、火柴、钢坯、煤炭等初级产品，顾客不太重视它们的差别，竞争主要集中在价格和服务方面，对这类产品可以实行无差异营销。而许多加工制造产品，如服务、鞋帽、汽车、家用电器、食品等，本身可以开发出不同规格型号、不同花色品种的产品，这些不同会带来品质、性能等方面的较大差别，消费者对产品的需求也是多样化的，选择性很强，这又进一步促进了产品的多样性，对该类产品宜采用差异性或集中性营销策略。

3. 市场特点

如果企业所选择的目标市场是同质市场，即顾客的需求、爱好、购买行为等基本相同，企业可以对该子市场实行无差异营销；相反，则可以进行差异性营销或集中性营销。

4. 产品生命周期

在产品的投入期和成长前期的新产品，由于竞争者少、品种单一、销售量增长缓慢，可以采用无差异市场营销策略；进入成长后期和成熟期以后，市场竞争激烈，销售量急剧增加，应采用差异性营销或集中性营销策略，以利于开拓新的市场，尽可能扩大销售，延长产品生命周期。

5. 竞争者的策略

如果竞争对手采用差异性市场营销策略，企业就应进一步细分市场，实行更为行之有效的差异性营销策略或集中性营销策略，达到与竞争者相抗衡的目的，以有效提高产品在各子市场上的竞争力，提高市场占有率。

案例思考

案例 1　江琦战胜劳特

日本泡泡糖市场年销售额约为 740 亿日元，其中大部分被"劳特"所垄断。可谓江山唯"劳特"独坐，其他企业再想挤进泡泡糖市场谈何容易。但江崎糖业公司（以下简称江崎公司）对此却不畏惧。江崎公司成立了市场开发班子，专门研究霸主"劳特"产品的不足和短处，寻找市场的缝隙。经过周密的调查分析，终于发现"劳特"的四点不足：第一，以成年人为对象的泡泡糖市场正扩大，而"劳特"却仍旧把重点放在儿童泡泡糖市场上；第二，"劳特"的产品主要是果味性泡泡糖，而现在消费者的需求正在多样化；第三，"劳特"多年来一直生产单调的条板泡泡糖，缺乏新型式样；第四，"劳特"产品的价格是 110 日元，顾客购买时需多掏 10 日元的硬币，往往感到不便。通过分析，江崎公司决定以成人泡泡糖市场为目标市场，并制定了相应的市场营销策略，不久便推出了功能性泡泡糖四大产品：司机用泡泡糖，使用了高浓度薄荷和天然牛黄，以强烈的刺激消除司机的困倦；交际用泡泡糖，可清洁口腔，祛除口臭；体育用泡泡糖，内含多种维生素，有益于消除疲劳；轻松性泡泡糖，通过添加叶绿素，可以改变人的不良情绪。并精心设计了产品的包装和造型，价格为 50 日元和 100 日元两种，避免了找零钱的麻烦。功能性泡泡糖问世后，像飓风一样席卷全日本。江崎公司不仅挤进了由"劳特"独霸的泡泡糖市场，而且占领了一定市场份额，从零猛升到 25%，当年销售额 175 亿日元。

思考：

1）江琦公司是如何进行市场细分的？

2）江琦公司采用了哪种目标市场营销策略？此种策略有何特点？

案例 2　精工之道

1988 年，全球钟表业的营业额大约高达 200 亿美元，而一家最大的钟表制造商竟独占 15% 的份额，这就是"世界钟表技术的领导者"——"精工"（Seiko）。今天，精工企业在全世界每天卖出 40 万只手表和 10 万只时钟，年营业额达 30 亿美元。

毋庸置疑，手表的出现是为了解决人类计时的问题，定时准确性是早期人们买表的重要考量，石英电子技术问世之初，这一动机又一次被强化。随着石英技术的普及，准确性便退居次位，造型和款式便显得更为重要起来。随着时尚的影响以及消费者通过选择手表来表达他们个性和兴趣的欲望增长，意味着今天的手表应该与某种特别的趣味、生活形态和嗜好保持一致。

公司通过营销策略强调了精工品牌的独特定位——全球市场的领导者。它通过使用产品的 4 个个性品质传达产品的重要讯息：精工是计时业的领袖。

"精工"品牌本身是它最重要的一种产品，然而，公司还采用了另外 3 个品牌，分别是拉塞尔（Lasule）、琶莎（Pulsar）以及洛斯（Lorus），每种都有不同的定位。4 种品牌不同的定位面向不同收入的消费者诉求。"精工"品牌针对一个较广泛的市场，而其他 3 个品牌针对 3 种更特殊的市场。在金字塔顶尖的"拉塞尔"，既现代又不乏古典味，最高售价为 900 美元；接下来是更有运动味的"精工"，最高售价为 600 美元；"琶莎"明显针对追求时尚的女性市场；而"洛斯"意在吸引刚开始自食其力，只能购买 100 美元以下手表的年轻人。对于运动爱好者市场，精工还开发了专门系列"运动技术"（Sport-Tech）手表，称它是运动时尚的新代表。

思考：

试分析精工的成功之道。

营销实训

实训项目　市场调查——周边企业采用何种目标市场营销策略

【实训目标】

培养分析目标市场的能力。

【实训内容与组织】

1）学生 4 人或 5 人为一组，组成调查小组，走访学校附近企业，调查这些企业采用了何种目标市场营销。

2）分析调查结果，与各策略的适应情况相对比，并形成书面稿。

【成果与检测】

1）填写沟通实录卡。

调查主体		调查对象		单位及职务	
调查目标		时间		地点	
调查前计划					
调查过程实录					
调查后体会					
教师评估					

2）自我反思（应如何进一步提高自己的交际与沟通能力）。

3）小组评价和教师评价（分析问题、解决问题与口头表达的能力）。

项目小结

通过本项目的学习与实训，写下你的收获。

自我小结：

_____

_____

_____

_____

_____

同学的评价：

_____

_____

_____

_____

_____

教师的评价：

_____

_____

_____

_____

_____

➡ **EQ 驿站**

1 钱莫救

从前有一个人，性格极为吝啬，不光对别人吝啬，对自己也是如此。有一次，在外出的路上，遇上河水忽然上涨，吝啬人不肯出摆渡钱，他自己冒着生命危险涉水。

　　谁知他刚到河中的时候，水势突然凶猛起来，他被冲倒了，在水中漂流了大概半里路。

　　他的儿子在岸上，十分着急，却帮不上忙，只得寻找船只去救助。船夫出价，要 1 钱才肯前去救助，可是儿子只同意出价 5 分，为了争执渡船的价钱相持了好长时间，而且一直没有决断。

　　这时候，落水人在垂死的紧要关头还对着他的儿子大声呼喊："我的儿子呀！如果出价 5 分就来救，1 钱就不要来救！"

　　感悟　　不要把钱看得太重，让自己成为守财奴。

项目五
产 品 策 略

学习目标

1）认识产品整体概念，了解产品组合的相关概念，熟悉营销品牌和包装策略。

2）掌握产品生命周期的概念及产品生命周期各阶段的特点。

3）综合运用产品组合的有关知识，对企业的产品组合进行分析，提高分析问题和解决问题的能力。

4）能够判断营销产品所处的生命周期阶段，善于采取相应对策，能够灵活运用产品品牌和包装的基本策略。

5）能够撰写新产品市场推广方案。

任务一　产品组合策略

案例导入

案例1　亿滋的布局

卡夫食品公司近期公布了将公司名改为"亿滋"的计划。"亿滋"是一个全新创造的词汇，寓意为"美味世界"，在这个全新的"美味世界"，中国将占据重要的地位。

1. 从饼干到糖果的布局

1984年进入中国的卡夫，直到2007年才开始挖掘这片市场。卡夫先后斥巨资收购达能全球饼干业务和糖果巨头吉百利，意图通过并购重组丰富产品线并填补渠道短板。

2007年，卡夫以72亿美元价格收购达能饼干100%的股权，收购涉及包括中国在内的22个国家约20亿欧元销售额的饼干业务。此次收购不仅提高了卡夫饼干在全球的市场份额，强化了饼干领域领头羊的地位，还顺势破解了卡夫在中国市场遭遇的本土化难题。

而2009年对吉百利的收购，又让其成功打入中国糖果市场。虽然如今在中国糖果市场，雀巢已成为行业老大，但是卡夫在中国布局的重点主要是饼干，其次才是糖果，因此对于卡夫而言，糖果在中国市场应该着重打造品牌，和糖果大品牌合作，形成自己的糖果市场特色，而不是一味地注重市场占有率。

2. 清晰的品牌战略

卡夫拥有饼干、糖果、咖啡、固体速溶饮料四大核心产品系列，品牌数量超过60个，其中50多个品牌2008年的营业收入超过1亿美元，其中包括卡夫在内的九大品牌为公司创收均超过10亿美元。不难看出，那时候卡夫总收入的80%来自各领域的第一品牌产品。

为改变现状，卡夫全球自2007年开始剥离表现不佳的品牌，减少品牌数量，全力聚焦核心业务。与此同时，卡夫在中国展开了"关注市场、调整战略、赢得成功"的本土化战略。奥利奥在卡夫所有产品中脱颖而出，自此卡夫结束了长期在中国发展缓慢的局面。

2009年，卡夫中国开始新一轮改革。通过收购达能饼干业务，卡夫的品牌系列基本固定下来，并完成了高、中、低档产品的划分，同时也突破了一线城市，开始进入二线城市，甚至更远的市场。

卡夫食品（中国）旗下拥有十大重点品牌：奥利奥、王子、趣多多、甜趣、太平、优冠、怡口莲、荷氏、果珍和麦斯威尔咖啡。至2011年卡夫已经拥有12个年销售额超过10亿美元的标志性品牌。

中国是全球最大的早餐市场之一，随着繁忙工作节奏的提升，越来越多的人选择饼干作为早餐。亿滋正在积极地将饼干品类变得更健康，以响应当今消费者对于健康零食的需求。2015年8月底上市的焙朗早餐饼，就是这样一款畅销全球的健康饼干产品。它含有五种精选谷物成分，同时添加了水果、坚果颗粒，利用慢火烘焙技术使口味更清香丰富。

与此同时，针对一些成熟产品或者品牌如奥利奥、闲趣等，亿滋也在做着口味、大小、形状、包装等多个层面的创新以驱动增长。专门针对中国市场年轻女性推出的"奥利奥巧轻脆"就是一个证明，该系列产品自上市以来，已经获得了十分傲人的市场成绩，甚至于2015年7月被作为明星产品推广至北美市场，反哺全球市场。

2015年，亿滋中国还先后推出了闲趣轻柔夹心饼干和奥利奥巧心结。闲趣一直在咸饼干领域有着不错的口碑，这次的创新是在原有的单片产品中增加了芝士夹心，松脆的饼皮和浓郁的夹心融合后，多层滋味交织的口感的确给人惊喜，满足消费者对咸口味的热烈需求。2015年7月亿滋又将刚研发出的一款零食型饼干奥利奥巧心结摆上了货架，这个有着小巧外形的饼干里包裹了巧克力内心，相对于充饥功能，更多强调零食特性。

亿滋在做的远不止这些，它还在不断探索营销革新等战略性举措，以更有效的方式深入三、四线城市，并积极布局电子商务渠道。

3. 探索营销新方式

亿滋一直在探索同消费者进行线上和线下互动的新方式，对品牌而言，有效地整合多种营销手段参与市场竞争则成为了必然的一种选择。线上与线下联合的方式，一方面调动了消费者的互动参与度，另一方面促进了线下的产品销售，是面对动态复杂环境的最有效选择。

目前，亿滋的目标市场是一线城市、二线城市；然后拓展更深更广的渠道覆盖到三线城市、四线城市。同时，亿滋与电商伙伴合作，包括京东、1号店、苏宁、天猫，拓宽渠道。另外，它还与很多市场占有率高的手机APP合作，如滴滴打车、墨迹天气，给消费者带来不一样的体验。

【分析】中国发展变化的速度迅猛，因此，如何紧随中国发展步伐，更好、更快地去了解中国消费者，成为我们现在最感兴趣的事情。中国饼干市场的整体规模为1150亿美元，中国是亿滋国际最大的市场之一。全世界的人们都在追求更健康、更美好的生活。在亿滋，他们与利益相关群体共同致力于鼓励消费者做出对健康有益的饮食选择。作为饼干品类的市场引领者，亿滋中国正努力使饼干这个品类更为追求健康和营养的消费者所接受。在现代社会，消费者追求更加现代、健康与便捷的早餐选择，饼干品类必须满足消费者的需求，为整个忙碌的早晨提供充足活力。

案例2 百事可乐与可口可乐营销战略的对比

一、企业背景简介

1. 百事可乐

百事可乐公司于1919年诞生于美国纽约，在第二次世界大战之后迅速崛起。到了20世纪40年代末，百事发展成为成功的专业软饮料企业。到1996年通过百事的首席执行官韦尼·科列威执行的关联性多元化战略，百事可乐公司形成了八大组成部分：百事可乐北美公司、百事可乐国际公司、弗里托雷公司、百事可乐食品国际公司、必胜客比萨饼世界公司、泰科·贝尔世界公司、肯德基炸鸡公司和百事可乐系统世界公司。现在，其经营范围已延伸到海外 134 个国家之中。

2. 可口可乐

1886 年 5 月,可口可乐首次面世于美国佐治亚州亚特兰大市的雅各布药店,可口可乐公司是全世界最大的饮料公司,也是软饮料销售市场的领袖和先锋,透过全球最大的分销系统,畅销世界超过 200 个国家及地区。

二、目标市场营销战略

1. 百事可乐

针对可口可乐"无处不在"的战略,百事可乐将人力、物力、财力集中在几个重点城市大肆进行立体式广告宣传进攻。而且百事可乐的独到之处在于所选择的重点城市基本上是可乐类饮料市场潜力巨大、发展成熟的城市。

该饮品消费群体主要有 3 种:学生、白领和层次较高的自由职业者(广告人、自由撰稿人等)。消费群体以"小于 16 岁"和"16~30 岁"这两个年龄段最为集中。以上职业和年龄段的消费群体正是年轻富激情、对时尚最为过敏的一族。

2. 可口可乐

可口可乐一贯采用的是无差异市场涵盖策略,目标市场显得比较广泛。可口可乐把广告的受众集中到年轻的朋友身上,广告画面以活力充沛的健康青年形象为主体。"活力永远是可口可乐"成为其最新的广告词。这也就意味着可口可乐公司的目标市场主要集中在广大青年人身上。

三、产品策略

1. 百事可乐

百事集团的产品策略一直比较前沿,无论是新产品的开发还是组合、品牌、包装都是排的上号的。其旗下的"百事可乐""七喜""美年达""激浪",包括"亚洲""北冰洋""天府"和"佳得乐"系列、"都乐"系列饮料都已成为中国家喻户晓的品牌。其公司一直处于不断的开发与创新中,不断地开发兼并新的品牌和研制新的口味。就产品组合的宽度而言,百事的产品组合远比可口可乐要丰富。可口可乐公司的经营非常单纯,仅仅从事饮料业。而百事公司除了软饮料外,还涉足运动用品、快餐以及食品等。

2. 可口可乐

汽水类有雪碧、醒目、芬达、可口可乐、健怡可乐,不含汽水类有酷儿、美汁源、健康工房、茶研工坊、雀巢冰爽茶,水类有冰露、怡泉、天与地、水森活。

总的来说,可口可乐在中国的经营策略为单一化经营,产品的组合类型是市场专业型。从上面提到的分析,我们可以看出,可口可乐的诸多产品的产品关联度很强,并没有跨行业的产品经营。这样的产品组合的结果就是产品的销售模式比较稳定,且销售的成本低,另外品牌的信誉度会大大增加。

四、品牌与包装策略

(一)包装策略

1. 百事可乐

百事可乐选择了蓝色,在纯白的底色上是近似中国行书的蓝色字体"Pepsi Cola",蓝字在白底的衬托下十分醒目,呈活跃、进取之态。众所周知,蓝色是精致、创新和年轻的标志。百事可乐的颜色与它的公司形象和定位达到了完美的统一。

2. 可口可乐

可口可乐选用的是红色，在鲜红的底色上印着白色的斯宾塞体草书 "Coca-Cola" 字样，白字在红底的衬托下，有一种悠然的跳动之态，草书则给人以连贯、流线和飘逸之感。红白相间，用色传统，显得古朴、典雅又不失活力。

（二）品牌策略

1. 百事可乐

（1）本土化策略

本土化管理与本土化生产是当前全球跨国公司的趋势。具体到某一种具体的产品、某一个公司的本土化，则是一个长期的过程。百事在中国的本土化进展成绩斐然。百事中国区的管理层 70% 已经由中国人担任，其中只有 1 个不是中国内地土生土长的。可以肯定，百事与贵格的合并会加速百事在中国的本土化进程。

（2）多元化的品牌策略

目前，百事可乐国际公司在中国市场的旗舰品牌是百事可乐、七喜、美年达和激浪。此外，还包括亚洲、北冰洋和天府等著名地方品牌。国际著名的调查机构尼尔森（ACNIELSEN）公司在 2000 年的调查结果表明，百事可乐已成为中国年轻人最喜爱的软饮料之一。

特别要指出的是，2001 年 8 月百事公司宣布并购贵格公司。与贵格的联姻使百事可乐得到了含金量颇高的 Gatorade 品牌，并大幅提高了百事公司在非碳酸饮料市场的份额。尽管就市场规模而言，非碳酸饮料与碳酸饮料相比不可同日而语，但其成长速度却是后者的 3 倍。

2. 可口可乐

（1）好品牌是财富

品牌分析家认为，全球最有价值的品牌仍然是财富的主要创造者，未来仍将成为创造财富的领头羊。从这个角度讲，可口可乐的品牌经营本身就是在创造财富。

时至今日，仍有许多国人以为，一家公司新开了一个工厂，或是取得了一项重要的技术突破，都要比品牌的价值更重要。实际上，上述一切恰恰都是在为品牌服务，品牌价值反映的是设计、生产、工艺、广告和销售的综合实力。品牌也是产品与顾客之间信任的纽带。可口可乐 100 多年的发展历史，就是其千方百计提升品牌价值的历史。

（2）让品牌与体育结缘

企业支持体育事业，按专家的说法，起码有以下好处：对体育活动尤其是体育赛事而言，解决活动所必需的经费，保证活动的顺利进行；提升体育活动对民众的影响力；推动体育活动的健康发展。

而对企业来说，赞助体育赛事更是一件增值度极高的运作，它可以提升企业形象、扩大品牌知名度；有利于产品促销；增强与消费者的亲和力与沟通；促进企业文化（职工凝聚力与自豪感）发展；为企业公关及招待客人提供机会。可口可乐与奥运会的渊源是非常深的。从 1928 年起，可口可乐就成为奥运会的全球赞助商。

（3）让品牌本土化

事实证明任何成功的营销经验都是地域性的，营销越国际化，就越本土化。

如今的可口可乐已经成为一种全球性的文化标志，但是在风靡全球的同时，可口可乐没有固执己见地一味传播、销售美国观念，而是在不同的地区、不同的文化背景、不同的宗教团体和种族中采取差异化策略。例如，可口可乐公司的广告口号是"无法抓住那种感觉（Can't beat that feeling）"，在日本改为"我感受可乐（I feel cola）"，在意大利改为"独一无二的感受（Uniquesensation）"，在智利又改成了"生活的感觉（The feeling of life）"，广告信息始终反映着当地的文化。

（4）让品牌多元化

可口可乐进一步更新业务运行的结构和模式，扩大品牌和产品的范围，与特别合适的战略伙伴建立联盟，探索新的市场机会和进入高增长的市场。抢占新兴市场同样是可口可乐公司多元化品牌发展战略之一。

【分析】在营销史上百事可乐和可口可乐的战斗持续了一百多年，但是前面的 70 年可谓漫漫长夜，百事可乐长期生活在可口可乐的强大压迫之中。百事可乐也曾 3 次上门请示可口可乐收购，却遭到对手拒绝。进入 20 世纪 60 年代末期，当百事可乐定位于"年轻人的可乐"时，才算找准了可口可乐战略上的弱点。因为可口可乐是传统的、经典的、历史悠久的可乐，它的神秘配方至今仍被锁在亚特兰大总部的保险柜中，全世界也只有 7 个人知道保险柜的密码。所以当百事可乐找出针锋相对的反向策略，从而把可口可乐重新定位为落伍的、老土的可乐时，百事可乐从此才走上了腾飞之路。从 3 次请求收购到几乎逼平可口可乐，并最终迫使与可口可乐放弃传统的配方，转而推出新配方可乐，即复制百事可乐的"新一代"战略。可口可乐复制百事可乐新战略的结果是营销史上有名的大灾难，甚至发生了消费者上街示威的事件。消费者的口号是"还我可口可乐"，它不可能复制"年轻人"的战略。事实上教育了可口可乐回到传统可乐上来。

📁 相关知识

一、产品组合相关概念

产品组合是指企业生产销售多种产品时，各种不同类型产品之间质的组合和量的比例，也就是经营范围和结构。企业市场营销组合中四个基本策略的第一个要素是产品组合策略。它是市场营销组合的基础，其核心问题是应当提供什么样的产品和服务去满足目标市场的需求。产品组合包括 5 个因素：产品项目、产品线、产品线宽度、产品线深度和相容度。

1. 产品项目

凡是列入销售目录的产品名称均称为产品项目，即品牌、规格、款式或价格档次有所不同的单个品种。

2. 产品线

产品线是指具有相同使用功能但其规格、型号、档次、款式不尽相同的一组类似的产品项目。产品线是由若干个产品项目组成的。

3. 产品线宽度

产品线宽度是指一个企业所拥有的产品线的数目。产品线数目越多，表示产品宽度越大；反之，则越小。

4. 产品线深度

产品线深度是指一条产品线中不同规格、档次、款式的产品数目。专业商店产品线宽度最小，但是经营商品的品种、规格比较齐全，产品线深度比较大；百货店产品线宽度较大，但商品的品种、规格不如专业上的齐全，所以产品线深度较小。在企业实际生产经营中，由于各产品线深度不同，所以产品线深度一般是指平均深度。

5. 相容度

相容度是指企业内各产品线在最终用途、生产条件、分销渠道以及其他方面互相关联的程度，又称产品线的一致性。这种一致性可以建立在同一市场的基础上或同一技术的基础上。企业各产品线互相关联大，则相容度大；反之，则小。

分析、研究产品组合的产品项目、产品线、产品线宽度、产品线深度、相容度，有助于企业更好地制定产品组合决策。一般情况下，扩大产品线宽度有利于企业扩展生产、经营领域，实行差异化经营，可以更好地发挥企业的技术、资源优势，提高经济效益，并可以分散企业的投资风险；增加产品线的深度，可以使产品线更加丰富、全面；加强产品组合的相容度，可以在某一特定的市场领域内增强竞争力，赢得良好的声誉。因此，对产品组合的产品项目、产品线、产品线宽度、产品线深度、相容度方面的决策越来越受到企业的重视。

二、产品组合策略

1. 扩大产品组合策略

扩大产品组合策略也称全线全面型策略，即扩展产品组合的广度和深度，增加产品系列或项目，扩大经营范围，以满足市场需要。这将有利于综合利用企业资源，扩大经营规模，降低经营成本，提高企业竞争能力；有利于满足客户的多种需求，进入和占领多个细分市场。但扩大产品组合策略要求企业具有多条分销渠道，采用多种促销方式，对企业资源条件要求较高。

2. 缩减产品组合策略

缩减产品组合策略也称市场专业型策略，即降低产品组合的广度和深度，减少一些产品系列或项目，集中力量经营一个系列的产品或少数产品项目，提高专业化水平，以求从经营较少的产品中获得较多的利润。这将有利于企业减少资金占用,加速资金周转;有利于广告促销、分销渠道等的目标集中,提高营销效率。

3. 产品线延伸策略

产品线延伸策略是指部分或全部地改变企业现有产品线的市场定位,即将企业的产品线延伸超出所有的范围。产品线延伸策略可分为向上延伸策略、向下延伸策略和双向延伸策略三种类型。

(1)向上延伸策略

向上延伸策略是指企业现在生产中档或低档产品,决定将在现有的产品线内增加高档或中档的同类产品项目,将进入高档、中档产品市场。一般而言,高档产品的利润丰厚,如果其市场潜力大,而且企业又具备进入的条件,则应抓住机遇,开拓高档产品市场。采用这种策略的最大障碍可能在于如何改变企业和产品的现有形象,使消费者确信企业有能力生产高档或中档产品。

(2)向下延伸策略

向下延伸策略是指企业现在生产高档或中档产品,决定将在现有的产品线内增加中档或低档的同类产品项目,进入中档或低档产品市场。采用此策略有利于利用高档品的信誉进入中、低档产品市场,使企业资源得以更充分利用和进一步分散经营风险。但这种策略如运用不当,有可能会损害原有产品的声誉和企业的整体形象。另外,由于中、低档产品可能需要另辟销售渠道,有可能会增加企业营销费用的支出。

(3)双向延伸策略

双向延伸策略是指企业现在生产中档产品,决定将在现有的产品线内增加高档或低档的同类产品项目,将同时进入高档或低档产品市场,从而扩大企业的市场阵地。采用这种策略应注意:只有企业在中档产品市场上已取得市场竞争优势,且有足够的资源和能力时,才可以进行双向延伸,否则还是单向延伸较为稳妥。

案例思考

案例 1 派克钢笔的市场地位

乔治·派克于 1888 年创立了派克公司,并一直致力于以"拔萃之作,智者之选"的理念制造"更好的笔"。著名作曲家普契尼、小说家柯南·道尔和中国著名作家张爱玲都曾用派克笔创作出传世佳作。自 1962 年以来,派克一直是英国皇室御用品牌,并多次作为重要条约的签署用笔而见证历史。百年辉煌历史,铸就了派克的卓越品质。

"永远致力于制造更好的笔",这一直以来是派克创始人乔治·派克的梦想。1888 年,时年 25 岁的乔治·派克任职于瓦伦丁学校,极易漏墨的钢笔使他萌生想法可以制作一支更便于书写的钢笔,为此他于同年创办了派克钢笔公司并生产了第一支派克钢笔。而这支 1888 年生产的首支派克笔为之后派克持续创新的产品奠定了重要的基础。此后,乔治·派克开始了在工艺设计与制造技术上的不断开拓创新,从而开启了世界高端制笔领域的新纪元,并逐步奠定了派克作为全球领先钢笔品牌的核心历史地位。

思考:

派克钢笔的市场地位是如何建立起来的?

案例2 可口可乐公司与百事可乐公司的产品组合

可口可乐公司一改"给世界一罐可口可乐"的风格,正在向所有可饮用产品领域进军。进入中国市场以来,可口可乐从推出单一品牌"可口可乐",到拥有"雪碧""芬达"等国际品牌和"天与地""醒目"等中国本土品牌,其发展迅猛。但可口可乐并没有实施多元化战略,专注于饮料业的可口可乐把主业做得精益求精。它在发展任何一种饮品的时候都可以利用原有的销售渠道,使新产品迅速打开市场,同时也大大节约了成本。其生产的碳酸饮料和非碳酸饮料如表 5-1 所示。

表 5-1 可口可乐公司生产的碳酸饮料和非碳酸饮料

碳酸饮料	非碳酸饮料
可口可乐	美汁源果粒橙
健怡可乐	酷儿
零度可乐	冰爽茶
芬达	原叶茶
醒目	美汁源果粒奶优
雪碧	冰露
	水森活

百事可乐公司是世界第二大软饮料生产商,公司生产的软饮料包括百事可乐、激浪等世界著名品牌。百事可乐公司还涉足餐馆(20 世纪 90 年代后期,逐步被公司从内部独立出去)和小吃食品。1986 年百事可乐公司收购了肯德基和太坎贝尔(美国最大的墨西哥食品快餐店),1977 年百事可乐公司收购了必胜客。美国的小吃食品包括乐事薯片、甜饼、糖果和饼干等。另外近年来,百事还向运动服装、运动鞋领域发展。其产品长度组合如表 5-2 所示。

表 5-2 百事公司产品长度组合

	碳酸饮料	非碳酸饮料	休闲食品	餐馆	百事运动
产品宽度组合战略	百事可乐	纯果乐 果缤纷	乐事	肯德基	百事运动服装
	美年达	都乐		必胜客	百事运动鞋
	七喜	佳得乐		太坎贝尔	
	极度可乐	纯果乐 鲜果粒			
	激浪	草本乐			
	百事轻怡可乐				

思考：
1）你认为哪家公司的产品组合策略更好？为什么？
2）从产品组合的角度分析百事公司把餐馆业务独立出去的原因。

营销实训

实训项目 1　分析产品组合

【实训目标】

1）了解产品组合。
2）培养分析产品组合的能力。

【实训内容与组织】

1）学生 5～8 人为一组，组建模拟公司并明确公司的经营范围。
2）交换各公司的经营范围，并分析其产品组合。
3）各组进行交流。

【成果与检测】

1）自我评价（概述实现自我突破的关键和本次活动的自我突破）。

2）小组评价和教师评价（本次自我推销的表现）。

3）小组评价和老师评价（本次自我推销的表现）。

实训项目 2　资料分析

【实训目标】

1）了解产品组合。
2）培养分析产品组合的能力。

【实训内容与组织】

根据所提供的以下资料，分析宝洁公司的产品组合。
宝洁公司产品种类如下：
婴儿护理：帮宝适纸尿片。
洗发护发类：海飞丝、飘柔、潘婷、沙宣、伊卡露。
织物及家庭护理：汰渍、碧浪。
食品与饮料：品客薯片。
口腔护理类：佳洁士牙膏、牙刷。
妇女保健用品：护舒宝、朵朵。
护肤用品类：玉兰油、SKⅡ。
个人清洁用品类：舒肤佳/玉兰油/卡玫尔香皂；舒肤佳/玉兰油/卡玫尔/飘柔沐浴露。
薯片品类：品客。

【成果与检测】

1）自我评价（概述实现自我突破的关键和本次活动的自我突破）。

2）小组评价和教师评价（本次自我推销的表现）。

任务二　新产品策略

案例导入 ////

苹果公司——永不停滞的创新精神

毫不夸张地说，苹果公司可以说是创新和创意的代名词。它推出的任何一款产品都可以使全球为之疯狂，即便是当下饱受诟病的 iPhone5C 和 iPhone5S，还是吸引了大量忠实用户。这当中的秘诀便是"创新"二字。

1. 设计创新保持苹果公司的"新鲜度"

在苹果公司，设计师对每一项新的设计都要拿出 10 个完全不同的模拟方案，从中挑选出 3 个，最终决定出一个最优秀的设计方案。并且要求这 10 个方案必须都要有充足的创新空间。这就保证了苹果公司的产品能很好地保持对人们的吸引力，一直保持着苹果公司的"新鲜度"。

2. 商业模式创新保持苹果公司的行业主导地位

商业模式创新可以影响甚至改变整个行业格局。"苹果成功的秘密在于把最好的软件装在最好的硬件里"——这句话道破了苹果公司软件、硬件和服务相结合的新生代商业模式，也正是这种模式，让苹果公司不仅确立了终端领域的领导地位，更是在整个移动互联网生态环境中牢牢把握住了主动权。

3. 营销方式创新保持苹果公司的产品魅力

无论是苹果公司产品的宣传广告，还是产品发布会，那种美妙的画面、优美的旋律、深邃的意境总能让人过目不忘甚至念念不忘。例如，让人印象深刻的 iPod 平面广告是一组黑色剪影的人，在红色、黄色、绿色的背景前舞动身躯，手中握住白色的 iPod，耳边垂着一根白色的耳机线。苹果每公司一次非常有风格的促销，在吸引着一批又一批的稳定客户的同时又吸引着一批又一批潜在用户。

4. 生产策略创新保持苹果公司的产品质量

苹果公司始终坚持精简的产品线，消费者的选择总是"有限"，恰因为此，苹果公司在用户中的口碑一直保持领先。精简的产品线让公司将少量的东西做精做好，这成就了 iMac、iPod、iPhone、iPad 等产品的全球风靡，让公司获得了关键性的成功。

5. 微创新保持苹果公司的用户体验

简单回顾一下就不难看出，苹果公司的产品研发过程其实就是一个单点突破、不断升级的过程。从最初的 MP3 播放器到手机再到平板电脑，"i" 系列产品及 "iOS" 的升级换代实际上是苹果公司着眼于用户核心需求，从单点突破，然后不断扩展功能、优化体验从而提高客户感知、增强用户黏性的过程。在一次次微创新的过程中，苹果公司牢牢把握用户需求，不求"大而全"，但求"小而精"，在不断迭代升级的过程中，"微创新"发挥着重要的作用。

6. 令人惊叹的产品美学

在这方面，苹果公司一直以其极简的设计理念以及唯美的产品美学让用户发出由衷的赞叹。iPhone 4 和 iPhone4S 已经成为了工业设计的典范，它们的精致构造简洁到无以复加的地步。《乔布斯传》说："他没有直接发明很多东西，但是他用大师级的手法把理念、艺术和科技融合在一起。"

7. 苹果味——人性为本的产品体验

苹果公司不是一家纯粹强调技术领先的科技公司，而是一个懂得如何将技术和人文科学完美结合的顶尖高手。多年来，它始终用一种不同的思考方式，创造了许多易于使用并充满乐趣的顶尖产品。苹果公司致力于用最少的资源，达到最佳的效果，并以简单、平实的形式表达出来。以人性化的触摸屏设计为例，以简单操作的拉伸、缩小、滑动等替代了硬邦邦的鼠标操作，而这一系列设计早已成为现今硬件厂商惯用的路数。这反映在消费者利益中就是人性化、方便的用户体验。

【分析】从 i 系列到 Mac 系列，从硬件到软件，苹果公司正在通过构建面向个人数字生活的产品体系来引领整个互联网产品的发展。近几年，苹果公司用 iPhone 重建了人们对手机的认知，用 iPad 开创了平板电脑的先河。人们往往认为喜欢特立独行的苹果公司，在需求多样化、个性化的数码产品市场上，依靠一个尺寸、一种规格的单一产品很难永久领先。事实上，苹果公司早就在个人数字生活市场开始布局，它的各类消费电子产品和服务已涵盖手机、计算机、平板电脑、数字音乐播放器和数字媒体等业务领域。玲珑多彩的产品阵列早已覆盖了人们日常生活中的大部分使用环境和场景，占领了大量用户的时间和注意力份额，从这个角度来说，苹果公司的产品阵列发挥了不可或缺的作用。另外，从推出 iPhone5 开始，人们就发现苹果公司也开始关注其他厂商的态度了，在尺寸、颜色、规格等方面，苹果公司正在去掉骄傲的光环，小心地调整着自己的策略，不断满足用户的需求。

相关知识

一、新产品的概念

新产品是指在技术、结构、性能、材质、工艺、功能等方面比老产品有明显提高或改进的产品。市场营销学中新产品的概念，是从企业经营角度认识和规定的，与科学技术发展所创作出来的新产品不完全相同，其含义要广泛得多。

市场营销中的新产品按创新程度，一般可分为以下 4 种类型。

1. 全新产品

全新产品是指采用新技术、新材料、新工艺，运用新原理制造的前所未有的产品，是科学技术应用于生产而取得的新成果。

2. 换代新产品

换代新产品是指在原有产品的基础上，部分采用新技术、新材料或新零件，其性能、特征有显著变化，适合新用途、新需要的产品。

3. 改进新产品

改进新产品是指对原有产品做某些改进，提高其质量，或增加产品的规格型号、花色品种等。

4. 地域性新产品

地域性新产品是指某些产品在某一个市场、地区或国家属于老产品，但对于另一个市场、地区或国家来说就是新产品；对于一个企业是老产品，但对于另一个企业可能就是新产品。

二、新产品开发策略

1. 新产品开发的作用

1）有利于企业开拓市场，扩大销售，获取更多利润。
2）有利于企业加强竞争能力，分散投资风险。
3）有利于最大限度地利用企业资源，避免资源浪费。
4）有利于满足消费者不断发展、变化的消费需求。

2. 新产品开发的方向

1）多功能化。要求一种产品具有多种功能，能同时给消费者带来多种使用价值和利益。
2）微型化。要求产品在性能不变或增加的前提下，重量要轻，体积要小。
3）简单化。要求新产品在结构上尽可能简单，消费者容易操作。
4）多样化。要求新产品尽可能设计多种规格、品种、型号、式样，以尽量满足消费者的不同需求。
5）公益化。要求新产品应节省能源、原材料，其生产和使用对环境没有污染，不产生公害。
6）舒适、健康。要求新产品在使用时舒适、美观，能给人带来美的享受，食品要讲究营养，有利于健康。
7）个性、高级化。随着人们生活水平的提高，产品应向个性、高级化发展。

3. 新产品开发的原则

（1）市场需求原则

开发的新产品市场必须具有充分的需求，包括现实需求和潜在需求。开发新产品之前，要做好市场调研工作，深入、细致、彻底地了解消费者需求，做出准确的预测，力争新产品适销对路。

（2）经济效益原则

企业在开发新产品之前，不仅要进行认真仔细的可行性分析和成本效益分析，尽量充分利用企业的生产能力，力求降低成本，而且要为新产品进入市场制定合理的价格，确保新产品既被市场接受，又能获得预期利润。

4. 新产品开发的方法

（1）独立研制

独立研制是指企业依靠自己的力量，采用新原理、新结构、新材料而独立开发出新产品。独立研制新产品费用高，难度大，但因其有自身特色，容易在市场中占据优势地位。

（2）技术引进

技术引进是指企业引进他人的技术资料、设备，仿制或改进原有产品而制造出新产品。技术引进的关键在于消化，再结合本企业的实际情况，进行生产或改造。

（3）产品改造

产品改造是指在原有产品的基础上，对产品性能、质量、规格、型号、款式等方面进行改造，以满足消费者新的需求。产品改造有利于企业利用原有设备、技术力量和生产基础，成本低、见效快，是企业常用的一种开发新产品的方式。

5. 新产品开发的程序

（1）新产品设想

开发新产品，首先要提出符合市场需求的新产品设想。产品设计建立在新产品设想基础上，设想主要来自科技人员、顾客、竞争者、销售者和高层管理人员。

（2）对设想进行筛选

设想开发的新产品数量很多，经过筛选阶段，选出符合本企业发展目标和长远利益的设想，放弃可行性低、获利较小的产品设想。

（3）市场分析

1）目标市场分析。要分析新产品的目标市场有哪些，与市场同类产品比较，对目标市场消费者、潜在消费者的数量及市场占有率等做出数量分析。

2）成本效益分析。对新产品的投资成本和可能带来的利润进行分析研究。

3）使用者分析。分析新产品上市后将有哪些使用者、数量多少，以及产品生命周期各阶段使用者的分布情况。

（4）新产品研制

1）经过市场分析后，将新产品设想送交技术人员进行设计，制作图纸和样本，制作实体样品，同时进行包装和品牌设计。这是新产品开发的一个重要步骤。

2）将试制出的样品进行消费试验。一般采用实验室试验、消费者试验和样品征询试验。

（5）市场试销

产品研制成功后，少量地生产并推向市场，在一定范围内的消费者中进行试销，目的是检查新产品的市场效应。

（6）新产品上市或停止上市

如新产品试销失败，则终止上市；如新产品试销成功，则可以正式批量生产，正式投入市场销售。

三、新产品推广策略

新产品的推广是指新产品进入市场后为消费者所接受的过程，主要表现为潜在消费者由认识新产品到试用新产品，最后决定购买新产品的行为。新产品的推广主要是在新产品生命周期中的投入期与成长期。新产品推广策略主要是根据不同产品及不同目标市场消费者在这两个阶段的市场特性，以及消费者接受新产品的规律，有效地使用市场营销组合，加快新产品的推广。

1. 新产品特征与市场推广

新产品是否为市场迅速接受，受许多因素的影响，其中新产品特征是影响市场推广的一个重要因素。具体表现在以下 3 个方面。

（1）新产品的优点

新产品的优点越多，如在性能、可靠性、便利性、可操作性、新颖性方面比原有产品越有优越性，市场接受就越快。

（2）新产品的适应性

新产品是否与目标市场消费者的消费习惯、价值观念、社会心理相适应，如适应或比较接近时，就会加速产品的推广运用；反之，则不利于新产品推广。

（3）新产品的明确性

新产品的优点是否直观，是否容易描述，是否容易被说明和示范。一般容易认知、信息传播便捷的产品，市场推广比较快，消费者采用速度比较快；反之，市场推广就比较慢。

2. 消费者采用新产品的程序与市场推广

消费者对新产品的采用过程，客观上存在一定的规律性。在 20 世纪 30 年代，美国著名的市场营销学者罗吉斯通过市场调查，总结归纳出消费者接受新产品的程序和一般规律，即认知→兴趣→评价→试用→采用。

1）认知是消费者获得产品信息的开始阶段。

2）消费者通过对新产品的认识，对其进一步产生兴趣。

3）评价是消费者对采用新产品的边际价值进行权衡。

4）消费者开始试用新产品。通过试用，消费者对自己对于新产品的认识及购买决策的正确性与否进行评价。

5）消费者通过试用，如收到了理想的使用效果，就会放弃原来的产品，完全接受新产品，并开始正式购买和重复购买。

3. 消费者对新产品的反应差异与市场推广

在新产品的市场推广过程中，不同的消费者对同一新产品的反应具有很大的差异。由于消费者的社会地位、受教育程度、成长环境、消费心理、价值观念、性格等各种因素的不同，他们对新产品的接受快慢程度不同。就消费品来说，按照消费者接受新产品快慢程度，可以把新产品的采用者分为五种类型。

1）创新采用者，也称消费先驱。他们有个性、勇于冒险、经济宽裕，广告等促销手段对他们有很大的影响力。

2）早期采用者。一般接受过良好的教育，年轻、富有探索精神，对新事物比较敏感，经济状况良好，对早期采用新产品具有一种自豪感。他们在周围的人群中具有舆论领袖的地位。这类消费者对广告及其他渠道传播的新产品信息接受较快，但他们比创新采用者谨慎。

3）早期大众。这部分消费者，保守思想较少，受过一定教育，有较好的工作环境和固定收入，对舆论领袖的消费行为有着较强的模仿心理。他们一般在购买新产品，特别是高档产品时，持非常谨慎的态度。

4）晚期大众。这些人对新事物、新产品多持怀疑态度，对周围的一切变化持观望态度，只有新产品进入产品生命周期的成熟期才愿意接受。

5）落后的购买者。这些消费者思想保守，受传统思想影响很深，他们怀疑任何变化，对新事物、新变化多持反对态度，固守传统的消费方式，往往在产品进入成熟期后期或衰退期才接受。

案例思考

猫人保暖内衣的推广策略

2000 年，中国消费者协会对国内生产、销售主渠道的 38 个代表性品牌进行了比较试验。结果显示："保暖与美观、舒适很难兼得。"

由于保暖内衣正是满足现代消费者"减法穿衣"而诞生的，因此企业很容易得出结论："更轻、更薄、美体"就是保暖内衣的"时尚"方向。因此，各品牌纷纷推出时尚的"超薄抗寒内衣""瘦暖保暖内衣""薄暖保暖内衣"等。

但事实胜于雄辩，在猫人国际进行的全国消费者调查中，消费者始终认为美体内衣，以及各种"轻、薄"型"保暖内衣"，"薄就肯定不会保暖"，只适合在秋季和初冬穿着，在最冷的日子，还是南极人为代表的厚而臃肿的传统保暖内衣能够御寒。因此猫人国际在 2001 年就率先提出了"打造时尚内衣第一品牌"，猫人保暖内衣的品牌定位"时尚"成立。

猫人国际在之前的推广中一直使用猫人热力卡这一"保暖"概念。由于它提出的"日本发热纤维",并不符合消费者对"保暖"的固有认知,且需要大量的、复杂的说明教育,而大肆宣传"日本发热纤维",并不符合"时尚内衣"定位;而澳洲羊毛是消费者容易接受的保暖概念,吻合消费者对保暖的固有认知。因此,猫人国际改变了主推"日本发热纤维"的做法,认为通过"澳洲羊毛"的信息提及,让消费者明白猫人热力卡是保暖内衣即可。

同时,考虑到消费者的购买行为中,主要通过翻看领口处的吊牌等了解内衣的面料等信息,成美建议、设计了猫人热力卡领口处悬挂"澳洲羊毛""莱卡""日本三菱发热纤维""可机洗不变形"等系列吊牌,方便消费者更好地了解产品特点。

包装在猫人国际专柜终端的陈列作用明显,包装正面明确突出"贴身型抗寒内衣""澳洲羊毛""适合在 0 度及以下穿着"等简单的提示信息。

猫人国际通过整体营销的思想,改变了其品牌定位,成功地将其产品推广到全国。

思考:

试分析猫人国际的成功经验。

营销实训

实训项目 1　调查新产品

【实训目标】

1)培养感知新产品的能力。
2)培养分析新产品目标市场的能力。

【实训内容与组织】

1)学生 5~8 人为一组,分别走访大型超市、便利店、商场、专卖店,了解有哪些日化类新产品上市。判定这些新产品属于何种类型的新产品。

2)通过调查,选择其中一个新产品进行分析,了解其目标市场,分析其推广策略。

3)组织一次班级交流会,每组推荐 2 名成员介绍此次调查过程及体会。交流中,可以按照事先计划、事中过程、事后体会的思路介绍。同学之间可以进行评价、补充与矫正,最后教师进行简要的总结。

【成果与检测】

1)填写沟通实录卡。

调查主体		调查对象		单位及职务	
调查目标		时间		地点	
调查前计划					

续表

调查主体		调查对象		单位及职务	
调查目标		时间		地点	
调查过程实录					
调查后体会					
教师评估					

2）自我反思。

实训项目 2　了解产品组合

【实训目标】

1）培养理解产品组合的能力。
2）培养分析产品组合的能力。

【实训内容与组织】

根据所学知识与对实际企业调查访问所获得的信息资料，分析产品组合。

1）以自愿为原则，6~8 人为一组，选定品牌。
2）对该品牌的产品组合进行调查分析。
3）得出结论后，各组交流。

【成果与检测】

1）对产品组合的分析。

2) 小组评价和教师评价。

任务三　品牌策略

案例导入

五粮液黄金酒品牌定位战略

1. 黄金酒释义

黄金酒全名为黄金牌万圣酒，为保健食字号产品。该酒由五粮液集团和上海巨人投资有限公司共同打造，应该说黄金酒很好地集合了五粮液集团和巨人投资在品牌、技术、资金和营销网络等方面的优势。

从产品层面看，黄金酒的酿造者是掌握五粮液绝密配方的中国酿酒大师陈林。黄金酒以五粮液公司生产的浓香型白酒为酒基，这是对传统保健酒采用清香型白酒做酒基的一次改革，从而确保了黄金酒在酒的色香味上更适合大多数消费者对酒的偏好。同时精选老龟甲、天山鹿茸、美国西洋参、宁夏枸杞子、汉中杜仲、关中蜂蜜6味传统药材，来确保具有滋补保健功能。

对黄金酒进行品牌定位研究，用"保健"细分礼品酒市场的方向是否可行，其市场规模是否足够大。

2. 黄金酒赠送对象分析

作为礼品酒，黄金酒送给谁？

首先，黄金酒已经明确是在礼品酒市场进行竞争。

从消费者行为学角度来看，消费者赠送礼物，他们赠送的不仅是产品实体，还包含重要的象征信息，他们要确保通过礼物的种类、价格和品牌这些形式，向接受礼物的对象发送正确的信息。

在礼品市场中，送领导、求人办事等功利型送礼市场较为特殊，此类礼品一般高价值，注重品牌，品牌能保证礼品的高价格广为人知，而新品牌难以短期内企及。因此黄金酒作为新品牌主攻亲朋好友间送礼市场。

同时，黄金酒加入六味中药材有一定的保健功能，根据消费者观念，这种加入中药材的酒更适合送给老年人，如送青年人存在忌讳，等于暗示对方身体不好。因此黄金酒的产品与送给作为老年人的长辈是匹配的。

3. 黄金酒市场分析

作为礼品酒，黄金酒进入哪个市场？

项目组研究发现，保健酒存在官方和民间两种不同的定义。

目前国家标准中并没有保健酒这个产品类别，保健酒具有露酒和保健（功能）食品双重身份，但是无论从保健食品还是从露酒的定义看，保健酒都首先是食品，应该具有酒的一般共性，能调节人体机能或具有营养补益的功能，而不以治疗疾病为目的。

这两种不同的定义，其实蕴含了作为礼品酒，黄金酒有两种截然不同的推广方向可供选择。一种是将黄金酒定义为饮料酒，黄金酒应该具备酒的一般共性，消费者选择这种产品是基于酒的基本属性"好喝"，是种享受，而保健功能是增加的一个新利益。这就对黄金酒的色香味要求更高，而对其功能的期望相对较低。另一种是将黄金酒定义为民间理解的保健酒（药酒）。由于传统药酒在消费者头脑中的认知主要是针对疾病的，加之过去不少保健酒宣传过度夸大疗效，将保健酒包装成壮阳补肾甚至包治百病的神药，导致中国消费者将保健酒和药酒混为一谈，消费选择保健酒主要是基于药品的基本属性——药效，而酒只是产品的一个剂型。这就对黄金酒的配方及所含药材要求更高，而对其是否好喝的期望相对较低，甚至在"良药苦口"的传统观念下，其药味应该更浓。

这两种不同的方向选择其实是进入不同的目标市场，它不仅影响黄金酒的产品、包装、推广、价格，而且影响黄金酒的市场规模。因此成美分别对礼品白酒和礼品保健食品进行研究。

（1）黄金酒进入传统保健酒（药酒）市场去细分

消费者对保健酒的既有观念，对于研究定位非常关键，因为根据心理学中"选择性记忆"的原则——如果推广内容出现与消费者既有观念冲突就会导致信息被大脑排斥，这也是定位理论强调消费者观念难以改变的基石。而通过对消费者观念的研究，成美认为如果将黄金酒定位在保健食品市场中，面临下面几个问题：

首先，强调药效的保健酒更类似药品，其市场规模相对较小。其次，根据传统观念良药苦口，要强调药效好在突出药味时就难免牺牲酒的口感。消费者在选择礼品送给父母等长辈时，主要根据其生活需要和喜好去选择礼品，送礼主要图的是父母长辈高兴，如果送保健酒无法实现这个目的，这种送礼行为也是难以持续的。再次，作为保健食字号产品的黄金酒如果强调药效按照传统保健酒营销思路操作，还面临一个保健品行业信任度缺失的现实障碍。所谓礼品市场中酒排名第二，准确说应该是白酒排名第二，只有细分礼品白酒市场才是其初衷。

（2）黄金酒进入饮料酒（白酒）市场去细分

巨人投资的初衷是希望细分礼品酒市场，其实是指细分礼品白酒市场。

白酒是中国独有的传统酒，属世界六大蒸馏酒之一。在中国将白酒作为礼品已成为一种习俗，在逢年过节时送白酒是最安全的礼品，收礼者不仅可以自己饮用，还可以招待客人或者转送他人。

黄金酒在"酒"方面的产品力表现非常好，消费者调查结果也显示消费者对"黄金酒看上去呈浅浅的琥珀色，清澈透明无明显混浊，闻上去是典型的浓香型白酒中夹着淡淡的西洋参味，喝着酒香浓郁极其接近于浓香型白酒"都表示高度认同。

同时项目组的研究发现，消费者观念中白酒分高度酒和低度酒，其中超过 38 度的白酒称为高度酒，真正喝酒的人都是喝高度酒，并认为好酒都是高度酒，高度酒更上档次。高度白酒虽然好喝但消费者普遍认为白酒伤身，对肝、肾等不利，尤其是高度白酒对身体伤害更大，高度酒并不适合老年人饮用。黄金酒的酒精度为 35 度，然而因为药材的缘故，消费者的口味测试时均认为酒精度在 42 度左右，这就一定程度上解决了消费者对于酒口味偏好和健康冲突的问题，也满足了消费者送长辈时希望既健康又好喝的心愿。最终黄金酒的品牌定位是"礼品市场，送给长辈保健的白酒"。

4. 定位下的营销整合

黄金酒的定位要求其将普通礼品白酒作为直接竞争对手，因此黄金酒必须在除了保健功能这个独特价值外，尽量贴近礼品白酒，包含产品、价格、渠道和推广各个营销方面。

在产品方面，成美建议黄金酒的包装应该以白酒包装为参考，并体现高档礼品的属性，通过在包装背面体现中药材和突出五粮液集团保健酒有限责任公司的企业名来体现滋补功能。

在价格方面，同样参考送亲近长辈白酒的主流价格，由于五粮液集团出品并添加了道地中药材，成美建议黄金酒价格应该覆盖尽可能大的市场，因此建议黄金酒的零售价可以略高于送长辈的白酒主流价，而不应高得太多形成明显的价格障碍。

在渠道方面，由于黄金酒细分的是礼品白酒市场，自然铺货应该主要在白酒货架上。

在推广方面，黄金酒需要突出是一种送长辈的礼品酒，同时体现出酒的享受，还要清晰地让消费者理解这是一种不同于普通白酒的保健酒，其保健体现在具有滋补作用。显然在一条广告片中要诉求的信息相对较多，因此巨人投资根据其经验决定拍摄两条广告片，一条告知定位为主，另一条强调送礼。

5. 后记

为了试探市场的反应，黄金酒精心挑选了两个区域进行试销。

2008 年 4 月，黄金酒开始在山东青岛、河南新乡进行试销。青岛 4 月 25 日开始投放广告，至 10 月中旬累计投入广告费 300 多万元，回款 1600 万元；新乡 5 月铺货，5 个多月中投入广告费 46 万元，回款近 350 万元。在这两个市场中，青岛的主要出货终端是大卖场，新乡则由烟酒店控制着市场，两者都属于国内典型的白酒市场。

试销成功后，巨人投资决定从 2008 年 11 月开始，启动全国市场。

2009 年，巨人投资在央视广告招标中投入 1.2 亿元用于黄金酒的广告投放。该年，黄金酒完成销售额 10 亿元。

2010 年，巨人投资在央视广告招标中投入 2 亿元，其中 1 亿元用于黄金酒的广告投放。该年，黄金酒完成销售额 13 亿元。

【分析】作为一个刚刚推出的新品牌，黄金酒从一面世就获得了业内和媒体的超高关注度，这不仅因为 2008 年年底各大电视媒体铺天盖地的"送长辈，黄金酒"的广告，还源于五粮液集团和史玉柱巨人投资的双重背书。而这种超高关注更是在史玉柱宣称黄金酒将在 3 个月内为其赚到 10 亿元后掀起最高潮。

相关知识

现代意义上的品牌已经不仅仅是商品标记，更是具有综合性内涵的企业与消费者沟通的纽带，是企业重要的无形资产。随着商品经济的发展，市场竞争日益加剧，品牌越来越被企业所重视，成为与竞争对手竞争的重要工具。可以说，品牌受到重视，既是市场激烈竞争的产物，又是市场竞争进一步激烈的象征。

一、品牌的概念

品牌是用来识别不同产品或服务，并使之与竞争对手的产品或服务区别开来的文字、符号、标记，由图案和颜色等要素或是它们的组合构成。

1. 品牌名称和品牌标志

品牌是一个结合体，包括品牌名称、品牌标志两个部分。品牌名称是指产品中可以用语言表达的部分。品牌标志是指品牌中可以被识别、易于记忆但不能用语言表达的部分，通常由图案、符号、颜色等构成。

2. 商标

商标是品牌的一部分。品牌或品牌的一部分经过必要的法律注册程序后，即成为商标。商标受法律保护，有商标专用权，而未经过注册获得商标权的品牌不受法律保护。可以说，商标是经过注册获得专用权而受到法律保护的品牌。商标与品牌的基本目的一样，都是区别商品来源，便于消费者识别商品，以利于竞争。

3. 品牌的内涵

品牌最持久的含义和实质是其价值、文化和个性；品牌是一种商业用语，品牌注册后形成商标，企业即获得法律保护拥有其专用权；品牌是企业长期努力经营的结果，是企业的无形载体。

为了深刻揭示品牌的含义，还需要从以下 6 个方面透视。

1）属性：品牌代表着特定商品的属性，这是品牌最基本的含义。
2）利益：品牌不仅代表着一系列属性，还体现着某种特定的利益。
3）价值：品牌体现了生产者的某些价值感。
4）文化：品牌还附着特定的文化。
5）个性：品牌也反映一定的个性。
6）用户：品牌暗示了购买或使用产品的消费者类型。

基于上述 6 个层次的品牌含义，营销企业必须决策品牌特性的深度层次。

二、品牌设计

品牌设计是品牌运用的基础。蕴涵美感、富有感召力的品牌是获得理想效果的前提。

品牌设计得好，就容易在消费者心目中留下深刻印象，产品更容易打开销路；品牌设计得不好，会使消费者产生反感，降低购买欲望。企业在设计品牌时要注意以下4点内容。

1）造型美观，构思新颖。这样的品牌不仅能够给人一种美的享受，而且能使顾客产生信任感。

2）能表现出企业或产品特色。

3）简单明显。品牌所使用的文字、图案、符号不应该冗长、繁复，应力求简洁，给人以集中的印象。

4）符合传统文化，为公众喜闻乐见。设计品牌名称和标志应特别注意各地区、各民族的风俗习惯、心理特征，尊重当地传统文化，切勿触犯禁忌，尤其是涉外商品的品牌设计更要注意。

三、品牌策略的类型

1. 品牌有无策略

品牌有无策略主要是指企业是否进行品牌化决策。品牌化是指企业为其产品规定品牌名称、品牌标志并向政府有关主管部门注册登记的一切业务活动。

2. 品牌归属策略

（1）自有品牌策略

自有品牌策略是品牌运营的首要选择，包括企业自行设计品牌和外来品牌。企业自行设计品牌是自有品牌的主要表现，既可以由企业内部人员设计，也可以聘请外部人员设计，还可以联合设计。外来品牌是指企业从其他企业购入或通过企业并购的形式获得商标的专用权。

（2）他人品牌策略

他人品牌策略是指属于他人所有但企业拥有使用权的品牌。选用他人品牌策略，借用他人品牌推出产品，可以实现借誉上市，有利于产品销售。

1）中间商品牌策略它是指中间商拥有所有权并投入运营的品牌策略。中间商品牌策略是中小企业、竞争激烈的行业或企业拓展海外市场时常用的品牌策略。

2）其他生产者品牌策略。它是指企业利用其他生产者的品牌实现产品销售并引导企业发展的策略，一般是接受著名品牌的生产经营企业的委托加工企业实行贴牌生产。这种方法是弱小企业求得生存发展开拓市场的一种比较好的策略。

（3）自有品牌与他人品牌共存策略

自有品牌与他人品牌共存策略是指同一种产品，一部分使用自有品牌销售，一部分使用中间商品牌或其他生产者品牌销售。

3. 品牌统分策略

品牌无论归属于生产企业、中间商，还是两者共同拥有品牌使用权，都必须对所有或大部分产品使用一个品牌，对不同产品使用不同品牌，甚至同一种产品使用多个品牌做出决策。

1) 统一品牌策略，即企业生产经营的所有产品都采用一个品牌。

2) 个别品牌策略，即企业的每一种产品分别使用不同的品牌名称。

3) 多品牌策略，即企业同时为一种产品设计两种或两种以上相互竞争的品牌。这种策略由美国宝洁公司首创，故又称"P&G模式"。

4) 分类品牌策略，即企业对不同的产品线采用不同的品牌。

5) 品牌扩展策略，即企业利用已有一定认知度的品牌推出改进型或全新产品。

6) 主副品牌共用策略，即同一产品使用一主一副两个品牌。

7) 企业名称与品牌并用策略，即在每一种品牌前冠以企业名称。

案例思考

"金六福"——植根中国"福"文化的品牌名称

"金六福"在短短的3年里迅猛突起，年销售额已经达到10多亿元，成为中国白酒业的五强之一，业内称之为"金六福现象"。它的成功固然有很多因素，但不可否认的是，它有一个中国人喜欢的好名字。

"金六福"这一名称是金六福酒业有限公司在广泛征集创意，花费大量人力和物力的基础上，经过反复斟酌，在众多方案中选定的。

"金六福"品牌名称的内涵是"寿、富、康、德、和、孝"，这是中国几千年来传统文化的浓缩，它迎合了人们对"福文化"的需求。因此，这个名字一经推出，立即引起了消费者的普遍好感。

此外，"金六福"酒的包装设计也很独特。外盒包装以黄色、红色、金色为主色，一至五星不同规格的产品，均采用类似的设计，突出了系列酒的特点。

五星"金六福"还在外包装上赋予"开门见福"的吉祥如意，钱袋形状的酒瓶也寓意喝此酒一定会福星高照，财运亨通。其他星级的"金六福"酒也都以不同方式，从不同角度突出了"福"文化的含义。

"金六福"系列酒的所有外包装、酒瓶标签上都有古代传说的富贵吉祥鸟——凤凰的图案，其线条流畅，极具观赏性。因此，喝"金六福"酒让人觉得不仅仅是在品味优质的美酒，更是在品味五千年的中华文化。可见，"金六福"的成功在很大程度上托了品牌名称的福。

思考：

1) 结合案例谈谈"金六福"品牌成功的主要原因。

2) 品牌名称和包装对塑造品牌形象有什么影响？

3) 结合案例谈谈在品牌命名和设计包装中应注意的问题。

🏷 营销实训

实训项目 1　思考并汇总品牌策略

【实训目标】

1）培养认知观察或思考其新产品投入市场的过程的能力。

2）培养与别人沟通与交涉的能力。

【实训内容与组织】

1）通过调查了解宝洁公司和联合利华公司经营的产品组合，认真观察或思考其新产品投入市场的过程。

2）根据学生人数划分小组，每组以 5～8 人为宜。学生在教师指导下，确定选题并分别采集不同的资料和数据，可采取市场调查的形式进行。

【成果与检测】

1）分析并形成文字报告或案例（以小组为单位组织研讨，在讨论的基础上由小组代表发言）。

2）自我反思。

实训项目 2　理解品牌保护

【实训目标】

1）理解品牌保护的重要性。

2）培养分析、归纳与讲演的能力。

【实训内容与组织】

1）教师给出以下训练材料：

不知何时起，一种名为"土家掉渣饼"的食物风靡了大江南北。仅仅1个月的时间，这种到处打着"中国式比萨"的掉渣饼如雨后春笋般火遍冰城的大街小巷。后来又在短短几个月全线瓦解了。其中一个原因就是品牌没有得到保护，假冒者猖獗。

2）你能为店主提出一些什么建议？除了上述原因之外，还有什么原因导致"土家掉渣饼"的失败？

3）根据给出的材料及问题进行讨论，并给出结果。

【成果与检测】

1）建立学生学习成果评价表，对学生的表现按以下项目进行评价。

① 专业知识（50%）：专业知识熟悉，意见合理。

② 良好的语言表达能力（20%）：清晰、准确、条理井然、重点突出。

③ 富于情感，生动形象（10%）：语言亲切，有感染力和吸引力。

④ 诚恳、逻辑性强（20%）：起到说服、增强信任感的作用。

2）自我反思。

3）小组评价和教师评价（分析问题、解决问题与口头表达的能力）。

项目小结

通过本项目的学习与实训，写下你的收获。

自我小结：

_____

_____

_____

_____

_____

同学的评价：

_____

_____

_____

_____

_____

教师的评价：

_____

_____

_____

_____

_____

➤ EQ 驿站

上当的买卖

一个人花高价买了一片土地，却发现自己上当了，原来这片土地上只适合胡杨树和蝎子的生长。

后来，他痛定思痛，决心改变现状。他注意到这里遍地的蝎子，这是最有利的条件。

多年后，这里成为全国最大最著名的养蝎基地，同时拥有专门加工提取蝎毒和生产蝎子罐头的工厂。每年都有大量的游客前来参观。

感悟　任何人都不具备完全理想的条件和资源，我们唯一能够抓住的就是我们现在所拥有的。把眼前的不利因素巧妙地转化为有利因素，甚至把缺陷变成"特点"。成功，其实很简单。

项目六
价 格 策 略

学习目标

1）掌握商品的定价策略，并为企业产品制定合理的定价策略。

2）掌握定价方法，了解不同定价方法的特点。

3）掌握价格变动时企业可以采取的对策。

4）能够运用所学知识为企业商品进行合理定价，并利用定价方法制定相应的产品价格，同时当价格变动时能够采取正确的对策。

5）灵活运用商品定价的相关知识，提高动手能力，培养实践能力。

6）培养正确的价值观，提高创新意识。

任务一　定价策略

案例1　奥克斯空调的平价革命

奥克斯空调的生产厂家是宁波奥克斯空调公司（以下简称奥克斯），它是宁波三星集团的下属子公司。从 1996 年起，奥克斯改变原有定位开始走优质平价的路子：采取低成本战略，为消费者提供优质平价的空调。

1. 进攻性的价格策略

从 2000 年起，奥克斯拉起空调降价的大旗，此时"奥克斯"还是一个默默无名的区域品牌，但正是奥克斯的价格杀手称号，让"奥克斯"声名鹊起，震动江湖。奥克斯自 2000 年以来的主要降价活动包括：2000 年 3 月，在成都打出"1.5 匹空调跌破 2500元生死价"的条幅，最大降幅达到 25%，第一次喊出"要做优质平价的'民牌'空调"；2001 年 4 月，40 余款主流机型全面降价，最大降幅达到 30% 以上；2002 年 4 月，16 款主流机型全面降价，包括 1 匹和 1.5 匹变频空调，最大降幅达到 26%；2003 年 4 月，所有机型一律降价，据称平均降幅达 30%，单款机型最大降幅达 2000 元。

奥克斯空调的价格战，每次基本选择在 4 月份，早了消费者没反应，竞争者容易跟进，晚了起不到作用。奥克斯的降价，每次都是大规模、高幅度的降价，出其不意地袭击竞争对手，坚定消费者购买的决心。另外，奥克斯为配合价格战，广告攻势强，采取"大中央小地方"的模式，例如，2002 年 4～6 月在央视投入了 3000 多万元，进行大规模集中轰炸，有力地配合了降价促销活动。

2. 系列化的事件营销活动

（1）狂打"足球牌"

2001 年年底，奥克斯聘请米卢为品牌代言人，随后开展了米卢"巡回路演"和售空调赠签名足球活动。2003 年 2 月 12 日，奥克斯投资 2000 万元赞助令中国球迷关注的"中巴之战"。同一天，世界顶级球星罗纳尔多出任奥克斯空调新一任品牌形象代言人。

（2）首家披露《空调成本白皮书》

2002 年 4 月 20 日，奥克斯空调向外界首家披露《空调成本白皮书》，以行业背叛者的身份揭示了"一台空调究竟该卖什么价"的行业秘密，显然，矛头指向消费者关注的空调业实际利润的问题。

（3）"一分钱空调"促销活动

2002 年，奥克斯空调从 11 月 22 日～12 月 1 日的 10 天时间内，在广东省内的 700 多家电器店同时推出"一分钱空调"的促销活动。顾客只要花 4338 元购买奥克斯 60 型小3 匹柜机，再加一分钱，即可以获得另一台价值 1600 元的 1 匹壁挂式分体空调，同时承诺一分钱空调同样享受厂家提供的优质售后服务。在广东市场，类似 60 型小 3 匹的品牌机的价格为 4800～6500 元，25 型 1 匹空调的价格为 1668～2700 元，奥克斯公布的空调套餐价格比市场均价低 3500 元。

（4）"冷静"大行动

此次活动从 2003 年 3 月 27 日起至 4 月 21 日止，武汉地区奥克斯空调再掀降价风暴，降幅都在 17% 以上。奥克斯表示在此次活动中，消费者每购买一款奥克斯空调，奥克斯将以消费者的名义捐献一定数额的现金给红十字协会，用于伊拉克战后重建工作，以此表达奥克斯人对世界和平的支持。

【分析】从这个案例中，奥克斯一直坚持着"强化优质平价"的理念，强调售价比别人低，质量却不逊于国内同行；质量同等优异，价格却可以卖得更低。因为倡导优质平价的"民牌"空调，因此必须在质量和价格上打破"瓶颈"，提高性能价格比，这也是奥克斯规模经济发展的"助推器"。

案例 2 "平价药店"掀起价格冲击波

2002 年 8 月 31 日，作为江西第一家平价药房的"开心人"大药房在南昌首次亮相。"开心人"承诺：16 大类、5000 多种药品售价比国家核定零售价平均低 45%。"开心人"开张 5 天，每天客流量超过 1 万人，最高日销售额达 10 万元。"开心人"经媒体报道在南昌城内一夜成名。

9 月 24 日，200 多名供货商在医院、药店等联手施压下，突然从"开心人"集体撤货，有的还自己掏钱买走自己的药品。一位供货商说："我如果不来撤货，其他药店就会威胁我，不销售我的药。"

与此同时，恶意的投诉举报致使工商等执法部门对"开心人"频繁检查，据说有人质疑"开心人"有不规范经营行为。"开心人"的经营受到重挫。期间威胁电话更是不断：要么调价，要么关门。

对于此类"平价药店"的出现，业界褒贬不一，各执一词。它的出现打破了原有的市场平衡，被同行视为一种"抢钱"行为，因此受到了同行业者的质疑与排挤。除了供货商的围攻，在武汉、成都，甚至有药品平价超市遭打砸抢、遭火焚。

【分析】在这个案例中，我们发现平价药房的出现是市场的选择，尽管它被一些谋求暴利的商家视为豺狼虎豹，但却是消费者所期盼和欢迎的。药品微利是大势所趋，随着市场竞争的规范化，任何贪恋暴利的营销方式，最终都将被淘汰，而实行薄利多销的平价药房，也必将在市场竞争中逐渐发展壮大。

相关知识

一、商品价格构成

价值是价格形成的基础，所以企业在制定价格时要以价值为基础。商品价值是由已消耗的生产资料的价值、劳动者为自己创造的价值和劳动者为社会创造的价值 3 个部分组成的。而商品的价格就是这 3 个部分价值总和的货币表现。其中，生产中消耗的生产资料价值表现为原材料、工具、固定资产折旧和修理费用等，劳动者为自己创造的价值表现为工资，这两个部分构成了社会再生产过程的全部成本。这两个部分构成的成本按生产领域和流通领域又分为生产成本和流通费用。劳动者为社会创造的价值用货币表现为盈利，包括税金和利润。即

$$商品价格=生产成本+流通费用+税金+利润$$

二、影响企业产品定价的因素

1. 企业内部因素对产品定价的影响

（1）成本

产品在生产与流通过程中要耗费一定数量的物化劳动和活劳动并构成产品的成本。成本是商品价格构成中最基本、最重要的因素，是定价的基础，定价首先使总成本得到补偿。

在市场竞争中，产品成本低的企业，对价格制定拥有较大的灵活性，在市场竞争中将占有有利地位，能获得较好的经济效益。反之，在市场竞争中就会处于被动地位。

（2）产品特征

产品特征是产品自身构造所形成的特色，一般指产品的外形、质量、功能、商标和包装等，它能反映产品对顾客的吸引力。产品特征好，该产品就有可能成为名牌产品、时尚产品、高档产品，就会对顾客产生极大的吸引力，企业定价的自由度较大。

（3）销售量

企业利润总额与单位商品利润并不一定成正比，它是单位商品利润与销售量两者的乘积。如果商品价格过高，可能会导致销售量的减少，进而减少企业盈利水平。在其他条件不变的情况下，企业利润总额最终取决于价格与销售量之间的不同组合。

（4）企业的整体营销策略

定价策略作为市场营销决策体系的重要组成部分，既要服从于市场营销战略目标的实现，又要配合其他诸如产品策略、分销渠道策略、促销策略等各项决策的制定与实施。

2. 企业外部因素对产品定价的影响

（1）顾客需求

顾客需求对产品定价的影响，通过需求强度、需求层次反映出来。需求强度是指顾客想获取某种商品的程度。不同的需求层次对定价也有影响，对于能满足较高需求层次的商品，价格可定得高一些；反之，则应低一些。这样才能满足不同层次顾客的需求。

（2）竞争者行为

价格是竞争者关注的焦点和竞争的主要手段，定价是一种挑战性行为，任何一次价格制定与调整都会引起竞争者的关注，并导致竞争者采取相应对策。对企业而言，竞争者的产品和价格，是企业产品定价的重要参考依据。企业要结合竞争者的产品特点，综合考虑自身价格的定位。

（3）产品生命周期

产品处于生命周期的不同阶段，定价策略也不尽相同（相关内容在项目五中已有论述）。

（4）政府干预

市场经济的最基本特征是自由企业制度，企业拥有充分的处理与经营有关事务的自由，其中就包括自由定价权。但现代社会为了维护国家与顾客利益，维护正常的市场秩序，每个国家都会通过行政的、法律的、经济的手段，约束企业的定价行为，以控制整体物价的平稳。这种约束反映在定价的种类、价格水平和定价的产品品种等方面。

三、需求的价格弹性

要制定出合理的价格，就必须对市场需求做出正确的估计，掌握不同价格下市场对产品的需求量，分析需求的价格弹性。价格弹性是指价格变动而引起的需求量变化的程度。价格弹性大的产品，通过降价可以增加销售量；价格弹性小的产品，降价也不一定会增加销售量。

需求价格弹性可以通过价格弹性系数，即需求量对价格变动反应的程度来表示，公式为

需求的价格弹性=需求量变动的百分比/价格变动的百分比

即

$$E = \frac{(Q_1 - Q_0)/Q_0}{(P_1 - P_0)/P_0} = \frac{\Delta Q/Q_0}{\Delta P/P_0}$$

式中，E 是需求价格弹性系数；Q_0 是原需求量；Q_1 是变化后的需求量；ΔQ 是需求的变化量；P_0 是原价格；P_1 是变化后的价格；ΔP 是价格的变化量。

需求价格弹性系数表示价格每变动 1%时引起需求变动的百分数。由于价格和需求一般成相反方向变动，所以需求价格弹性系数为负数，在应用时取其绝对值。需求价格弹性系数通常有以下 3 种情况。

$0<E<1$，即需求缺乏弹性。表示价格的变动只会引起需求量微小的变化。如果企业生产和经营的是需求缺乏弹性的商品，其销售量不会因价格下降而增加，在这种情况下企业不宜采用降价策略。生活必需品，如粮食、蔬菜等属于这种情况。

$E=1$，即需求完全无弹性。表示价格的变动引起需求量相同幅度的变动，是等比例变动，对销售量影响小。这类产品无论提价或降价，销售量都不会有明显变化。

$1<E<+\infty$，即需求弹性大。表示价格变动会引起需求量的大幅度变化，生产经营这类商品的企业，若采用降价策略，销售量会大幅度增加，销售额也会相应增加。奢侈品，如汽车、珠宝、国外旅游等属于这种情况。

需求价格弹性的强弱主要受以下因素影响。

1）商品的需要程度。需要程度高的商品，需求价格弹性小，如生活必需品；需要程度低的商品，需求价格弹性大。

2）商品的替代性。需求价格弹性与商品替代性成正比。商品替代性强，需求弹性就会增大；商品替代性差，即使价格发生波动因为没有替代品，需求量也不会发生明显变化。

3）商品供求状况。商品供大于求时，价格降低，销售量增加，需求价格弹性较强。但供大于求的商品如果是老化产品，技术性能落后，即使价格降低，销售量也不会明显

增加，此时需求价格弹性较弱。商品供不应求时，价格在一定限度内上升，对需求量影响不大，需求价格弹性较弱。当价格上升到一定限度后，会对需求产生较强的抑制作用，需求价格弹性较强。

【例 6-1】 某商品原价 35 元，每月销售 100 件，后来店主将价格降到 30 元，每月销售 120 件，则该商品的需求价格弹性系数为多少？适合降价策略吗？

解：

$$|E|=\left|\frac{(Q_1-Q_0)/Q_0}{(P_1-P_0)/P_0}\right|=\left|\frac{(120-100)/100}{(30-35)/35}\right|=1.4$$

$|E|=1.4>1$，适合降价策略。

答：该商品的需求价格弹性系数为 1.4，适合降价策略。

算一算

某企业将其产品的价格从 20 元/件降低了 50%，销售量即从 240 个单位上升到 300 个单位，则该产品的需求价格弹性系数为多少？这样的价格策略合适吗？

四、定价策略

定价策略是市场营销组合中一个十分关键的组成部分。企业定价的目标是促进销售，获取利润。这要求企业既要考虑成本的补偿，又要考虑消费者对价格的接受能力，从而使定价策略具有买卖双方双向决策的特征。

定价策略是指导企业正确定价的行动准则，是企业进行价格竞争的方式，它直接为实现企业的定价目标服务。企业可以根据所处的市场状况和产品销售渠道等不同条件，采取不同的定价策略。

1. 新产品定价策略

（1）撇脂定价策略

所谓撇脂定价策略，是指企业在新产品投入市场时，将价格定得很高，以便在短时期内获得更多利润。此策略的特点是新产品上市需求缺乏弹性，定价高也不会减少需求，会使人产生一种高档产品的印象，还可以通过降低价格排斥竞争者或扩大销售。但是价格过高，丰厚的利润率必然招来竞争对手加入，导致原有市场的丧失。价格高不利于开拓市场，甚至遭到抵制。采用此策略时，企业要对市场需求进行准确的预测。

采取撇脂定价策略的条件：

1）市场有足够的购买者，他们的需求缺乏弹性，即使把价格定得很高，市场需求也不会大量减少。

2）高价使需求减少，但不致抵销高价所带来的利益。

3）在高价情况下，仍然独家经营，别无竞争者。高价使人们产生这种产品是高档产品的印象。

（2）渗透定价策略

渗透定价策略又称薄利多销策略，是指企业在新产品上市初期，将价格定得很低，以便吸引大量顾客，迅速打开市场，扩大销售量，提高市场占有率。此策略的特点是在需求弹性大的市场，低价可以迅速打开市场从大量的销售中取得利润，可以有效阻止竞争者加入，有利于控制市场。但价格低会使投资回收期长，价格变化余地小，有一定的风险性，适用于资金雄厚的大企业。

采取渗透定价策略的条件：

1）市场需求对价格极为敏感，低价会刺激市场需求迅速增长。

2）企业的生产成本和经营费用会随着生产经营经验的增加而下降。

3）低价不会引起实际和潜在的竞争。

（3）满意定价策略

满意定价策略又称平价销售策略，是一种介于撇脂定价策略和渗透定价策略之间的价格策略。满意定价是指将新产品价格定在既让顾客满意，企业又能获得适当利润的一种比较合理的水平，其所定的价格比撇脂价格低，而比渗透价格要高，是一种中间价格。此策略的特点是使用普遍，简便易行，能兼顾生产者、中间商和消费者等多方利益。这种定价策略由于能使生产者和顾客都比较满意而得名，有时它又被称为"君子价格策略"或"温和价格策略"。但是此策略由于过多关注各方面利益，适用于较为稳定的产品。

2. 阶段定价策略

阶段定价策略是指根据产品在生命周期各个不同阶段的特点，采取不同的定价策略。各种产品在生命周期不同阶段的变化规律基本是相同的，但是由于各种产品的特性不同，各阶段的定价要求也有所不同，大致可以分为以下 4 种类型。

（1）价格弹性较大的非生活必需品

这类商品在投入期应将价格定得低一些，实行微利销售甚至贴本销售；进入成长期以后，可以适当提高价格；成熟期采取适当降价措施；在衰退期应进一步降价，使价格低于可销水平，以便清出存货，迅速转产。

（2）生命周期较短、款色翻新较快的时尚性商品

这类商品在短期内供不应求，所以在产品的投入期和成长期应对产品定高价，在成熟期和衰退期要较大幅度削价，以免丧失时机，其损失可由前期的利润加以弥补。

（3）价格弹性较小的一般日用生活必需品和重要生产资料

这类商品宜采用均匀的价格策略，要兼顾企业和消费者利益，在投入期和衰退期可保本微利，在成长期和成熟期利润稍高一些。

（4）高税高利商品

这类商品要求保持较高利润，但其价格也应与各阶段的平均成本变动相适应，保持阶梯形下降的价格水平。

3. 差别定价策略

差别定价策略是指对同一产品针对不同的顾客、不同的市场制定不同的价格的策略。

（1）因顾客而异策略

因顾客而异策略，即企业按照不同的价格把同一种产品或劳务卖给不同的顾客。这是从顾客潜在需求的可能性考虑的，是企业为了吸引潜在购买力大的顾客的定价方法。例如，某汽车经销商按照目标价格把某种型号汽车卖给顾客 A，同时按照较低价格把同一种型号汽车卖给顾客 B。这种价格表明，顾客的需求强度和商品知识有所不同。

（2）因式样而异策略

因式样而异策略，即企业对不同型号或形式的产品分别制定不同的价格，但是，不同型号或型式产品的价格之间的差额和成本费用之间的差额并不成比例。

（3）地点定价策略

地点定价策略，即企业即使在不同地点提供的商品成本是相同的，对于处于不同地点的同一商品也收取不同的价格。例如剧院，虽然不同座位的成本费用都一样，但是不同座位的票价有所不同，这是因为人们对剧院的不同座位的偏好有所不同。

（4）时间定价策略

时间定价策略，即企业对于不同季节、不同时期甚至不同钟点的产品或服务分别制定不同的价格。例如，哈尔滨市洗衣机商场规定，商场的商品从早上 9 点开始，每一小时降价 10%。特别在午休时间及晚上下班时间商品降价幅度较大，吸引了大量上班族消费者，在未延长商场营业时间的情况下，带来了销售额大幅度增加的好效果。

4. 折扣定价策略

价格有基本价格与成交价格之分。前者是指价目表中标明的价格，后者则是指通过减少一部分价格来争取顾客的价格。折扣定价策略是指对基本价格做出一定的让步，直接或间接降低价格，以争取顾客，扩大销量。其中，直接折扣的形式有数量折扣、现金折扣、功能折扣、季节折扣、促销让价，间接折扣的形式有回扣和津贴。

（1）数量折扣

数量折扣是指根据代理商、中间商或顾客购买数量或金额的差异，分别给予不同的折扣，购买数量愈多，折扣愈大。其目的是鼓励顾客长期、大量购买，或集中向本企业购买。

（2）现金折扣

现金折扣又称付款期限折扣，是对在规定的时间内提前付款或用现金付款者所给予的一种价格折扣。其目的是鼓励顾客按期或提前支付欠款，加速资金周转，降低销售费用，减少企业财务风险。折扣大小根据付款期间的利息和风险成本等因素确定。采用现金折扣一般要考虑 3 个因素：折扣比例、给予折扣的时间限制、付清全部货款的期限。如付款期限 1 个月，立即付现折扣 5%，10 天内付现折扣 3%，20 天内付现折扣 2%，最后 10 天内付款无折扣。

（3）功能折扣

功能折扣又称交易折扣，是指中间商为企业进行广告宣传、展销、橱窗布置等推广活动，企业在价格上给予批发企业和零售企业的折扣。折扣的大小因企业在商品流通中的功用不同而不同。对批发商来厂进货给予的折扣一般要大些，零售商来厂进货的折扣低于批发企业。

（4）季节折扣

有些商品的生产是连续的，而其消费却具有明显的季节性。季节折扣就是指对在非消费旺季购买产品的消费者提供的价格优惠。其目的在于鼓励批发商、零售商淡季购买，减少生产的仓储费用，以利于产品均衡生产、均衡上市。例如，啤酒生产厂家对在冬季进货的商业单位给予大幅度让利，羽绒服生产企业则为夏季购买其产品的客户提供折扣。

（5）促销让价

促销让价是指生产企业对经销商为产品推广所进行的各种促销活动给予一定的让价作为报酬。它一般适用于新产品的投入期。

（6）回扣和津贴

回扣是间接折扣的一种形式，它是指购买者在按价格目录将货款全部付给销售者以后，销售者再按一定比例将货款的一部分返还给购买者。津贴是企业为特殊目的，对特殊顾客以特定形式所给予的价格补贴或其他补贴。例如，当中间商为企业产品提供了包括刊登地方性广告、设置样品陈列窗等在内的各种促销活动时，生产企业给予中间商一定数额的资助或补贴。

5. 心理定价策略

心理定价策略是指企业运用心理学的原理，针对消费者购买心理而采用的一类定价策略，主要应用于零售商业。每一件产品都能满足消费者某一方面的需求，其价值与消费者的心理感受有着很大的关系。这就为心理定价策略的运用提供了基础，使得企业在定价时可以利用消费者心理因素，有意识地将产品价格定得高些或低些，以满足消费者生理的和心理的、物质的和精神的多方面需求，通过消费者对企业产品的偏爱或忠诚，扩大市场销售，获得最大效益。

（1）尾数定价策略

尾数定价策略也称零头定价策略或缺额定价策略，即给产品定一个零头数结尾的非整数价格，这是一种具有强烈刺激作用的心理定价策略。大多数消费者在购买产品时，尤其是购买一般的日用消费品时，乐于接受尾数价格，如 0.99 元、9.98 元等。

（2）整数定价策略

整数定价策略与尾数定价策略正好相反，是指企业针对的是消费者的求名、求方便心理，有意将产品价格定为整数，不要零头，由于同类型产品，生产者众多，花色品种各异，在许多交易中，消费者往往只能将价格作为判别产品质量、性能的指示器。整数定价多用于价格较贵的耐用品或礼品，以及消费者不太了解的产品，对于价格较贵的高档产品，顾客对质量较为重视，往往把价格高低作为衡量产品质量的标准之一，容易产生"一分价钱一分货"的感觉，从而有利于销售。

（3）声望定价策略

声望定价策略是整数定价策略的进一步发展，即针对消费者购买商品时"便宜无好货、价高质必优"的心理，对在消费者心目中享有一定声望，具有较高信誉的产品制定高价的策略。不少高级名牌产品和稀缺产品，如豪华轿车、高档手表、名牌时装、名人字画、珠宝古董等，在消费者心目中享有极高的声望价值。购买这些产品的人，往往不在于产品价格，而最关心的是产品能否显示其身份和地位，价格越高，心理满足的程度也就越大。

（4）习惯定价策略

有些产品在长期的市场交换过程中已经形成了为消费者所适应的价格，成为习惯价格。企业对这类产品定价时要充分考虑消费者的习惯倾向，采用"习惯成自然"的定价策略，即习惯定价策略。对消费者已经习惯了的价格，不宜轻易变动，如日用消费品。降低价格会使消费者怀疑产品质量是否有问题；提高价格会使消费者产生不满情绪，导致购买的转移。在不得不需要提价时，应采取改换包装或品牌等措施，减少抵触心理，并引导消费者逐步形成新的习惯价格。

（5）招徕定价策略

招徕定价策略又称特价商品定价策略，是适应消费者求廉的心理，将产品价格定得低于一般市价，个别的甚至低于成本，以吸引顾客、扩大销售的一种定价策略。采用这种策略，虽然几种低价产品不赚钱，甚至亏本，但从总的经济效益看，由于低价产品带动了其他产品的销售，企业还是有利可图的。

（6）分档定价策略

分档定价策略是指把同类商品比较简单地分成几档，每档定一个价格，以简化交易手续，节省顾客时间，如经营鞋袜、内衣等商品。

（7）最小单位定价策略

最小单位定价策略是指企业把同种商品按不同的数量包装，以最小包装单位量制定基数价格，销售时，参考最小包装单位的基数价格与所购数量收取款项。一般情况下，包装越小，实际的单位数量商品的价格越高，包装越大，实际的单位数量商品的价格越低。最小单位定价策略能满足消费者在不同场合下的不同需要，如便于携带的小包装食品、小包装饮料等；同时利用了消费者的心理错觉，因为小包装的价格容易使消费者误以为廉，而实际生活中消费者很难也不愿意换算出实际重量单位或数量单位商品的价格。

（8）组合定价策略

组合定价策略是指对相关商品按定的综合毛利率联合定价。对于替代商品，提高畅销品价格降低滞销品价格；对于互补商品，降低购买频率低、需求价格弹性高的商品价格，提高购买频率高而需求价格弹性低的商品价格会取得各种商品销售量同时增加的良好效果。

（9）系列定价策略

系列定价策略是指针对消费者比较价格的心理将同类产品的价格有意识地分档拉开，形成价格系列使各消费者都能在系列定价中找到自己所需的价格。

6. 随行就市的定价策略

随行就市的定价策略又称流行水准定价法，是指在市场竞争激烈的情况下，企业为保存实力采取按同行竞争者的产品价格定价的策略，主要适用于需求弹性比较小或供求基本平衡的商品。该定价策略风险较少，也容易为消费者所接受，是一种很常用的定价策略。

议一议

习惯定价策略与随行就市的定价策略有何区别？

案例思考

电信公司的套餐计划

某省电信公司制定了一项 48 元包月的资费套餐，并且对所有用户适用。该公司认为，按照印象价格和套餐原理，这样既能激发大量新增用户，也能保有存量用户，还能获得 8 元的额外收入。殊不知，这样做的结果除了使自己的高端用户收入全部流失以外，没有带来其他任何好处。

该公司的小灵通套餐的印象价格情况：假设小灵通原资费是 0.2 元/分钟，现在采取 20 元包 30 元的套餐，每分钟的价格降低为 0.133 元。这就是一个典型的印象价格，可以作为卖点有效地吸引用户。对电信运营企业而言，电信运营企业的实际损失只有 3 元左右，小灵通的实际价格不是 0.133 元，而是 0.174 元左右。

小灵通的印象价格大大低于手机，这也是小灵通获得大发展的主要原因之一。但是随着移动和联通日益广泛采用接听免费、单价降低以及行业组网等多种价格策略，小灵通的印象价格优势越来越弱，很多人都认为应该立刻采取措施，降低小灵通的基本资费，保持和手机之间的价差，以维持市场份额。但是这样做的效果实际上不见得好，因为移动的价格策略里面有大量的价格陷阱存在，如指定区域、保底消费、网内网外差别、不同品牌套餐用户之间的转换壁垒、取消手续烦琐等。如果小灵通单纯地降低资费，不仅难以起到有效的竞争作用，而且会造成自身存量收入的大幅度损失，联通的低价策略就是一个很好的前车之鉴。这时候，只能采取印象价格和套餐策略，根据用户偏好制定差异化的套餐资费，大幅度降低印象价格，维持价差，这样既能维持差异化竞争优势，又能保护自己的存量收入。

思考：

1）电信公司的套餐计划是怎么定价的？

2）作为竞争对手的移动公司适合哪种定价策略？

营销实训

实训项目 1　3 分钟的商品信息介绍演练

【实训目标】

1）培养在众人面前敢于讲话的能力。

2）培养在众人面前增强自信和勇气。

【实训内容与组织】

按照实训目标要求，结合学生的特点，建议采用的训练项目演练内容：①介绍自己的来历，问候、姓名、公司简介。②介绍商品信息，名称、价格、主要功能、适用人群、使用方法、注意事项、特点、样式等。其具体步骤为：

1）上台问候。跑步上台，站稳后先对所有人问好，然后做自我介绍。注意展现热情，面带微笑。

2）正式内容演练，即商品信息介绍。注意音量、语速、站姿、介绍顺序、肢体动作等。

3）致谢回座。对所有人致谢后再按教师示意回到座位。

【成果与检测】

1）自我评价（概述实现自我突破的关键和本次活动的自我突破）。

2）小组评价和教师评价（本次自我推销的表现）。

实训项目 2   资料分析

【实训目标】

1）培养分析问题与解决问题的能力。

2）树立正确的价值观。

【实训内容与组织】

根据提供的以下资料，让学生结合所学的知识进行分组讨论。

位于美国加州的一家珠宝店专门经营由印第安人手工制成的珠宝首饰。几个月前，珠宝店进了一批由珍珠质宝石和白银制成的手镯、耳环和项链。该宝石同商店以往销售的绿松石宝石不同，它的颜色更鲜艳，价格也更低。很多消费者还不了解它。对他们来说，珍珠质宝石是一种新的品种。副经理希拉十分欣赏这些造型独特、款式新颖的珠宝，她认为这个新品种将会引起顾客的兴趣，形成购买热潮。她以合理的价格购进了这批首饰，为了让顾客感觉物超所值，她在考虑进货成本和平均利润的基础上，为这些商品确定了较低廉的销售价格。

1个月过去了，商品的销售情况令人失望。希拉决定尝试运用她本人熟知的几种营销策略。例如，希拉把这些珠宝装入玻璃展示箱，摆放在店铺入口醒目的地方。但是，陈列位置的变化并没有使销售情况好转。

在一周一次的见面会上，希拉向销售人员详细介绍了这批珠宝的特性，下发了书面材料，以便他们能更详尽、更准确地将信息传递给顾客。希拉要求销售员花更多的精力来推销这个产品系列。不幸的是，这个方法也失败了。希拉对助手说："看来顾客不接受珍珠质宝石。"希拉准备另外选购其他商品。在去外地采购前，希拉决定减少商品库存，她向下属发出把商品半价出售的指令后就匆忙起程了。然而，降价也没有奏效。

一周后，希拉从外地回来。店主贝克尔对她说："将那批珠宝的价格在原价基础上提高两倍再进行销售。"希拉很疑惑，"现价都卖不掉，提高两倍会卖得出去吗？"

提问：

1）希拉对这批珠宝采取了哪些营销策略？销售失败的关键原因是什么？

2）结合案例，说明影响定价的主要因素、基本定价策略。

2）结合学过的知识，根据提供的问题进行思考与讨论。

3）运用口头表达方式对问题进行陈述。

【成果与检测】

1）你的回答是：

2）自我评价（知识的正确运用与口头表达的能力）。

3）小组评价和教师评价（分析问题、解决问题与口头表达的能力）。

实训项目 3　情境模拟

【实训目标】

1）培养分析问题与解决问题的能力、创新能力与应变能力。
2）树立正确的价值观。

【实训内容与组织】

学生 5 人或 6 人为一组，根据提供的资料，结合所学的知识进行分析问题与解决问题能力、创新能力与应变能力的训练。其具体步骤为：

1）给出以下材料，让学生进行角色扮演。

情境 1：我们笑颜以对，可顾客却毫无反应，一言不发或冷冷回答："我随便看看"。

情境 2：顾客其实很喜欢，但同行的其他人却不买账，说道："我觉得一般，到别处再看看吧。"

情境 3：顾客虽然接受了我们的建议，但是最终没有做出购买决定而离开。

情境 4：我们建议顾客感受一下产品功能，但顾客却不是很愿意。

情境 5：顾客总是觉得特价商品质量有这样那样的问题，我们应当如何消除他的疑虑？

情境 6：你们卖东西的时候都说得好，哪个卖瓜的不说自己的瓜甜呢？

情境 7：顾客看中了一样商品，想买下来送给自己的家人，但却说要把家人带来再决定。

情境 8：如何避免将成功的一次销售被闲逛的客人顺口否决？

情境 9：听完导购介绍后，顾客什么都不说，转身就走，怎么办？

情境 10：顾客进店后看了看说道："东西有点少，没啥好买的。"

2）2 名学生根据提供的材料进行角色扮演，其他学生根据情境进行思考与讨论对策。

3）每小组选出 1 名学生作为负责人出面进行问题解决，其他成员可进行补充。

【成果与检测】

1）你对这问题的方法及过程、询问要点、预计的效果是：

2）结合同学们的做法，你认为最好的解决问题的方法与程序、询问要点是：

3）小组评价和教师评价（分析问题、解决问题与口头表达的能力）。

任务二 定价方法

案例导入

案例 1 "安静的小狗"闹市场

在美国，提起沃尔弗林环球股份公司（以下简称沃尔弗林公司），几乎家喻户晓。它生产的"安静的小狗"牌猪皮便鞋问世时，新产品仅 3 万双，只有一种款式，但配有 11 种不同的颜色，由零售商向全国农村及小城镇推销。为了打开销路，公司改雇了一家广告商。

广告商做的头一件事就是市场测验：把 100 双便鞋无偿地送给 100 位顾客，经 8 周试穿以后，通知顾客说，公司要收回鞋子，顾客想留下也行，但必须付款 5 美元。结果，绝大多数顾客愿把鞋子留下。当然，公司最后并没有真要他们付钱。公司的收获是，它已确切地知道了，顾客是欢迎猪皮便鞋的，而且愿意支付 5 美元的价钱。得到这个消息，沃尔弗林公司便大张旗鼓地开始生产、推销。结果以每双 7.5 美元的价格，销售了几万双"安静的小狗"。

【分析】企业定价能否得到消费者在心理上的认可是企业能否开拓市场、占领市场的重要一环。在这个案例中沃尔弗林公司的新产品上市时，很好地进行了市场价格调研，并根据消费者的需要制定了合理的价格。

案例 2 美国凯特比勒公司的成功之道

美国凯特比勒公司是生产和销售牵引机的一家公司，它的定价方法十分奇特。一般牵引机的价格均在 20 000 美元左右，然而该公司的牵引机却报价 24 000 美元，每台约比同类产品高出 4000 美元，即 20%。可是，它的销路却很好。其中缘由何在呢？原来，他们有一套说服人的妙术。

当顾客上门时，看到报价当然要问，为什么贵公司牵引机价格要比别家高出那么许多呢？这时，公司的经销人员就会拿出账单给顾客算一笔账：

1）20 000 美元，是与竞争者同一型号的机器价格。

2）3000 美元，是因产品更耐用而必须多付的价格。

3）2000 美元，是产品可靠性更好而多付的价格。

4）2000 美元，是本公司服务更佳而多付的价格。

5）1000 美元，是保修期更长多付的价格。

6）28 000 美元，是上述应付价格的总和。

7）4000 美元，是折扣。

8）24 000 美元，是最后价格。

这么一笔账明白地告诉顾客，根本没多收他 1 分钱，而是他花了 24 000 美元买了一台值 28 000 美元的牵引机。加深了顾客对该公司产品性能价格比的理解，使众多消费者宁远多付 40 000 美元。结果是凯特比勒公司的牵引机在市场上十分畅销。

【分析】这个案例告诉我们：作为消费者，都希望自己所购买的东西花钱较少，也更不愿自己所购买的东西是一堆"烂货"。当某企业所提供的产品价格显然高于同类产品时，消费者一定会在心中发问：为什么？是否值得？因此，作为企业，不应当只是定个高价等愿者上钩，而要在这两个方面做大量的有说服力的工作，使消费者心悦诚服地购买高价产品。

📁 相关知识

定价方法是企业在特定的定价目标指导下，运用适当的定价策略，对产品价格进行具体计算的方法。可以归纳为成本导向定价法、需求导向定价法和竞争导向定价法 3 类。

一、成本导向定价法

成本导向定价法是以营销产品的成本为主要依据制定价格的方法，这是最简单、应用相当广泛的一种定价方法。它主要包括以下 3 种具体方法。

1. 成本加成定价法

成本加成定价法是指按产品单位成本加上一定比例的毛利定出销售价，包括完全成本加成定价和进价加成定价。

1）完全成本加成定价的计算公式为

$$产品售价 = 单位完全成本 \times (1 + 成本加成率)$$
$$成本加成率 = (售价 - 进价) / 进货成本 \times 100\%$$

式中，单位完全成本是单位变动成本与平均分摊的固定成本之和。

【例 6-2】某种产品（1000 件）的固定总成本为 40 000 元，变动总成本（25 × 1000 件）为 25 000 元，成本加成率为 10%。该产品定价采用完全成本加成定价法，要求算出产品售价。

解：

$$产品售价 = (25 + 40\,000/1000) \times (1 + 10\%) = 71.5 (元)$$

答：该产品的产品售价为 71.5 元。

2）进价加成定价的计算公式为

$$产品售价 = 进货价格 / (1 - 加成率)$$
$$加成率 = (售价 - 进价) / 售价 \times 100\%$$

【例 6-3】某汽车厂的销售网点销售某型号的汽车，售价为 100 000 元/辆，但实际进货价只有 70 000 元/辆。该产品定价采用成本加成定价法，要求算出加成率。

解：

$$加成率 = (100\,000 - 70\,000)/100\,000 \times 100\% = 30\%$$

答：该汽车厂的销售网点销售某型号汽车的加成率为 30%。

加成率在各行业中有较大区别，加成率的大小与商品的需求弹性和公司的预期盈利有关。一般来说，需求弹性大的商品，加成率应低，以求薄利多销；需求弹性小的商品，加成率应较高。在实践中，各行业往往形成一个为大多数企业所接受的加成率。

成本加成定价法计算简便易行，但缺乏对市场竞争和供求状况的重视，缺乏灵活性。

2. 目标利润定价法

目标利润定价法又称目标收益定价法、目标回报定价法，是根据企业产品总成本和计划总产量（预期销售量），确定一个目标利润率的定价方法。

目标利润定价法的计算公式为

$$单位商品价格 = (总成本 + 目标利润) / 预计销量$$
$$总成本 = 固定成本 + 总变动成本$$
$$目标利润 = 投资额 \times 投资收益率$$

【例6-4】某企业生产一种产品，投资额为300万元，预期投资收益率为12%，预计产量为15万件，假定企业年固定成本消耗为60万元，单位变动成本为6元。单位产品售价达到多少才能实现预期投资收益？

解：

总成本=600 000+6×150 000=1500 000（元）

目标利润=3000 000×12%=360 000（元）

价格=(1500 000+360 000)/150 000=12.4（元）

答：单位产品售价达到12.4元才能实现预期投资收益。

目标利润定价法的优点是可以保证企业既定目标利润的实现。这种方法一般适用于在市场上具有一定影响力的企业、市场占有率较高或具有垄断性质的企业。其缺点是只从卖方的利益出发，没有考虑竞争因素和市场需求的情况。

3. 盈亏平衡定价法

盈亏平衡定价法是利用盈亏平衡点的原理来定价的一种保本定价法。盈亏平衡点又称为保本点、分界点，企业产品销售量达到此点，可实现收支平衡。对盈亏平衡点的理解可以参考图6-1。

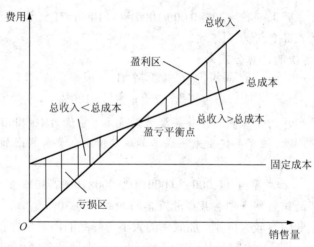

图6-1 盈亏平衡点

在盈亏平衡点时：总收入=总成本。

盈亏平衡定价法的公式为

总成本=总固定成本+单位可变成本×销售量

价格×销售量=固定成本+单位可变成本×销售量

盈亏平衡点销售量(保本销量)=固定成本/(价格-单位变动成本)

盈亏平衡点销售额(保本价格)=固定成本/盈亏平衡点销售量+单位变动成本

【例6-5】某企业某种产品年摊固定成本为15万元，每件产品的单位可变成本为60元，如果年销售量可望达到5000件，其保本价格为多少？

解：

$$保本价格=固定成本/销量+单位可变成本$$
$$=150\ 000/5000+60$$
$$=90（元）$$

答：如果制定高于90元的价格，即可获利。

算一算

某企业生产某日用品，投入固定成本50万元，生产能力为5万元。单位可变成本为25元，单位商品利润为9元，某客户预定该商品4万件，要求其中3万件按原件执行，另外的1万件在原价的基础上打6折，试问该企业是否愿意接受此订单？

二、需求导向定价法

需求导向定价法是指企业在定价时不再以商品的成本为基础，而是根据消费者对商品价值的理解和需求强度及对价格的承受能力来定价的方法。它主要包括以下 4 种具体方法。

1. 理解价格定价法

理解价格定价法是根据消费者对商品价值的理解，即消费者的价值观念来定价的方法。消费者总是选购既能满足其消费需要，又符合其支付标准的商品。所以，企业应善于利用产品质量、特性、服务、广告宣传等来影响购买者，对消费者理解的相对价值有正确的估计和判断。

2. 认知导向定价法

认知导向定价法是根据消费者对企业提供的产品价值的主观评判来制定价格的一种定价方法。

3. 逆向定价法

逆向定价法也称倒推定价法，这种定价方法主要不是考虑产品成本，而是重点考虑需求状况。它是指依据消费者能够接受的最终销售价格，考虑中间商的成本及正常利润后，逆向推算出中间商的批发价和生产企业的出产价格的一种定价方法。其计算公式为

$$出厂价格=市场可零售价格×（1-批零差率）×（1-进销差率）$$

4. 需求差异定价法

需求差异定价法是将不同时间、不同地点、不同产品和不同消费者作为定价依据的一种定价方法，也是企业经常采用的一种方法。如同一种饮料、酒、烟在超市与在饭店的价格明显不同。

三、竞争导向定价法

竞争导向定价法是企业通过研究竞争对手的生产条件、服务状况、价格水平等因素，依据自身的竞争实力，参考成本和供求状况来确定商品价格，以市场上竞争者的类似产品的价格作为本企业产品定价的参照系的一种定价方法。它主要包括以下3种具体方法。

1. 产品差别定价法

产品差别定价法是指企业通过不同营销努力，使同种同质的产品在消费者心目中树立起不同的产品形象，进而根据自身特点，选取低于或高于竞争者的价格作为本企业产品价格。因此，产品差别定价法是一种进攻性的定价方法。

2. 密封投标定价法

密封投标定价法主要用于投标交易。在国内外，许多大宗商品、原材料、成套设备和建筑工程项目的买卖和承包以及出售小型企业等，往往采用发包人招标、承包人投标的方式来选择承包者，确定最终承包价格。投标企业事先根据招标公告的内容，估计竞争者的报价，确定自己的投标价格，密封投标。标的物的价格由参与投标的各个企业在相互独立的条件下来确定。在买方招标的所有投标者中，报价最低的投标者通常中标，它的报价就是承包价格，较好的投标价格应为实现目标利润与较大中标概率两者的最佳均衡。这样一种竞争性的定价方法就称为密封投标定价法。

3. 主动竞争定价法

主动竞争定价法是根据企业产品的实际情况及与竞争者产品的差异来确定产品价格的一种定价方法。产品价格有可能高于、低于或与市场价格一致，一般为实力雄厚或产品独具特色的企业所采用。

议一议

理解价格定价法与认知导向定价法有何区别？

案例思考

案例 1 爱普丽卡的定价方法

爱普丽卡是日本专门生产童车的一家小公司，其产品在日本国内很畅销，1980 年公司将这种产品拿到美国去推销。当时美国市场上也有各种各样的童车，价格最贵的仅为 58 美元一辆，而爱普丽卡童车到美国后，每辆定价高达 200 美元，这一昂贵的价格让人难以接受，美国商人拒绝经销。

爱普丽卡公司没有被严峻的形势所吓倒，他们相信自己童车的质量，坚持不降价竞争，力争在美国市场上树立自己童车的"优质、高档、名牌"的产品形象，以高价高质给美国的消费者造成良好的第一印象。他们坚信美国的消费者终会喜欢他们的产品，且有能力接受这一价格。为此，他们广为宣传，派推销员向消费者介绍产品的优良质地。经过努力，爱普丽卡童车终于在美国市场上打开销路。1981 年爱普丽卡童车在美国市场上销出 5 万辆，以后销量年年上升；1985 年售出 20 万辆，获利润 1800 万美元。

不仅如此，爱普丽卡公司还由于童车质量好，在美国获得了好名声。目前在美国许多州和大城市，爱普丽卡这家小公司已经和丰田等大公司一样为人们所熟悉，爱普丽卡童车已进入美国许多著名的连锁商场。

思考：

1）爱普丽卡童车的定价采用了哪种定价方法？

2）爱普丽卡童车制定的这种定价方法有何特点？

案例 2 醉翁之意

某珠海九洲城里有只 3000 元港币的打火机。许多观光客听到这个消息，无不为之咋舌。如此昂贵的打火机，该是什么样子呢？于是，九洲城又平增了许多慕名前来一睹打火机"风采"的顾客。

这只名曰"星球大战"的打火机看上去极为普通，它真值这个价钱吗？站在柜台前的观光者表示怀疑，就连售货员对此亦不置可否地一笑了之。它被搁置在柜台里很长时间无人问津，但它旁边价格为 3 元港币的打火机却被踊跃购买。许多走出九洲城的游客坦诚相告："我原本是来看那只"星球大战"的，不想却买了这么多东西。"

无独有偶，日本东京都滨松町的一家咖啡屋，竟然推出了 5000 日元一杯的咖啡，就连一掷千金的豪客也大惊失色。然而消息传开，抱着好奇心理的顾客蜂拥而至，往常冷清的店堂一下子热闹了，果汁、汽水、大众咖啡等饮料格外畅销。

思考：

1）珠海九洲城和日本东京都滨松町咖啡屋运用的是一种什么定价方法？

2）这种定价方法的适用条件是什么？

营销实训

实训项目 1 "价"请大声喊出来

【实训目标】

1）培养在众人面前敢于讲话的能力。

2）培养在众人面前增强自信和勇气。

【实训内容与组织】

按照实训目标要求，结合学生的特点，建议采用的训练项目演练内容：①教师呈现一种商品的信息，生产厂家、产品名称、产品性质、主要功能、样式、竞争对手的同类产品价格、市场行情价、产品成本；②学生根据教师提供的信息进行价格竞猜。其具体步骤为：

1）同桌讨论，交流已知的产品信息。

2）正式内容演练，即告诉其他同学自己的报价，并说明原因等。

3）教师呈现这种商品的最终定价，并分析定价原因。

【成果与检测】

1）自我评价（概述实现自我突破的关键和本次活动的自我突破）。

2）小组评价和教师评价（本次自我推销的表现）。

实训项目 2　资料分析

【实训目标】

1）培养分析问题与解决问题的能力。

2）树立正确的价值观。

【实训内容与组织】

根据提供的资料，结合所学的知识进行分析问题与解决问题能力的训练。其具体步骤为：

1）给出以下材料，让学生进行分组讨论。

巴厘克是印度尼西亚久负盛名的服装，深受该国和东南亚其他国家妇女的喜爱。随着社会的发展，人们对服饰的时代感要求增强。一位印度尼西亚青年企业家适应了消费者这一要求，将巴厘克的传统图案革新成现代图案使巴厘克集精美与典雅于一身、娟秀与华丽于一体。一位日本人见到革新后的巴厘克后赞叹不已，告诉这位年轻企业家，如此漂亮的服装在日本市场上会有销路。这位年轻企业家经过准备，带着巴厘克及模特来到日本，举办了一场十分壮观的服装展销活动。许多社会名流、贵妇应邀光临了这场服装展销会，但展销结束时并没有多少人购买巴厘克。年轻的企业家大惑不解，请来日本专家进行咨询。经专家分析后认为问题出在价格上。这种高雅的服装，消费者大多为社会上层的贵妇名流，上层妇女如果穿上这样低价格的服装，会感到脸上无光，并遭人讥笑。听了专家的诊断，年轻的企业家恍然大悟，回去后再次改进巴厘克使其更加光彩照人。次年，当他第二次率领模特来到日本举办巴厘克时装展览时定价比上次高 3 倍，结果他所带的巴厘克很快被抢购一空。

通过巴厘克的案例，你学到了什么？

2）结合学过的知识，根据提供的问题进行思考与讨论。

3）运用口头表达方式对问题进行陈述。

【成果与检测】

1）你的回答是：

2）自我评价（知识的正确运用与口头表达的能力）。

3）小组评价和教师评价（分析问题、解决问题与口头表达的能力）。

实训项目 3　情境模拟

【实训目标】

1）培养分析问题与解决问题的能力、创新能力与应变能力。

2）树立正确的价值观。

【实训内容与组织】

学生 5 人或 6 人为一组，根据提供的资料，结合所学的知识进行分析问题与解决问题能力、创新能力与应变能力的训练。其具体步骤为：

1）给出以下材料，让学生进行角色扮演。

现在有一项基建工程对外招标，吸引了众多企业前来进行竞争投标，买方会选择价格最低的投标者签订合同。因此，企业在报价时必须充分预测竞争对手的报价，制定一套既能中标又有利可图的最佳报价方案，这就需要掌握好中标概率与报价的关系，从而确定最优报价。最优报价分析如表 6-1 所示。

表 6-1　最优报价分析

报价/万元	成本/万元	目标利润/万元	中标概率	预期利润/万元
≤700	600	≤100	60	≤60
≤800	600	≤200	40	≤80
≤900	600	≤300	15	≤45
≤1000	600	≤400	5	≤20
≤1100	600	≤500	2	≤10

2）根据提供的材料进行角色扮演，并根据情境进行思考与讨论对策。2 名学生协助教师组成"招标办公室"，进行数据统计工作。其余学生 5 人或 6 人为一组，每组各自为一个独立的团队。每个团队在规定时间内进行讨论，最后将确定下来的报价交给"招标办公室"。

3）每小组不得互相打听其他小组的报价，并选出 1 名学生作为负责人出面进行问题解决，其他成员可进行补充。

4）"招标办公室"对各小组的报价进行计算和比较，从中选出最低报价和最高利润优胜者各 1 名，进行口头奖励。

【成果与检测】

1）你对这问题的方法及过程、询问要点、预计的效果是：

2）结合同学们的做法，你认为最好的解决问题的方法与程序、询问要点是：

3）小组评价和教师评价（分析问题、解决问题与口头表达的能力）。

实训项目 4　案情讨论与思考

【实训目标】

1）培养分析问题与解决问题的能力。
2）树立正确的价值观。

【实训内容与组织】

根据提供的资料，结合所学的知识进行分析问题与解决问题能力的训练。其具体步骤为：

1）给出以下材料：

香港的周大福用自己独特而张扬个性的营销策略，演绎着周大福珠宝首饰成功拓展的经典。针对珠宝饰品价格这一敏感的问题，在价格策略上，周大福创出了一套有别于其他同行的新路子。

物有所值，是消费者对商品属性的合理要求，也是目标消费者决定是否购买的参照标杆。但在现实交易当中，作为贵重的珠宝首饰，常常有商品价格远远高于商品价值的不正常现象，使消费者对于珠宝饰品是否物有所值充满怀疑，为了解决消费者这一心理障碍，周大福创新性地推出了"珠宝首饰一口价"的销售政策，并郑重声明：产品成本加上合理的利润就是产品的售价。通过"薄利多销"的经营模式，节省了消费者讨价还价的时间，让顾客真正体验货真价实的感受。

周大福较低的采购成本促使了珠宝饰品的物美价廉，从而获得了价格上的优势，使其"货精价实"的形象深入人心，赢得了目标消费群的钟爱与好评。

提问：周大福珠宝采用的定价方法是什么？

2）根据提供的材料进行思考与讨论。

3）每小组（5人或6人为一组）选出1名学生为代表进行陈述，其他成员可进行补充。

【成果与检测】

1）运用所学市场营销理论分析。

2）从中获得的有益启示。

3）小组评价和教师评价（分析问题、解决问题与口头表达的能力）。

任务三　价格调整

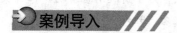案例导入

案例 1　休布雷公司的伏特加酒

休布雷公司在美国伏特加酒的市场上属于营销出色的公司，其生产的史密诺夫酒，在伏特加酒的市场占有率达23%。20世纪60年代，另一家公司推出一种新型伏特加酒，

其质量不比史密诺夫酒差，每瓶价格却比它低 1 美元。按照惯例，休布雷公司有三条对策可选择：

1）降价 1 美元，以保住市场占有率。

2）维持原价，通过增加广告费用和推销支出来与对手竞争。

3）维持原价，听任其市场占有率降低。

由此看出，不论该公司采取上述哪种策略，休布雷公司都处于市场的被动地位。但是，该公司的市场营销人员经过深思熟虑后，却采取了对方意想不到的第四种策略。那就是，将史密诺夫酒的价格再提高 1 美元，同时推出一种与竞争对手新伏特加酒价格一样的瑞色加酒和另一种价格更低的波波酒。

这一策略，一方面提高了史密诺夫酒的地位，另一方面使竞争对手的新产品沦为一种普通的品牌。结果，休布雷公司不仅渡过了难关，而且利润大增。实际上，休布雷公司的上述 3 种产品的味道和成分几乎相同，只是该公司懂得以不同的价格来销售相同的产品的策略而已。

【分析】在这个案例中，休布雷公司这一做法堪称市场营销策略中的"绝活"，它的妙处体现在以下 3 个方面：其一，它使史密诺夫酒从单产品演变成了系列产品，大大提高了产品的声望与地位。其二，它使另一家公司推出的新型伏特加酒在价格上处于休布雷公司产品的"夹击"之中，消费者无论是想喝好一点的伏特加酒还是便宜一点的伏特加酒，或者喝原先水平的伏特加酒，都有可能选购休布雷公司的产品。其三，休布雷公司的这一做法从无差异目标市场策略转向了差异性目标市场策略，这为更为广泛地占领市场奠定了坚实的基础。

案例 2 自动降价，顾客盈门

在美国波士顿城市的中心区，有一家法林自动降价商店，它以独特的定价方法和经营方式而闻名遐迩。

这家自动降价商店里的商品摆设与其他商店并无区别。架子上挂着一排排各种花色、式样的时装，货柜上分门别类地摆放着各类商品，五花八门、应有尽有。商店的商品并非低劣货、处理品，但也没有什么非常高档的商品。

这家商店的商品不仅全部标有价格，而且标着首次陈列的日期，价格随着陈列日期的延续而自动降价。在商品开始陈列的头 12 天，按标价出售，若这种商品未能卖出，则从第 13 天起自动降价 25%。再过 6 天仍未卖出，即从第 19 天开始自动降价 50%。若过 6 天还未卖出，即从第 25 天开始自动降价 75%，价格 100 元的商品，只花 25 元就可以买走。再经过 6 天，如果仍无人问津，这种商品就送到慈善机关处理。

该店利用这种方法取得了极大的成功，受到美国人及外国旅游者的欢迎。从各地到波士顿的人都慕名而来，演员、运动员，特别是妇女，格外喜欢这家商店，波士顿的市民更是这家商店的常客。商店每天接待的顾客比波士顿其他任何商店都多，熙熙攘攘。现在，自动降价商店在美国已有 20 多家分店。

【分析】从这个案例中，法林自动降价商店虽然与其他商店一样，都是在一定幅度内降价，但它更具艺术性，更具吸引力。法林自动降价商店独具匠心，以时间长短来降价，在 1 个月降价 3 次直至免费送到慈善机构为止；3 次降价幅度相同，成等差数列，足以证明其诚意和一贯性、整体性，降价时间前长后短也符合时令商品经营规律。

同时法林自动降价商店用处理价格销售商品，但它并非处理品商店，它也出售名牌产品，价格也比其他店低。这样做，让顾客感觉此店商品质量可靠，增强了其信心。

相关知识

价格调整策略是指企业为某种产品制定出价格以后，并不意味着大功告成。随着市场营销环境的变化，企业必须对现行价格予以适当的调整。

调价前要考虑的几个问题：需求弹性、价格与利润、消费者、竞争对手、总体营销战略和调价方式。

价格调整策略一般有两种情况：一是主动调价，另一种是应变调价。两种调整应采取不同的对策。

一、主动调价

主动调价是指企业在生产经营过程中，由于市场环境和企业内部条件的变化，企业主动实施降价或提价。

1. 主动降价

企业主动调低价格的主要原因有以下 3 个方面。

1）市场竞争激烈，企业为保持或扩大市场份额。

2）该产品供大于求，企业为扩大销售。

3）企业的产品成本费用比竞争者低，想通过降价，提高市场占有率，扩大产品的生产和销售。

企业在主动降价时，要注意选择降价时机：①淡季降价比旺季降价有利；②同一产品降价次数太多会失去市场占有率；③短期内降价不能阻止新品牌的进入；④新品牌降价效果比旧品牌好；⑤在销售量下降时降价效果不理想。

企业主动降价容易提高商品销售量，但也会使平衡的市场被破坏，可能导致同行业竞争加剧，有时也会引起消费者误解。企业对降价后可能出现的问题要做好准备。

2. 主动提价

企业主动提高价格的主要原因是通货膨胀，企业产品成本提高，产品供不应求，产品的包装、款式、性能等有所改进。

企业提高商品价格，可以增加企业效益，但容易引起消费者和经销商的反感。因此，企业提高产品价格时要及时向消费者说明原因。消费者一般对价值较高、购买频率也较高的商品价格变动反应较敏感，而对价值低、不经常购买的小商品价格变动反应不太敏感。

议一议

企业该如何有效、合理地对产品降价？

二、应变调价

在竞争者率先调价的情况下，企业被迫采取措施变动价格，即应变调价。若有企业提价，其他企业可以跟进，也可以不跟进。同质产品市场上，如果一个企业降低，其他企业只能随之降价；而异质产品市场上，对竞争者价格变动的反应有更大的自由度，可以保持价格不变或修改其他市场营销策略，同幅度或不同幅度价格跟进，或价格变动与竞争者相反等。采取哪种价格策略，要根据竞争者和本企业实际情况做认真的研究、分析和比较，以便决策。

1. 研究竞争者的情况

1）竞争者为什么要改变价格？
2）竞争者改变价格是临时的还是长期的？
3）本企业对竞争者调价做出反应后，竞争者和其他企业会采取什么措施？
4）调价的竞争者实力如何？

2. 研究本企业的情况

1）本企业的产品特征、实力如何？
2）本企业跟进调价后，会产生什么效果？
3）企业如果不调价，效果又如何？
经过对竞争者和本企业的情况做认真分析、研究后，就要迅速做出反应。

三、价格变动反应

1. 消费者对价格变动的反应

在一定范围内的价格变动是可以被消费者接受的；提价幅度超过可接受价格的上限，则会引起消费者不满，产生抵触情绪，而不愿购买企业产品；降价幅度低于下限，会导致消费者的种种疑虑，也对实际购买行为产生抑制作用。

在产品知名度因广告而提高、收入增加、通货膨胀等条件下，消费者可接受的价格上限会提高；在消费者对产品质量有明确认识、收入减少、价格连续下跌等条件下，消费者可接受的价格下限会降低。

消费者对某种产品削价的可能反应：产品将马上因式样陈旧、质量低劣而被淘汰；企业遇到财务困难，很快将会停产或转产；价格还要进一步下降；产品成本降低了。对于某种产品的提价则可能这样理解：很多人购买这种产品，自己也应赶快购买，以免价格继续上涨；提价意味着产品质量的改进；这种产品比较畅销，可能会供不应求；企业将高价作为一种策略，以树立名牌形象；卖主想尽量取得更多利润；各种商品价格都在上涨，提价很正常。

2. 竞争者对价格变动的反应

为了保证调价策略的成功，主动调价的企业又必须考虑竞争者的价格反应。没有估计竞争者反应的调价，往往难以成功，至少不会取得预期效果。

如果所有的竞争者行为相似，只要对一个典型竞争者做出分析就可以了。如果竞争者在规模、市场份额或政策及经营风格方面有关键性的差异，则各个竞争者将会做出不同的反应，这时，就应该对各个竞争者分别予以分析。分析的方法是尽可能地获得竞争者的决策程序及反应形式等重要情报，模仿竞争者的立场、观点、方法思考问题。最关键的问题是要弄清楚竞争者的营销目标：如果竞争者的目标是实现企业的长期最大利润，那么，本企业降低，它往往不会在价格上做出相应反应，而在其他方面做出努力，如加强广告宣传、提高产品质量和服务水平等；如果竞争者的目标是提高市场占有率，它就可能跟随本企业的价格变动，而相应调整价格。

在实践中，为了减少因无法确知竞争者对价格变化的反应而带来的风险，企业在主动调价之前必须明确回答以下问题。

1）本行业产品有何特点？本企业在行业中处于何种地位？

2）主要竞争者是谁？竞争对手会怎样理解我方的价格调整？

3）针对本企业的价格调整，竞争者会采取什么对策？这些对策是价格性的还是非价格性的？它们是否会联合做出反应？

4）针对竞争者可能的反应，企业的对策又是什么？有无几种可行的应对方案？

在细致分析的基础上，企业方可确定价格调整的幅度和时机。

议一议

企业产品提价后如何应对竞争品牌的冲击？

案例思考

案例1　别克凯越 Excelle 轿车的价格策略

上海通用汽车推出的别克君威针对的消费者是已经取得成功的领导者。它的主要竞争对手包括爱丽舍、日产阳光、宝来、威驰、福美来、捷达、桑塔纳2000等。在2003年8月上市的别克凯越 LE-MT 豪华版（1.6升手动挡）售价为14.98万元，别克凯越 LS-AT 顶级版（1.8升自动挡）售价为17.98万元。

在市场已经被占领的情况下，别克凯越只有以更好的性价比才可以在市场中占有一席之地。在性能上，别克凯越配置了许多高档车的设备，而在价格上，它在同档次的车型中居中上。

别克凯越的市场定价不高，采用了满意定价的方法，制定不高不低的价格，可以同时兼顾厂商、中间商及消费者的利益，使各方面满意。同时，它采用了尾数定价的技巧，这无疑又为其占领市场建立了好的口碑。别克凯越 1.6 的定价虽然离

15万元只是差了200元，但是消费者在心理上没有突破15万元的心理防线，产生价廉的感觉。而同一档次、性能相近的宝来的售价是15.5万元人民币，使消费者产生价格昂贵的感觉。同时它采取了以数字8为结尾，很符合中国人的习惯，这与大多数轿车生产厂商的定价方法是相同的。目前面对宝来、威驰等主力中级车型的降价，以上海通用一贯的价格策略，别克凯越将会采用提高性能或者实行优惠的政策来变相降价。

别克凯越进入市场3个月内，销量突破了2万辆大关，创造了中国轿车业的奇迹，这和上海通用稳定的价格策略是分不开的。上海通用一般采取一种具有刚性的价格，很少采用降价销售的竞争手段，虽然赛欧一度降价，但总保持了一定的稳定性，避免了品牌知名的下降。对于别克凯越，上海通用同时采用一种满意定价，其价格低于同类车中性能详尽的车型，因此，消费者感到十足的满意。

思考：

为什么别克凯越会采取变相降价的策略？

案例2 "日化教父"宝洁的价格战

跨国公司宝洁刚进入中国时，主要任务是建立高档品牌的形象，不管是偏高的价格还是选择市级电视台投放广告，都是服务于这一目标的。后来，品牌建设的任务基本完成，其战略上开始图谋购买力一般但人数最多的中低档消费群，除了在广告策略上与央视结盟外，价格调整上也频频出招。

2001年，宝洁的三大当家花旦"飘柔""潘婷""海飞丝"平均降价45%，而"汰渍"更是从5.9元降到3.5元，将"奥妙"挑落马下。

2002年，推出低价位的香皂和沐浴液"激爽"，"玉兰油"和"护舒宝"也加入降价的队伍。

2003年11月，推出飘柔日常护理系列（飘柔99），在终端，干脆从宝洁的方阵里"跳"出来，与那些低档次洗发水陈列在一起。

2004年，国际油价暴涨，日化产品原材料上扬，宝洁产品线价格不升反降，"汰渍""碧浪"轮番降价轰炸，电视屏幕上也到处是"汰渍只售两块""护舒宝"从自动售货机往外喷钱的声音和形象……

思考：

1）宝洁产品为什么频频降价？

2）作为竞争对手，联合利华公司应如何应对宝洁的降价？

营销实训

实训项目1 企业如何正确地调价

【实训目标】

1）提高对知识点的理解，培养归纳与整理的能力。

2）培养在众人面前增强自信和勇气。

【实训内容与组织】

按照实训目标要求，结合学生的特点，建议采用的训练项目演练内容：①企业调价的手段；②如何准确地、合适地应对竞争者的调价。

其具体步骤为：

1）学生复习书本的内容，找出关键词。

2）学生简述企业调价的手段。

3）学生分析如何准确地、合适地应对竞争者的调价。

4）教师对学生进行评价，并口头表扬。

【成果与检测】

1）自我评价（概述实现自我突破的关键和本次活动的自我突破）。

2）小组评价和教师评价（本次自我推销的表现）。

实训项目2 资料分析

【实训目标】

1）培养分析问题与解决问题的能力。

2）树立正确的价值观。

【实训内容与组织】

根据提供的资料，结合所学的知识进行分析问题与解决问题能力的训练。其具体步骤为：

1）给出以下的材料，让学生进行分组讨论。

A公司是20世纪90年代后期迅速成长起来的民营家电企业，借助行业发展大势，迅速成为当地的龙头企业。2002年，销售额就达到了5亿元。进入2004年，公司更是不负众望，销售额直抵10亿元。然而，2004年的财务报表一出来，虽然销售额达到了92 458万元，但企业净利润却是 - 8136万元。

造成这种局面的原因是什么呢？是因为这些年公司太过于关注和在乎销售规模与数量的增长，忽视了销售质量和实际利润的增长。因此，"一方面，我们要放缓扩张的步伐，变数量考核为质量考核；另一方面，我们要提高单位产品的售价，使利润得到保证。"

讨论会上，产品经理的一席话，获得了大家的一致认可。公司于是决定，全线产品尤其是主力产品，在同一时间零售价格上调10%~30%。为了配合涨价，市场部做了大量的配套工作化解涨价压力，从专题新闻发布会到大型公关活动，从标准化终端形象改造到产品更换包装，从新产品形象联播到全国大型主题性捆绑促销活动，各项活动全面展开。

但是，胜利在握的公司员工却没有看到往年提前打款、抢购、囤货、买断、包销、脱销、断货的情形，似乎成为被遗忘的对象和角落了。涨价后的5月份，公司的销售同比下滑了60%。公司拥有老百姓认可的品牌、强有力的渠道、优秀的队伍、充分的涨价理由，但在此却第一次遭遇到了"滑铁卢"。

提问：

① 公司的涨价似乎胜利在握，但却失败了，试分析原因。

② 你对A公司的产品涨价有什么好的操作建议？

2）结合学过的知识，根据提供的问题进行思考与讨论。

3）运用口头表达方式对问题进行陈述。

【成果与检测】

1）你的回答是：

2）自我评价（知识的正确运用与口头表达的能力）。

3）小组评价和教师评价（分析问题、解决问题与口头表达的能力）。

实训项目3　情境模拟

【实训目标】

1）培养分析问题与解决问题的能力、创新能力与应变能力。
2）树立正确的价值观。

【实训内容与组织】

学生5人或6人为一组，根据提供的资料，结合所学的知识进行分析问题与解决问题能力、创新能力与应变能力的训练。其具体步骤为：

1）给出以下材料，让学生进行角色扮演。

背景：小老鼠"匆匆"和"嗅嗅"打算把他们的奶酪卖掉，赚点钱。现在他们正在商量如何对奶酪进行定价。

嗅嗅：我想把我们这些奶酪卖了，你说卖个什么价格好呢？

匆匆：当然是价格定得越高越好了，我们要追求利润最大化，赚上一笔。

嗅嗅：能赚大钱当然不错了，可是你说现在外面有没有要买我们奶酪的老鼠啊？

匆匆：现在是冬天，外面能找到的吃的不多了，而且大家都那么喜欢吃奶酪，肯定很多老鼠会买！

嗅嗅：太好了，那我们要把这些奶酪卖掉，大概要花多少钱？

匆匆：我们的奶酪生产成本不是很高，不过要加上搬运费、仓储费，还有我们做广告宣传的费用、我们请临时鼠的工钱。

嗅嗅：看来也需要投资不少钱。那现在外面有没有其他老鼠也卖奶酪的？

匆匆：不多，就只有哼哼和哈哈在卖。虽然他们卖的价格比较低，但是他们卖的奶酪不新鲜，没我们好。

嗅嗅：好，那我们下一步应该怎么做呢？

匆匆：根据目前的情况，我们可以定个高价，再配上高品质的宣传，相信很快就能把它们卖出去！

嗅嗅：好，就这么定吧！我先去好好地用公式算算价格，定个好价钱。

匆匆：那我去做一下宣传，联络一下买家。嗅嗅，我们很快就能赚到我们的第一桶金啦！

一转眼冬天过去了……

嗅嗅：匆匆，匆匆，最近我们的奶酪好像卖得没有上几个月的多了。

匆匆：恩，我打听啦，是哼哼和哈哈他们奶酪的价格降价了。老鼠们都去买他们的奶酪了。

嗅嗅：那要怎么办呢？我看了一下我们的仓库里还有好多奶酪呢。

匆匆：让我想想。

2）2 名学生根据提供的材料进行角色扮演，其他学生根据情境进行思考与讨论对策。

3）每小组选出 1 名学生作为负责人出面进行问题解决，其他成员可进行补充。

【成果与检测】

1）你对这问题的方法及过程、询问要点、预计的效果是：

2）结合同学们的做法，你认为最好的解决问题的方法与程序、询问要点是：

项目小结

通过本项目的学习与实训，写下你的收获。

自我小结：

_____

_____

_____

_____

_____

同学的评价：

_____

_____

_____

_____

教师的评价：

_____

_____

_____

_____

➤ EQ 驿站

比价格

有一次，台北市一家营销玩具的商店进货，同时进了两批玩具小熊，它们的造型与质量几乎不相上下，但产地却不同，一种来自韩国，另一种来自中国香港。因进价相差无几，店老板便让店员都标明售价 6 元出售。

可销售了一段时间之后，无论韩国，还是中国香港，很少有人购买玩具小熊。看着卖不出去的玩具小熊，店老板愁眉不展，都降价吧，显然赔本，而且难保很快都能卖出去。后来，店老板灵机一动，想出了一个办法：让店员把中国香港产的玩具小熊的 6 元标价牌撤掉,换上 10 元的标价牌,韩国产的玩具小熊的标价牌仍维持 6 元不动。

光顾该店的顾客一看,两种玩具小熊并无差别,觉得买韩国的玩具小熊能占 4 元钱的便宜。于是,很多顾客买了韩国的玩具小熊。没过多久,韩国的玩具小熊就卖光了。

店老板见韩国的玩具小熊全卖光了,又让店员把中国香港的玩具小熊标价 10 元的牌子撤掉,换上"减价出售"的牌子:"原价 10 元,现价 6 元。"

光顾该店的顾客一看,降价的幅度这么大,也感到很便宜。没过多久,中国香港产的玩具小熊同样销售一空。

除了玩具标价牌的一升一降之外,并没有其他的任何变化。但这玩具标价牌的一升一降,却调动了顾客积极比较、选择玩具小熊的心理,营造了购销双赢的良好氛围,变"山穷水尽"为"柳暗花明"。

其实,运用价格的升降来刺激消费,并不是什么新高招,而是商家常用的办法。现在,只要进入繁华的商业街,总能听到"跳楼大甩卖""赔本大降价"的高声叫卖,但是能吸引顾客、让顾客信服的不多见,效果好的不多见。台北市这家玩具商店的成功,可以给人以启示。

感悟 "运用之妙,存乎一心。"良好的购销氛围,是必须通过精心策划才可以营造的。

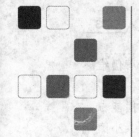

项目七
分销渠道策略

学习目标

1）理解分销渠道的概念、类型及特点。

2）掌握中间商的类型。

3）了解在选择分销渠道时要注意的问题。

4）培养分析问题的能力、良好的语言表达能力。

5）建立自信心，树立创新的思维。

任务一 分销渠道的选择

案例导入

案例 1 中国空调行业分销渠道模式比较

格力模式——厂商股份合作制。格力公司在每个省和当地经销商合资建立销售公司，格力为大股东，董事长由格力方出任，总经理由参股经销商共同推举产生。各经销商的利润来源不是批零差价，而是合资公司的利润分红。省级合资公司的毛利水平最高可达到10%。入股经销商须为当地空调大户，且格力产品占其经营业务的70%以上。格力以统一价格对各区域销售公司发货，所有一级经销商必须从当地销售公司进货，严禁跨区销售。格力总部给产品价格划定一条标准线，各销售公司向下批发时，结合当地实际情况"有节制地上下浮动"。优点：与自建渠道网络相比，节省了大量资金，并降低了风险；消除了经销商之间的价格大战；解决了经销商在品牌经营过程中的短期行为。缺点：股份制销售公司管理的规范性值得商榷；股东发展方向的不统一性；渠道内的利益分配不公；以单纯利益所维系的渠道具有先天的脆弱性。

美的模式——批发商主导模式。美的公司几乎在国内每个省设立了自己的分公司，在地市级城市建立了办事处。在每一个区域市场，美的分公司和办事处通过当地的批发商来管理零售商。美的这种渠道模式的形成，与其较早介入空调行业及市场环境有关，利用这种模式可以从渠道融资，吸引经销商淡季预付款，缓解资金压力。淡季时，经销商向制造商支付预付款，付款较多的大经销商可以得到更多的优惠折扣。优点：降低营销成本；可以利用批发商的资金；充分发挥渠道的渗透能力。缺点：价格混乱；渠道不稳定。

海尔模式——直供模式。海尔公司基本上在全国每个省建立了自己的销售分公司——海尔工贸公司。海尔工贸公司直接向零售商供货并提供相应支持，还将许多零售商改成了海尔专卖店。海尔也使用一些批发商，但是其分销网络的重点不是批发商，而是尽量直接与零售商交易构建属于自己的零售分销体系。优点：掌控零售终端，避免渠道波动，稳定扩大销量；提高企业的利润水平；占据卖场有利位置，在一定程度上限制竞争对手的销售活动；深入终端，有利于品牌形象建设；可以实现精益管理，提高市场应变能力；由于和零售商之间长期稳定的关系，营销成本大大降低。缺点：渠道建设初期需要消耗大量资源，风险较大；收效较慢；管理难度大、成本高。

志高模式——区域总代理制。广东志高空调股份有限公司的前身只是一家空调维修店，从1998年开始生产空调，从零起步，3年时间迅速发展到30万台，远远超过行业平均发展水平，因此其分销渠道模式也广受关注，尤其是一些中小制造商，把志高模式作为他们仿效的对象。志高模式对经销商非常依赖，在各省寻找非常有实力的经销商作为总代理，把全部销售工作委托给总代理商。这个总代理可能是一家公司，也可能由2家或3家经销商联合组成。总代理可以发展多家批发商，也可直接向零售商供货。

【分析】从本案例看出，不同的空调销售公司采取了截然不同的分销渠道，各种分销渠道都有其自身的利弊。在不同的分销模式下，企业在定价、促销模式的选择、售后服务、企业利润等方面大相径庭。企业要根据自身的情况，选择合适的分销渠道。

案例 2　柯尼卡在台湾的渠道销售

照相软片是一个竞争异常激烈的行业，其中柯尼卡以后发品牌的姿态，通过种种营销努力，在短短一两年时间内迅速崛起，使得原本由富士、柯达双雄争霸的软片市场，骤变为三足鼎立之势，其市场占有率扶摇直上，以超过30%的市场占有率进占亚军宝座，直逼富士龙头老大。这种辉煌战绩被市场人士啧啧称奇，被称为营销异数。在这场柯尼卡取得成功的战役中，渠道的选择扮演着重要的作用。

永准公司自 1974 年接下樱花相纸的代理权，就开始着手建立快速冲印连锁店。由于快速冲印机是冲印店必备的生财器具，根据一般业界习惯，通常跟谁买机器就会加入它旗下的快冲连锁体系，以得到厂商快速便捷的维修服务。永准所代理的 COPAL 快冲机是国内占有率相当高的品牌，因此在它介入市场筹组连锁店时，很容易就可以征召到加盟店。

到了 1976 年年底樱花转变为柯尼卡时，它已拥有 160 多家加盟店，并在陆续换为柯尼卡快冲店（永准提供统一形象的店面规划）之后，才在媒体上大做广告以这 160 多家为基础，永准再接再厉。在短短的时间内，它把加盟店扩充至 300 多家，几乎与富士连锁店的家数不相上下，成为该公司市场活动的一项利器。四处林立的柯尼卡招牌，充分展现出该品牌旺盛的活动力。与此同时，因为掌握这条重要渠道，使得柯尼卡的营销活动得以顺利推展。

不可否认，"它抓得住我"的广告活动相当成功。但是，醒目耀眼、四处林立的柯尼卡看板/招牌，对于消费者的刺激与提醒作用也居功不小，而全省密布的渠道网，也让消费者在受到广告促销的刺激后，随手就可以买到柯尼卡，不会因为买不到而被转牌（例如，此则广告促销的空中轰炸就变成只是空包弹）。

【分析】在现代商品经济条件下，生产和消费在时间、空间、数量、品种结构上相分离，这一切矛盾以及商品所有权的转移和生产者、消费者之间的信息沟通，大都离不开中间商或其他中介机构的媒介，这就是分销渠道的作用。渠道的畅通与否直接关系到企业的产品能否顺利地到达消费者手中。而渠道的畅通与否要看企业怎样与中间商或中介机构建立关系。事实证明，经过扎实的渠道大江耕耘，整个营销努力才得以落实，所以才会有人说，"谁掌握渠道，谁就能赢得营销战争"。在柯尼卡一役里，我们清楚地看到，唯有抓住渠道成员的心，才能顺利抓住消费者。

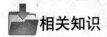相关知识

一、分销渠道的概念

分销渠道是指产品从生产者转移到消费者手里所经过的通道。这种转移一般通过一定的中间环节，如中间商。因此，分销渠道可以理解为产品从生产领域向消费领域转移过程中的所有参与者。

二、分销渠道的类型

1. 直接渠道与间接渠道

根据有无中间商参与交换活动，可以将直接渠道与间接渠道中的所有通道，归纳为两种最基本的销售渠道类型：直接分销渠道和间接分销渠道。

（1）直接分销渠道

直接分销渠道是指生产者将产品直接供应给消费者或用户，没有中间商介入。

直接分销渠道的形式是生产者—用户。该模式是生产资料分销的主要类型。例如，大型设备、专用工具及技术复杂等需要提供专门服务的产品，都采用直接分销。

（2）间接分销渠道

间接分销渠道是指生产者利用中间商将商品供应给消费者或用户，中间商介入交换活动。

间接分销渠道的形式是生产者—中间商（批发商、零售商、经销商、代理商）—个人消费者。该模式是消费品分销的主要类型。

2. 长渠道与短渠道

分销渠道的长短一般按通过流通环节的多少来划分，具体包括以下4层。

1）零级渠道：制造商—消费者。

2）一级渠道：制造商—零售商—消费者。

3）二级渠道：制造商—批发商—零售商—消费者。

4）三级渠道：制造商—代理商—批发商—零售商—消费者。

可见，零级渠道最短，三级渠道最长。

3. 宽渠道与窄渠道

渠道的宽窄取决于渠道的每个环节中使用同类型中间商数目的多少。企业使用的同类中间商多，产品在市场上的分销面广，称为宽渠道。如一般的日用消费品，由多家批发商经销，又转卖给更多的零售商，能大量接触消费者，大批量地销售产品。企业使用的同类中间商少，分销渠道窄，称为窄渠道，它一般适用于专业性强的产品，或贵重耐用的消费品，由一家中间商统包、几家经销。它使生产企业容易控制分销，但市场分销面受到限制。

4. 生产资料销售渠道与消费资料销售渠道

由于我国个人消费者与生产性团体用户消费的主要商品不同，消费目的与购买特点等具有差异性，客观上使我国企业的销售渠道分成两种基本模式：生产资料销售渠道与消费资料销售渠道。

1）生产资料销售渠道的形式有以下几种：生产者—用户、生产者—零售商—用户、生产者—批发商—用户、生产者—批发商—零售商—用户、生产者—代理商—批发商—零售商—用户。

2）消费资料销售渠道的形式有以下几种：生产者—消费者、生产者—零售商—消费者、生产者—批发商—零售商—消费者、生产者—代理商—零售商—消费者、生产者—代理商—批发商—零售商—消费者。

议一议

企业在选择分销渠道时要注意哪些问题？

案例思考

案例 1　安利公司的成功销售

安利公司创办于 1959 年的美国密歇根州。它在全球 70 多个国家和地区通过人员直销的方式销售其以先进科技生产的优质产品，不仅为那些渴望一展所长、改善生活素质的人们提供了发挥潜能、实现理想的事业机会，而且为消费者提供了品质优良的日常生活用品及安坐家中购物的便利。安利公司的直销方式早已赢得全球数以百万计的人的信任和赞赏，建立了稳定的市场。安利公司已成为世界知名的家庭日用品生产商，成为世界上经营最成功、信誉最卓越的直销机构之一，其产品行销世界 70 多个国家和地区。安利公司 1996 年的全球零售额高达 68 亿美元，被美国《财富》杂志评为美国 500 家大型企业第 22 位总资产达 340 多亿美元的公司。同时，它还被评为美国十大海外公司。另外，由于安利公司采取的是直销办法，是现款交易，故公司从不向银行贷款。目前，安利公司在全球共有直销员 300 多万人。美国前总统布什是安利公司的红宝石经销商。

安利公司的产品具有多元性、多用性、实用性、高效性、安全性和重复性。产品主要包括家居及个人清洁剂、营养补品、厨具等共 470 多种，产品的原料主要采用纯天然生物制品。

传统的零售商业有店铺销售，直销则无店铺销售。安利公司的直销员主动了解顾客的需要，为他们介绍合适的产品，示范产品的特点和使用方法，并将产品送到顾客家中，提供亲切、方便的服务。通过直销来销售产品，降低了产品在流通领域的耗费，厂家可把节省下来的资金用于研究新科技、提高产品质量，通过直销员主动接触顾客，较一般企业推销减少了商业气，多了人情味，更有利于产品的销售。同时厂家可以及时收到消费者对商品的反馈意见，从而就产品做出改良。

安利公司的所有直销员均直接向公司申请加入，公司直接面对所有直销员进行有效的监督和管理，重视对直销员的培训，确保直销员队伍的健康发展，保障每一位合法经营的直销员的权益。每一位直销员的认可资格均由公司直接核准，其行为亦受安利公司各项商德守则的约束，应缴的税项由公司代扣代缴，且依据公司统一指定的零售价格售予顾客。安利公司的直销计划以诚为信。

思考：

1）直销方式同店铺营销方式相比有哪些优势？

2）为什么前几年我国的直销业走入歧途，受到国家取缔？

3）直销员要取得成功，必须具备哪些素质？

案例 2　娃哈哈的联销体营销

成立于 1987 年的娃哈哈前身是杭州市上城区的一家校办企业，到 1991 年，创业只有 3 年的娃哈哈产值已突破亿元大关。同年，娃哈哈兼并全国罐头生产骨干企业之一的杭州罐头食品厂，成立杭州娃哈哈集团公司。1996 年娃哈哈与法国达能公司合资。娃哈哈目前为中国最大的食品饮料生产企业、全球第四大饮料生产企业，仅次于可口可乐、百事可乐、吉百利这 3 家跨国公司。其主导产品娃哈哈果奶、AD钙奶、纯净水、营养八宝粥稳居全国销量第一。娃哈哈成功的四大法宝：集权管理提升企业的运作效率；保证金制度捍卫企业资金安全；联销体激发经销商热情；科技创新确保娃哈哈经久不衰、朝气蓬勃。

1987 年，校办企业实行代售制；1989 年，营养食品厂进行第一阶段渠道建设；1991 年，娃哈哈集团成立，进行第二阶段渠道建设；1996 年，实施全国化战略，进行第三阶段渠道建设。娃哈哈是以代售制起家的，既是代售直接指向渠道末端，其缺点是无法形成完整的价值传递网络。到第一阶段时，娃哈哈渠道迅速铺展，与国有的糖醋酒批发公司及其下属的二、三级批发站紧密合作，借用现有的渠道进行推广。到第一阶段后期，农贸市场的兴起冲击了国营糖醋酒批发公司原有的渠道网络，使得娃哈哈的渠道混乱、铺货困难。第二阶段渠道变革，建立自己的营销渠道与各地大客户联手，编制新的渠道网络，营销重心下移，渗透到各个领域。到后期，娃哈哈的举措屡步维艰。从抢食现象到竞争白热化使得经销商与厂商的关系十分微妙。娃哈哈出现了多头经销、冲货现象、暂时停滞引起恐慌降价的现象。第三阶段的全国化战略使得娃哈哈由粗放式的营销经营路线向细化渠道网络方向发展，创造性地导致了联销体模式的产生。娃哈哈各发展阶段的比较如表 7-1 所示。

表 7-1　娃哈哈各发展阶段的比较

发展阶段	渠道战略	渠道成员关系	成效	渠道冲突
第一阶段	单一营销渠道	"你""我"型	快速构建、成本小	一横俱操
第二阶段	传统营销渠道	"你""我"型	产品渗透到各个领域	寻求各自利益最大化、经常串货等
第三阶段	管理式营销渠道	伙伴型	铺货速度、营销安全	水平渠道冲突

娃哈哈渠道现状：渠道结构——联销体。从娃哈哈方面来说可以避免店大欺客、加强对经销商的控制。从经销商方面说可以实现与娃哈哈的共赢，获得稳定的供货商。

渠道变革方向：由原来的经销商—批发商—消费者模式向经销商—消费者模式变迁。变革过程：2009 年，提出缩小现有的经销商的辐射半径、减少其经营品种，同时增加经销商的数量，又提出经销商扩建二级批发商网络，或者经销商自己做终端；2010 年，提出渠道调整，将一部分原来的二级批发商晋升为经销商。优点分析：首先，分销渠道进一步下沉，将有助于娃哈哈把市场做得更透；其次，缩短了渠道的中间环节，对终端市场的变化掌握得更为及时；再次，减少渠道上分钱的人，放出一部分利润来，给新增经销商新的获利机会，有助于娃哈哈培养经销商团队，而不是简单依赖现有的经销商，进而掌握多条分销渠道，将市场控制权进一步掌握在自己的手中。

思考：

1）娃哈哈的分销渠道经历了哪几个变化阶段？

2）娃哈哈的成功之处在哪些方面？

营销实训

实训项目 1　模拟演练——分销渠道策划

【实训目标】

1）培养语言组织和表达的能力。

2）提升团队合作精神。

【实训内容与组织】

1）学生 6~8 人为一组，各组确定成立一家公司并明确公司的经营范围。

2）根据所学知识，确定公司产品的分销渠道，并进行详细的记录。

3）每组学生派代表来展示自己小组的成果。

4）小组互评，找出对方的优点及不足之处。

【成果与检测】

1）你的回答是：

2）自我评价。

3）小组评价和教师评价。

实训项目 2　资料分析——乐华彩电的沉浮史

【实训目标】

1）培养分析及应用能力。
2）提升语言组织与表达能力。

【实训内容与组织】

根据提供的资料，结合所学的知识进行分析问题与解决问题能力的训练。其具体步骤为：

1）给出以下材料，让学生进行分组讨论。

家电行业通过激烈的价格战，形成了专业家电连锁终端商，规模厂家出现，导致行业整体利润率不断下降，行业进入微利时代。这时候在大厂家和强势终端的共同挤压下，中小家电厂家的发展愈发艰难。降低成本、获取利润就成了家电行业迫切需要解决的问题。

2002 年，乐华彩电扮演了彩电渠道变革的急先锋。乐华渠道改革的核心是全面推行代理制。为了完成从渠道自营制到代理制的根本转变，乐华首先对企业结构进行了调整，做好必要调整后，砍掉旗下 30 多家分公司以及办事处，同时对其选定的代理商提出了严格要求——现款拿货。从理论上分析，全面推行代理之后，厂家集中精力搞研发、品牌，代理商做渠道、分销、售后服务，因为现款现货，厂商提高了现金流转速度，还能够节省一大笔自营渠道的运营支出，可谓益处多多。对代理商来说，他们没有账期，没有了厂家的终端和市场支持，风险和压力大增。作为二线彩电品牌，乐华彩电并不具备吸引经销商的足够实力和品牌资源。

　　乐华在调整渠道前预想，可以借助国内新出现的强力家电连锁终端进行销售，继而争取专业代理商进行加盟。在这种思路下，乐华匆匆砍掉了自己自建渠道，从全国各大商场、超市中撤柜，并大量裁撤售后服务人员。乐华的渠道激进很快让自己尝到了苦果。强力家电连锁终端主要集中在一类、二类城市，在这些城市中间，乐华彩电因为不具备强大品牌、对消费者吸引力不强，因此其销售额直线下降。乐华彩电大量裁撤售后服务人员，致使正常的售后服务不能提供。

　　销量锐减切断了乐华彩电的现金流，售后问题则直接打击了消费者和终端商对乐华彩电的信心。2002 年 11 月，曾被乐华彩电寄予厚望的连锁家电销售商对乐华彩电丧失信心，北京国美率先对乐华撤柜。至此，乐华彩电已无力回天。从 5 月到 11 月，半年内乐华彩电就轰然坍塌。

　　2）根据材料分析乐华彩电失败的原因。

【成果与检测】

　　1）你的回答是：

　　2）自我评价。

　　3）小组评价和教师评价。

实训项目3　初入职场——为大凉山苹果设计合适的分销渠道

【实训目标】

1）培养思维逻辑能力。

2）提升语言组织与表达能力。

【实训内容与组织】

1）给出以下资料，让学生根据所学知识为果农设计合适的分销渠道。

大凉山位于山区，该地区产的苹果外表并不光鲜靓丽但是口感极佳。由于交通闭塞、宣传力度不大，苹果的销路成了当地农民头疼的问题。每年一到苹果的收获季，看着漫山的苹果，果农们却无能为力。

2）以4人为单位进行分组。

3）将设计好的分销渠道写成一份完整的资料，每组派代表上台展示。

4）各小组对其他组的方案进行评价，找出对方的优点及不足之处。

【成果与检测】

1）你的回答是：

2）自我评价。

3）小组评价和教师评价。

任务二　中间商的选择

> **案例导入**

案例 1　春兰集团与中间商的相互扶持

江苏春兰集团的受控代理制为渠道合作提供了范例。所谓受控代理制，是指代理商要进货，必须提前将货款以入股方式交春兰集团，然后按全国规定提走货物。这一高明的市场营销战术，有效地稳固了销售网络，加快了资金周转，大大提高了工作效率。当一些同行被"互相拖欠"拖得精疲力竭的时候，春兰却没有一分钱拖欠，几十亿元流动资金运转自如。目前，春兰集团已在全国建立了 13 个销售分公司，同时还有 2000 多家经销商与春兰建立了直接代理关系，二级批发、三级批发加上零售商，销售大军已达 10 万之众。

春兰的成功并非单纯地靠预付货款，首先是靠质量、价格与服务。春兰空调的质量，不仅在全国同行首屈一指，而且可以同国际上最先进的同类产品媲美。其次，无论是代理商还是零售商，都从销售中获得理想的效益，谁也不会做赔本交易。而质量第一流的春兰没有忘记给中间商更多的实惠，公司给代理商大幅度让利，有时甚至高达售价的30%，年末还给予奖励。这一点许多企业都难以做到。再次是服务，空调买回去如何装，出了毛病找谁，春兰为了免除 10 万中间商的后顾之忧，专门建立了一支近万人的安装、调试、维修队伍，他们实行 24 小时全天候服务。顾客在任何地方购买了春兰空调，都能就近得到一流的售后服务。春兰正是靠这些良好的信誉与中间商密切合作的。10 万中间商也给了春兰优厚的回报，他们使春兰空调在国内市场上的占有率达到 40%，在同行各企业中遥遥领先。

【分析】渠道合作是同一渠道中各成员之间的通常行为。渠道乃是不同企业为了相互利益而结成的联盟。本案例中制造商和中间商（批发商、零售商）互相取长补短、各取所需、相得益彰，对每一位参与者来讲，这种合作关系所带来的利益比各行其是大得多。

案例 2　打火机的另类销售

在日本，打火机原先一般都在百货商店或是在附带卖香烟的杂货店里销售。可是，日本九万公司在十几年前推出瓦斯打火机时，就把它交由钟表店销售。如今，日本的钟表店也有是卖打火机的，这在以前是根本没有的现象。钟表店一向被认为是卖贵重物品的高级场所，在这里卖打火机，人们一定会视它为高级品。而在暗淡的杂货店、香烟店里，上面蒙着一层灰尘的打火机和摆在闪闪发光的钟表店中的打火机，这两者给人的印象当然是天壤之别了。九万公司采取在钟表店销售打火机的方式收到了惊人的效果，它的打火机十分畅销。由于采取的是反传统的销售渠道，九万公司的打火机出尽风头，令人们产生了它的打火机非常高级的印象。目前，九万公司的打火机风行到世界的每一个角落。

【分析】本案例中，同是打火机，因为销售的渠道不同使得打火机的价值相差很大。这告诉我们，销售渠道的选择对于营销的成败有着至关重要的作用。企业在经营决策时，要根据企业的定位、产品的特征，选择合适的中间商，从而给企业带来最大化的利益。

相关知识

一、中间商的概念

中间商是指处于生产者与消费者之间，参与商品交换、促进买卖行为发生和实现的具有法人资格的经济组织和个人，也就是把生产者的商品销售给消费者和其他企业的批发商、零售商、代理商。

二、中间商的类型

1）按照中间商是否拥有商品所有权，可将其划分为经销商和代理商。经销商就是在某一区域和领域只拥有销售或服务的中间商。它具有独立的经营机构，拥有商品的所有权，获得经营利润。代理商是代企业打理生意，但并不拥有商品所有权的中间商。

2）按照销售对象的不同，可将中间商分为批发商和零售商。批发商是指向生产企业购进产品，然后转售给零售商、产业用户或各种非营利组织，不直接服务于个人消费者的商业机构，位于商品流通的中间环节。零售商是指将商品直接销售给最终消费者的中间商，是相对于生产者和批发商而言的，处于商品流通的最终阶段。

案例思考

案例 1 另类的成功——耐克

耐克作为一个全球品牌已享有高的知名度，年销售额近 95 亿美元，但它并不拥有自己的生产基地。不设厂，一年却有如此之巨的销售额，这似乎难以置信，但耐克做到了。很多人还没有注意到耐克是一个中间商品牌，这也正是它的核心成功之处。在产品生命周期越来越短的背景下，传统的必须拥有生产基地的做法，其市场的风险很大，耐克以一种新的竞争方式向世人展示了中间商品牌的核心竞争力。

耐克被正式命名是在 1978 年，到 1999 年全球销售额已达 95 亿美元，跨入《财富》500 强行列，超过了原来同行业的领袖品牌阿迪达斯、锐步，并被誉为近 20 年来世界成功的消费品公司。

耐克营销的创新之处，在于它采用中间商品牌路线，为了显示自己在市场方面的核心优势，它没有去建立自己的生产基地，并不自己生产耐克鞋，而是在全世界寻找最好条件的生产商为耐克生产。并且它与生产商的签约期限不长，这有利于耐克掌握主动权。选择生产商的标准是成本低，交货及时，品质有保证。这样，耐克规避了制造业公司的风险，专心于产品的研究与开发，大大缩短了产品的生命周期，快速推出新款式。

耐克的另一营销创新在于其传播。它采用青少年崇拜的偶像如迈克尔·乔丹等进行传播，还利用电子游戏设计耐克的专用游戏。每当新款式推出之后，它请乐队来进行演奏，传播一种变革思想和品质。耐克的传播策略使其品牌知名度迅速提升，建立其高度认同的品牌资产价值。

思考：

1）耐克作为一个中间商品牌，是如何走上成功之路的？

2）耐克的成功给其他企业带来怎样的启示？

案例2 爱普生公司的选择

日本的爱普生公司是制造电脑打印机的大厂家。当时该公司准备扩大其产品线，增加经营各种计算机，该公司总经理杰克·沃伦对现有的经销商颇不满意，也不相信他们有向零售商店销售其新型产品的能力，因此他秘密招聘新的经销商以取代现有的经销商。沃伦雇用了一家名为赫根拉特尔公司的招募公司，并给予下述指示：

1）寻找在经营褐色商品（如电视机等）和白色商品（如冰箱等）方面有两步分销经验（从工厂到分销商到零售商）的申请者。

2）申请者必须具有领袖风格，他们愿意并有能力建立自己的分销系统。

3）他们每年的薪水是8万美元底薪加奖金，提供375万美元帮助其拓展业务，他们每人再出资25万美元，并获得相应的股份。

4）他们将只经营爱普生公司的产品，但可以经销其他公司的软件；同时，每个分销商都配备一名培训经理并经营一所维修服务中心。

招募公司在寻找合作的、目的明确的、有希望的候选人时遇到了很大困难。最终，该公司通过电话簿上用黄纸印刷的商业部分电话号码，得到目前的经销商的名称，通过面试使他们成为正式的经销商。接下来是终止爱普生公司现有的经销商，由于招募是在暗中进行的，因此这些经销商对事态的发展毫无所知。沃伦通知他们将在90天期限内交接工作，他们当然感到震惊，因为他们曾作为爱普生公司最初的经销商与之共事多年，但是他们并没有订立合同。沃伦知道他们缺少经营爱普生公司扩大电脑产品线和进入必要的新流通渠道的能力，他认为除此别无他法。

思考：

1）爱普生公司在选择中间商时，考虑了哪些方面的问题？

2）你认为作为一名合格的中间商需要具备哪些特质？

营销实训

实训项目1 集思广益——为OM公司解决燃眉之急

【实训目标】

1）培养分析问题的能力。

2）提升将理论应用于实践的能力。

【实训内容与组织】

OM 公司最新研发了一种新产品——全新空气净化器，欲打开新市场，OM 公司决定找寻一些中间商来帮助推广产品。

为 OM 公司出谋划策，共同解决以下问题，并记录下来。

1）OM 公司最适合选择哪种类型的中间商？

2）OM 公司在找寻中间商时要注意哪些问题？

【成果与检测】

1）OM 公司最适合选择的中间商：

2）OM 公司在选择中间商时注意的问题：

实训项目 2　资料分析——"酷儿"分销渠道的选择

【实训目标】

1）培养思考及分析的能力。

2）提升逻辑思维及表达的能力。

【实训内容与组织】

1）给出以下资料，让学生进行思考与讨论。

可口可乐旗下的"酷儿"在中国市场选择的目标群体是 6～14 岁的儿童，此举跳出大部分果汁品牌针对女性市场的人群定位。可口可乐用扮相可爱的"酷儿"角色来拉近商品与消费者之间的距离。"酷儿"博得了小孩子的喜爱，成为他们指定购买的果汁品牌。针对直接购买者的家长，可口可乐公司还通过理性诉求强调功能利益点：果汁里添加了维生素 C 及钙,这无疑给注重孩子健康的父母们吃了定心丸,酷儿果汁由此走红。顶着大大的脑袋,右手插着腰,左手拿着果汁饮料,陶醉地说着 "Qoo" 的娃娃在广告和终端活动的推广下,成了家喻户晓的名人,更成为儿童最喜欢的卡通人物。

提问:

① "酷儿" 的目标市场是什么?

② "酷儿" 应该如何设计分销渠道?

2)思考结束后,由 5 名学生上台展示自己的成果。

【成果与检测】

1)"酷儿" 的目标市场是:

2)"酷儿" 可以这样设计分销渠道:

3)对上台展示的学生的成果进行评价,找出其优点及不足之处。

项目小结

通过本项目的学习与实训，写下你的收获。

自我小结：

_____

_____

_____

_____

同学的评价：

_____

_____

_____

_____

教师的评价：

_____

_____

_____

_____

➤ EQ 驿站

猴子爬树

森林里，住着一群猴子。有一天，有两只猴子走出居住地，让一名猎人发现了。那猎人便拿枪追赶那两只猴子。第一只猴子，看到猎人赶来，便转身一跳，跳上了一棵大树。另一只猴子，则在犹豫不决：到底要怎样才能显示我的神通？怎样的跳法才是最好看的呢？在它犹豫不决时，猎人已瞄准朝它开了一枪，猴子当场毙命。

感悟　当我们在销售产品时，最终的目的是成交。有时，我们只要三言两语，就可以完成一桩交易，而不需要口沫横飞，或向顾客显示你的才华。有时，卖弄本事反而会弄巧成拙，破坏交易程序而得不偿失。

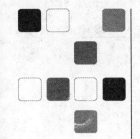

项目八
促 销 策 略

学习目标

1）掌握促销及促销组合的相关概念，理解促销的实质、信息传递方式。

2）了解促销方式的优缺点。

3）了解各大广告媒体的特征，并能为商品选择合适的广告媒体。

4）了解人员推销的特点与方法，并能针对不同的顾客采取适当的推销策略。

5）了解各营业推广的方式，能结合实际判断企业所采用的营业推广方式，并能给企业提出合理的营业推广建议。

6）了解公共关系促销方式，能为背景企业设计公共关系活动。

7）能结合实际要求进行促销方式的选择、运用与组合搭配。

任务一 基本促销方式

案例导入

案例1 本田摩托车广告促销策略

20世纪60年代前期，沉稳平静的美国摩托车市场被一个名不见经传的入侵者搅得天翻地覆。它击败了所有强有力的美国竞争对手，占据了70%的美国摩托车市场。

格雷广告公司被本田雇用来处理在美国市场上的促销事宜，其主要任务是赢得社会公众对本田摩托车及其驾驶者的理解和接受。

本田力图促进"骑摩托车很好玩"这种观念的确立。20世纪60年代前期，广告的基本主题是"假日与本田"和"寻求快乐，请找本田"。为了宣传这个主题，本田还必须改善因一些报刊依然广泛宣传的穿黑皮夹克的摩托车手而给人们造成的不良印象。大多数美国人从来不坐也不驾驶摩托车，对骑摩托车的人印象极差，这成为本田开拓美国市场遇到的巨大障碍。

由于广告宣传活动的大力开展，社会公众最终接受了本田的促销主题："与佳人相会于本田。"早期的广告共表现了9种不同的人物：老人、年轻人、不拘小节的人及一本正经的人等，但他们有一个共性，即他们都是好人，为公众所接受，他们都骑着一辆本田摩托车。一则广告说："与佳人相会于本田，这涉及人的品格问题。它行驶方便，可以信赖。要求也不算高。价格在215美元左右。5分钱的汽油可跑一整天。它是一位难得的朋友，很省钱!你的家庭买一辆怎么样? 全世界最大的卖主。"尽管这则广告的语气很平静，但本田摩托车的全部特征通过"佳人""行驶方便""朋友""家庭"和"省钱"这几个词就都充分体现出来了。

同样主题的广告被用于杂志、电视、电台、报纸、户外招牌、农场刊物以及直邮信件。广告媒介尽量直接针对非传统型的自行车拥有者以及那些从未想到要拥有一辆摩托车的人。广告在《生活》《周六晚报》《体育画报》等报刊上广为宣传。

此外，他们还专门选择最受青年人喜爱的40家电台做商业广告，还在225家大学报刊上登出整版广告，广告词句主要是解答关于校园停车问题，在其他报纸上也刊登了大量广告。为了最大限度地向公众展示本田形象，公司还制定统一的方案，利用广告牌做宣传。

还有一些策略因素促成了本田的成功。通过其"佳人"广告推出了这样一种观念，即骑摩托车的人既潇洒敏捷，又老成持重。美国及欧洲的摩托车制造者也曾通过广告活动促进了整个行业的飞速发展，但像本田这样在极短的时间内促成了社会习俗的改变和社会公众的承认与接受，其大众传播的有效性以及广告技术的高水平，在这些国家尚不多见。

【分析】本案例中，本田公司的目标顾客群体定位为注重个性的16～28岁的年轻人。公司运用了杂志、电视、电台、报纸、户外招牌、农场刊物以及直邮信件等广告媒体做了大量的宣传，收到了较好的广告效果，深深地吸引了广大年轻人，在极短的时间内促成了社会习俗的改变和社会公众的承认与接受，大大促进了本田摩托车的销售。

案例 2 可口可乐的体育赞助

可口可乐赞助体育从 1907 年赞助美国棒球比赛开始，至今已有 100 余年的传统。1928 年，随着 1000 箱可口可乐和参加第 9 届奥运会的美国代表团一道运抵阿姆斯特丹，揭开了可口可乐赞助奥运会的历史篇章。

1. 坚定不移的赞助理念

可口可乐是世界上最先把赞助当作企业营销组合来看待和运作的企业之一。它特别重视赞助。可口可乐通过多年实践，充分意识到仅仅依靠传统的沟通手段已经远远不够，必须建立一种能够置身于公众之中与沟通对象直接对话的机制和通道，其最有效的方法莫过于赞助。其奋斗目标是"哪里有体育，哪里就有可口可乐"。

2. 锁定三大目标沟通对象

首先是经销商。他们是销售可口可乐的商人，遍布世界各个角落，是连接可口可乐和消费者的桥梁。

其次是消费者。他们是可口可乐的顾客，其中特别强调运动员、广大体育锻炼者和爱好者、新闻界以及舆论界。

再次是代理商。可口可乐实行的是代理制，代理商遍布世界许多城市。

3. 坚持体育赞助三大目标

（1）独家现场销售权

独家现场销售权是和广大消费者进行直接对话的最好途径，是可口可乐所有体育赞助都必须争取的首要目标。2000 年悉尼奥运会赛场内外是可口可乐的一统天下，日销售量高达 7 万杯。

可口可乐在独家销售的同时，还坚持对参赛运动员、新闻记者和工作人员无偿提供可口可乐饮料。

（2）将体育形象成功地转移到企业的形象中去

为了确保自身的形象能和体育赞助有机地、紧密地相结合，可口可乐为自己的赞助对象和活动做出了一系列明确的规定，并且有一套严格的审批制度。

（3）坚持接待经销商的制度

如前所述，经销商是可口可乐的第一沟通对象，因此可口可乐坚持，凡是他们所赞助的赛事，都要取得设立接待帐篷的回报，邀请一些重要的经销商和重点联络对象到休息厅叙会。经验表明，在这样的场合和经销商进行一次年度商业会谈以外的接触很有必要。这是可口可乐和重要客商建立感情、商谈业务的一种重要方式。

2001 年 7 月 13 日晚，萨马兰奇刚一宣布北京为 2008 年奥运会举办城市，可口可乐北京分公司就立即开工生产特别纪念金罐装的可口可乐，第二天一早就在北京许多超市出现。该罐以代表喜庆的金、红两色为主调，加上长城、天坛等北京标志建筑以及各种运动画面，此外，罐身图案中央可口可乐液从古典弧形瓶口飞溅而出，上端印有"为奥运牵手，为中国喝彩"等字样，下端则强调"从 1928 年起即为奥运会全球合作伙伴"

的光荣历史。行动之快、寓意之深远、情意之绵长，都令人感叹不已。纪念金罐限量市场 3 万箱共 72 万罐，由于具有很高的纪念意义和收藏价值，上市后不几天就一抢而空。

【分析】可口可乐公司的体育赞助有效地建立起公司与社会公众之间直接对话的机制和通道，锁定代理商、经销商和消费者，让他们成为公司的忠实的粉丝。注重获取体育项目的独家现场销售权，对参赛运动员、新闻记者和工作人员无偿提供可口可乐饮料，取得他们的支持和信任；把所赞助的运动项目的形象转移到可口可乐自身的形象上，以此来美化可口可乐的形象，并把体育融化到整个营销任务中去；邀请经销商和重点联络对象在优雅舒适、轻松愉快的气氛中相互沟通、洽谈业务、联络感情。这些公共关系的做法，都使可口可乐深入人心。

案例 3　御龙塘——餐饮行业微信推广成功案例

御龙塘烤全鱼的主打产品"烤全鱼"采用杭城沿袭数百年的古法秘方，根据江南人民对味觉细腻的考究，推出的烤鱼外焦里嫩，十分酥脆爽口，完全满足了人们对舌尖的欲望，可以说御龙塘正在引领一场味蕾革命。但是，如此好的产品，在当今商业竞争如此激烈的年代，也已经不是"酒香不怕巷子深"了，好东西也需要好的宣传，才能让更多人有口福。御龙塘经过多方考虑，最终选择了与微商会合作。微商会是全国微信推广领域最大的服务商，结合御龙塘的实际情况，制定了以下方案，也正是通过这个方案，让这家烤鱼店短时间迅速爆红于网络。所用的几款微信推广神器，也被业内所津津乐道。其实这个微信推广流程十分简单，总的来说，分为以下 3 步。

第一步，开通微信话费卡。微商会赠送 1.2 万元微信话费给御龙塘餐厅，商圈周边的人群，只需要领取名片大小一样的话费卡，就可以扫描领取微信话费。短短 3 天时间内，每天吸引粉丝 800～1000 名，微信公众平台粉丝数量迅速突破 3000 个，而且都是本地真实的活跃粉丝。

除了微信话费卡，还通过微商会的微信大数据软件及其他推广神器迅速吸引本地精准粉丝。

第二步：当有了足够多数量的本地精准微信粉丝之后，就可以定期通过微信免费推送信息的形式，向粉丝推送御龙塘的微官网（就是企业在微信上展示自己品牌形象及产品的平台。

第三步：静候客户光顾。每天都有很多客户通过微信得知在台州临海市有一家全国有名的微信订餐主题的餐厅，甚至有远道而来的客户。

最重要的就是要做好后续服务，微信推广只能帮助企业吸引到第一次的客户，如果企业希望客户能够长期多次重复消费，就需要靠产品和服务的硬实力了。

从 2014 年 5 月 1 日～6 月 1 日，通过为期 1 个月的微信推广，御龙塘在临海市已经颇有名气。每天的翻座率达到 12 翻。旺季的营业额突破 3 万元/天，许多餐饮行业的老板也慕名前去取经。

【分析】御龙塘烤全鱼餐厅运用微信进行了成功的营业推广。借助微商会平台，运用 1.2 万元微信话费赠送，吸引了许多的微信粉丝；运用微信的免费信息推送，向粉丝很好地展示了本餐厅的产品与服务；运用微信推广吸引了第一次的顾客，依靠产品和服务的实力，吸引并留住了许多老顾客的同时又吸引了更多的新顾客。

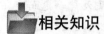

相关知识

一、促销的概念

促销，即促进销售，是企业为了提升产品形象，将企业有关产品的信息通过各种方式传递给消费者，促进其了解、依赖并购买本企业的产品，以达到扩大销售所采取的一系列活动。促销的实质就是信息的沟通。

商家进行促销的目的，主要有扩大市场份额的需要、树立企业在消费者心中的美誉度、与对手的竞争需要等。促销的主要时机：新产品引进市场；既有品牌产品已重大革新；虽是成熟产品，但仍具有竞争优势；重大新闻事件发生时和重大国庆日、假期、店庆等。

二、促销方式

在实践中，促销方式分为 4 种：人员推销、广告、营业推广、公共关系。这四种方式各有所长、各有所短，须根据具体情况加以选择运用。

1. 人员推销

人员推销是企业运用推销人员直接向顾客推销商品和劳务的一种促销活动。在人员推销活动中，推销人员、推销对象和推销品是 3 个基本要求，其中前两者是推销活动的主体，后者是推销活动的客体。

（1）人员推销的基本形式

人员推销有 3 种基本形式：上门推销，即由推销人员携带产品的样品、说明书和订单等走访顾客，推销产品；柜台推销，又称门市推销，是指企业在适当地点设置固定的门市，由营业员接待进入门市的顾客，推销产品；会议推销，是指利用各种会议向与会人员介绍产品，开展推销活动。

（2）人员推销的推销对象

推销对象是人员推销活动中接受推销的主体，是推销人员说服的对象。推销对象有消费者、生产用户和中间商 3 类。

（3）人员推销的策略

推销是实践性的活动，策略因人而异。人员推销的策略主要有以下 3 种。

1）试探性策略，亦称刺激-反应策略。就是在不了解客户需要的情况下，事先准备好要说的话，对客户进行试探。同时密切注意对方的反应，然后根据反应进行说明或宣传。

2）针对性策略，亦称配合-成交策略。这种策略的特点是事先基本了解客户的某些方面的需要，然后有针对性地进行"说服"，当讲到"点子"上引起客户共鸣时，就有可能促成交易。

3）诱导性策略，也称诱发-满足策略。这是一种创造性推销，即首先设法引起客户需要，再说明自己所推销的这种服务产品能较好地满足这种需要。这种策略要求推销人员有较高的推销技术，在"不知不觉"中成交。

2. 广告

广告是指企业（广告主）利用一定的费用，通过一定的媒介，把有关产品和企业的信息传递给广大消费者的一种非人员推销手段。其目的是促使消费者认识、偏爱甚至购买本企业的产品。

广告的意图通常是激发消费者理性或感性方面的冲动。理性的内容是阐明逻辑论据以说服消费者行动，而感性的内容是为了增强信息的逻辑性。

在广告中可运用积极正面的情感诉求方式，让消费者要优待自己、尝试与众不同甚至极不寻常的事物。例如，欧莱雅的"你值得拥有"、麦当劳的"我就喜欢"、拉芳的"爱生活爱拉芳"，还有"钻石恒久远，一颗永流传"等充满情感的广告话语，易于让消费者认识与记住产品。

还可以将幽默融入广告。例如：某音响公司广告——"一呼四应"；某当铺广告——"当之无愧"；某打字机广告——"不打不相识"；某化妆品广告——"趁早下'斑'，请勿'逗'留"。这不仅能加强广告的可读性，而且会使广告的诉求重点更加明确。

广告决策主要包括确定广告目标、广告预算决策、广告信息决策、广告媒介决策、评价广告效果5个方面。

（1）广告目标

广告目标是指企业通过做广告所要达到的直接目的。广告的目标很多，大体上分为3类：告知性广告，即通过广告使消费者了解有关信息，主要适用于产品刚刚投放的市场（如"恒源祥，羊羊羊""早晚一粒龟鳖丸，胜过天天吃甲鱼"）；说服性广告，即通过消费者偏爱和购买企业的产品，大多数广告目标属于这一类，主要适用于产品在成长期的广告（如三星手机的产品外观、造型等展示广告）；提示性广告，即通过提醒消费者采取某种行为，主要适用于产品成熟期的广告（例如，2004年雅典奥运期间的"昆仑轮滑油，与您共赏雅典风云"，1998年世界杯盛典时期的"清晨六粒龟鳖丸，看球工作两不误"）。

议一议

你还能举出哪些广告？这些广告的广告目标是什么？

（2）广告信息表达方式

常用的广告信息表达方式有生活片断、生活方式、幻想、音乐、人格化、技术专长、科学证据、旁证材料等。除了表达方式外，企业还要重视表达信息的语调、语音和格式等。

（3）广告媒体

明确了广告目标，制定了信息表达方式后，企业的下一个任务就是选择广告媒介以传递广告信息。广告媒介也称广告媒体，是指传递广告信息的物质载体，常见的有报纸、杂志、广播、电视、橱窗霓虹灯、路牌、交通工具、印刷品、商品包装等，其中前四种被称为广告四大媒体。各种广告媒体都有自身的优点与缺点，企业在选择广告媒体时，不仅要考虑各种媒体的特点，还要考虑目标市场的媒介习惯、产品的性质、广告的内容、广告费用等。确定了媒体后，还要考虑广告的时间。

议一议

四大广告媒体各有什么优缺点? 除了这四大媒体外, 你还看到过哪些广告媒体?

（4）广告预算与效果评价

广告促销的费用和效果是很多策划人员所头疼的问题，投入不大没效果，投入大了又怕浪费。为此，对广告主来说，量力而行进行广告是至关重要的。

3. 营业推广

营业推广是指企业运用各种短期诱因，鼓励购买或销售企业产品或服务的促销活动。

营业推广策划是对营业推广活动的运筹规划，是在营业推广活动前所进行的创造性思维活动。

（1）营业推广策划应把握的关键点

营业推广策划的重心是迅速促进当前的商品销售，关键是发掘新颖独特的创新思维。在既定的市场上，不同产品的策划重心有所不同：新产品的策划重心是迅速提升产品的知名度，畅销产品的策划重心是强化顾客的购买动机、吸引潜在顾客，滞销产品的策划重心则是迅速脱手、回笼资金。另外，营业推广策划应与其他促销策划有机结合，从而使其发挥更有效的作用。

（2）营业推广形式

针对不同的对象，可采用不同的推广方式。

1）针对消费者的营业推广方式。

① 赠送促销。向消费者赠送样品或试用品，赠送样品是介绍新产品最有效的方法，缺点是费用高。样品可以选择在商店散发，或在其他产品中附送，也可以公开广告赠送，或入户派送。

② 折价券。在购买某种商品时，持券可以免付一定金额的钱。折价券可以通过广告或直邮的方式发送。

③ 包装促销。以较优惠的价格提供组合包装和搭配包装的产品。

④ 抽奖促销。顾客购买一定的产品之后可获得抽奖券，凭券进行抽奖获得奖品或奖金。抽奖可以有各种形式。

⑤ 现场演示。企业派促销员在销售现场演示本企业的产品，向消费者介绍产品的特点、用途和使用方法等。

⑥ 联合推广。企业与零售商联合促销，将一些能显示企业优势和特征的产品在商场集中陈列，边展销边销售。

⑦ 参与促销。通过消费者参与各种促销活动，如技能竞赛、知识比赛等活动，能

获取企业的奖励。

⑧ 会议促销。各类展销会、博览会、业务洽谈会期间的各种现场产品介绍、推广和销售活动。

2）针对中间商的营业推广方式。

① 批发回扣。企业为争取批发商或零售商多购进自己的产品，在某一时期内给经销本企业产品的批发商或零售商加大回扣比例。

② 推广津贴。企业为促使中间商购进企业产品并帮助企业推销产品，可以支付给中间商一定的推广津贴。

③ 销售竞赛。根据各个中间商销售本企业产品的实绩，分别给优胜者以不同的奖励，如现金奖、实物奖、免费旅游、度假奖等，以起到激励的作用。

④ 扶持零售商。生产商对零售商专柜的装潢予以资助，提供 POP 广告，以强化零售网络，促使销售额增加；可派遣厂方信息员或代培销售人员。生产商这样做的目的是提高中间商推销本企业产品的积极性和能力。

4. 公共关系

公共关系是指企业通过各种活动使社会各界公众了解本企业，以取得各类公众的信赖和好感。公共关系的对象是公众，即企业经营管理活动发生直接或间接联系的社会组织和个人。

企业在开展公共关系时，应遵循真实性原则、平等互利原则、整体一致原则和全员公关原则，其活动方式有加强新闻宣传，开展公益性活动，收集、处理与反馈公众意见，建立全方位的联系，组织专题公关活动，建立、健全内部公关制度等。

议一议

结合生活实例，举出 3 种你所遇到的促销活动，并分析采用了哪几种促销方式。

案例思考

案例 1　布鲁斯的推销过程

布鲁斯是专门销售上光用的油漆公司的销售人员，他将要和泰尔公司的采购代表霍顿女士会面。这是布鲁斯第一次与霍顿女士见面。

在预定的时间外足足等了 20 分钟，终于，一位秘书将他带进霍顿的办公室。

布鲁斯：你好，霍顿女士。我是葛林油漆公司的布鲁斯，我想和你谈谈我们的产品。（霍顿女士并没有理睬布鲁斯的微笑，只是指着桌前面的一张椅子。）

霍顿：请坐。我想告诉你我手头现在有 2 个月的存货。而且，泰尔公司已经同那些供货商打了近 3 年的交道。

布鲁斯：（坐下）谢谢！你知道，葛林油漆公司是全国最大的油漆公司之一。我们的服务和价格都是无可挑剔的。

霍顿：你为什么觉得你们的服务优于其他公司呢？

布鲁斯：因为我们对全国的每个销售点都保证在 24 小时内发货，如果我们当地的储备不足，我们会空运供货。我们是业界唯一通过空运的公司。另外，我们的油漆很牢固。你们通常的订货量是多少，霍顿女士？

霍顿：这要看情况而定。布鲁斯，大多数公司都订 1~2 个月的货。你们 1 年之中共用多少油漆？只有看了你们的产品之后，我才想谈订货的问题。

布鲁斯：我明白，我只是想弄清你们的订货量，以便决定对你们的价格折扣。

霍顿：我想，你们的价格和折扣不会比现在的好。我想给你看一份价目单。

布鲁斯：我相信各个厂家之间油漆价格的竞争会很激烈，这是我们最新的价目单，你可以比较。如果把价格与产品质量和服务保证联系起来，你会发现我们的产品很具吸引力。

霍顿：也许吧！

布鲁斯：许多和你们公司类似的公司都不止一家供货单位，这可以保证供货的稳定性，我们愿意成为你们的供货商之一。

霍顿：我只想有一家供货商，这样我可以得到更多的折扣。

布鲁斯：你考虑过两家轮流供货吗？这样你可以获得相同的折扣，并且货源更加充足。

霍顿：让我考虑考虑，把你随身带来的文件留下来，我看看吧。

思考：

1）对布鲁斯的推销过程进行评述。

2）如果你是布鲁斯，你会做得有何不同？

案例 2　借助比较广告，中国移动攻击竞争对手

近来，中国移动"关键时刻，信赖全球通"的广告引起了不少业内人士的注意，不少业内人士表示，这则广告将中国移动的独特优势表现得淋漓尽致。中国移动越来越强烈地感受到来自竞争对手联通的压力。

中国移动这则 60 秒的电视广告由 3 个情节组成：青年作曲家怕手机信号不好，影响与女友的沟通；房地产商表示如果一个电话打不通，可能就耽误了一次重要的生意机会；而北京的梁先生在不久前的一次海难中，凭借全球通手机的出色信号拯救了全船 128 名乘客的生命。

在中国移动的这则广告中，突出了一种最明确的消费利益——手机信号的重要性。2002 年 10 月 6 日，一艘载有 128 名中国游客的越南游船触礁，沉船随时可能发生，游客生命危在旦夕，这时北京游客梁先生依靠他的全球通手机向外界呼救，5 个小时后，128 名游客全部获救。关于这个事件，央视的《东方时空》节目立即进行了报道，形成了一定的传播效果。在《东方时空》节目播出后，中国移动又充分利用这一事件在全国范围内进行了一系列密集的公关活动：免去当事人梁先生向外界呼救花的 5000 元漫游费，赠送一部 Motorola 388 手机，并将其聘为荣誉顾客，颁发全球通俱乐部钻石卡。许多媒体对此进行了跟踪报道，因此中国移动的通信网

络质量好的优势就具备了相当高的新闻可信度。

比较式广告通常与竞争者产生关联，以任何明示或暗示的方法，将自我品牌同其他竞争品牌相比较，以特别突出自我品牌某方面的特性，使受众接受该品牌比对比品牌更优越、更适合目标消费者的主张。因此该种广告形式最容易产生效果，但不好掌握，易引起争端。

在有些国家，比较广告的运用非常普遍。著名的阿司匹林就曾经遭到过泰诺的挑战。泰诺在广告中说："有千百万人是不应当使用阿司匹林的。如果你容易反胃或者有溃疡，或者你患有气喘、过敏或因缺乏铁质而贫血，在你使用阿司匹林前就有必要先向你的医生请教。阿司匹林能侵蚀血管壁，引发气喘或者过敏反应，并能导致隐藏性的胃肠出血。"结果泰诺一举击败了老牌的阿司匹林，成为首屈一指的名牌止痛和退烧药。

我国对比较广告的要求是不得贬低其他竞争者。不过，有时对是否贬低竞争者很难界定，"我只用力士"就属此种情况。因此，对于比较广告来说，表现形式非常重要。当初养生堂在推广"农夫山泉"矿泉水时，就曾运用比较广告，其拍摄的水仙篇电视广告直接对比纯净水和矿泉水的营养价值，一时间，纯净水、矿泉水之争迅速成为媒体热点，结果"农夫山泉"在水市场中，异军突起成为水业新贵。

思考：

1）分析中国移动如何借助比较广告来攻击对手。

2）使用比较广告应注意什么问题？

案例3 美国海尔援建海尔希望小学

2013年4月25日，莱西市马连庄镇李家草泊美国海尔希望小学揭牌仪式举行，海尔集团在全国援建的第165所希望小学建成。

据了解，这不是美国海尔贸易公司第一次参与海尔希望小学工程。此前，美国海尔贸易公司员工拜访了平度祝沟镇海尔希望小学，除了财物捐助外，还通过外教授课等方式与学生近距离互动。业内专家表示，海尔在践行企业社会责任的同时，还将这种公益行为带到海外，影响并引导海外员工积极参与中国公益事业的建设。

公益事业的建设需要企业的持续投入，只有实现良好发展的企业才有能力持续支持公益事业的发展。出席本次活动的海尔相关负责人表示："经历28年的发展，海尔已经成长为全球大型家电第一品牌，赢得了全球用户的认可。企业的快速发展得益于互联网时代的契机，离不开每一位消费者支持，对我们来讲，这既是成绩，也是责任。"

海尔通过实践"人单合一双赢模式"锻造了持续发展的能力，形成了以利益共同体为基本创新单元的组织架构，快速满足全球用户的需求。据悉，2012年海尔全球营业额达1631亿元，继续保持稳定增长，利润额达到90亿元，这充分显示了在经济低迷期，海尔为用户创造价值的卓越能力。

自1995年援建第一所希望小学以来，海尔一直将支持公益事业的发展作为企业建设的重要内容。截至目前，海尔集团用于社会公益事业的资金和物品总价值已高达5亿余元，其中用于希望工程方面的捐款、捐物共计近7000万元。

思考：

1）美国海尔援建海尔希望小学采用了什么促销策略？

2）这种促销策略在市场竞争中有什么作用？

案例4 青岛啤酒的多方出击促销

青岛啤酒集团2000年进军北京，收购了北京五星双合盛啤酒和北京三环啤酒。燕京奋起反击，安徽的香港华润集团收购了圣泉啤酒集团；山东的银麦啤酒、趵突泉啤酒蚕食市场；连云港的三得利王子啤酒威胁不小。

青岛啤酒采用了多方出击的促销策略：

1. 市政府对外招待指定用酒

彭城啤酒的迅速崛起，让徐州人为之一振，也为本市的企业扭亏创效树立了榜样，从而得到市政府的高度重视。通过公关运作，彭城啤酒被指定为市政府对外接待指定用酒。

2. 赞助"亚洲杯"铁人三项赛

徐州已经成功举办两届"亚洲杯"铁人三项赛。市政府要将此赛事作为徐州对外宣传形象的政治性、长久性的一项赛事举办。徐州人以"铁人精神"自立。铁人赛举办期间，徐州城云集了国内众多的媒体记者，彭城啤酒的品牌形象也随之在全国传播开来。

3. 举办"彭城啤酒杯"徐州旅游形象小姐大赛

大赛是为配合"三会二节"的宣传而举办的，整个大赛持续了2个多月，各大媒体争相报道，彭城啤酒也因此被宣传了2个多月。

4. 开展啤酒文化之夜和夏夜纳凉晚会

夏季开展啤酒文化之夜和夏夜纳凉晚会等与民同乐的公关促销活动已经被彭城啤酒公司定为夏季经常性促销活动。其形式不外乎有奖问答、喝啤酒比赛、歌舞表演等，目的只有一个：拉近与消费者之间的距离，增加企业、产品的亲和力，从而达到培育忠诚消费群体，提高指名购买率的效果。

思考：

1）本案例中的青岛啤酒采用了什么促销策略？

2）这种促销策略在市场竞争战略中具有什么地位？

营销实训

实训项目1 制定人员推销方案

【实训目标】

1）训练团队合作的能力。

2）训练资料分析的能力。

3）培养人员推销策划的能力。

【实训内容与组织】

要求学生依据一定的人员推销形式与主题，为背景企业设计一份人员推销促销方案，并进行简单的展示。

1）搜集经典人员推销案例，并进行欣赏与分析。

2）仔细分析背景企业的以下资料，并进行分组讨论。

近几年来，随着人们生活水平的提高，早期教育的观念不断普及，越来越多的家长开始重视孩子的早期教育。于是，早教班、家庭早教用品等与早教相关的辅导班或产品，就进入家长们的视野。"金宝宝"公司致力于经营销售各种适合0～6岁宝宝的早教产品，如早教故事机、多功能学习桌、玩具、故事书等。

3）以小组为单位给"金宝宝"公司策划并撰写一份人员推销方案，并进行表演展示。

4）评价推销的效果。

【成果与检测】

1）谈谈应该怎样看待人员推销的特点。

2）小组评价和教师评价。

实训项目2 策划广告

【实训目标】

1）训练团队合作能力的。

2）训练资料分析能力的。

3）培养广告策划的能力。

【实训内容与组织】

要求学生依据一定的广告表现形式与主题，为背景企业选择广告媒体，进行广告脚本创作，并能进行简单的广告效果评价与展示。

1）搜集经典广告案例，并进行欣赏与分析。

2）仔细分析背景企业的以下资料，并进行分组讨论。

某电视广告画面：富丽堂皇的王宫，一位国王在宝座上喝着饮料，几个侍臣端着各种饮料。背景上映出"好吃国的故事"字样。

国王："这是本王最爱喝的乳酸饮料，谁能找到更好的乳酸饮料，我就把王位让给他。"

（一位老神仙手持喜乐饮料，飘飘然从天而降至王宫）国王："喜乐！没想到吧。"

3）以小组为单位给"喜乐饮料"策划并撰写一份广告，并进行表演展示。

4）评价广告效果。

【成果与检测】

1）谈谈应该怎样看待广告的创造性和真实性。

2）小组评价和教师评价。

实训项目3 制定营业推广策划方案

【实训目标】

1）训练团队合作的能力。

2）训练资料分析的能力。

3）培养营业推广策划的能力。

【实训内容与组织】

要求学生依据提供的背景资料，运用所学的营业推广知识，选择适当的针对消费者和经销商的推广方式，制定营业推广策划方案。

1）搜集经典营业推广案例，并进行欣赏与分析。

2）仔细分析背景企业的以下资料，并进行分组讨论。

"亲宝宝"公司致力于经营销售各种适合0~6岁宝宝的早教产品，如早教故事机、多功能学习桌、玩具、故事书等。临近"六一"儿童节，本公司决定针对经销商与消费者进行营业推广。

3）以小组为单位给"亲宝宝"公司策划并撰写一份营业推广策划方案，并进行展示。

4）评价营业推广效果。

【成果与检测】

1）针对消费者、经销商和推销人员的营业推广目标各有哪些？

2）小组评价和教师评价。

实训项目 4　制定公共关系的策划方案

【实训目标】

1）训练团队合作的能力。

2）训练资料分析的能力。

3）培养公共关系活动策划的能力。

【实训内容与组织】

要求学生依据公共关系促销活动的原则，为背景企业策划一份公共关系活动的促销方案。

1）搜集经典公共关系案例，并进行欣赏与分析。

2）仔细分析背景企业的以下资料，并进行分组讨论。

"华文"公司是一家生产学生学习用品的公司，小王是这家公司的营销总监，他听说本市一所拥有 1 万多名学生的中职学校要开展游戏型大型运动会，并邀请了电视台、报社等新闻媒体为本次运动会进行宣传报道。他想运用企业名义向本次运动会进行赞助。

3）以小组为单位给"华文"公司策划并撰写一份公共关系的赞助策划，并进行展示。

【成果与检测】

1）结合你的生活经验说说公共关系的形式有哪些。

2）小组评价和教师评价。

任务二 促销组合策略

案例 1 亚马逊书店的促销策略

亚马逊书店是世界上销售量最大的书店。它可以提供 700 万册图书目录，比全球任何一家书店的存书多 15 倍以上。而实现这一切既不需要庞大的建筑，又不需要众多的工作人员，亚马逊书店的 1600 名员工人均销售额为 37.5 万美元，比全球最大的拥有 2.7 万名员工的 Barnes & Noble 图书公司高 3 倍以上。

亚马逊书店的营销活动在其网页上体现得最为充分。在亚马逊书店的网页中，除了人员推销外，其余部分都有体现。

1. 多媒体广告和新闻

在亚马逊书店的书页上，除了不能直接捧到书外，精美的多媒体图片、明了的内容简介和权威人士的书评都可以使人有身临其境的感觉。广告的位置也很合理，首先是当天的最佳书，其次是最近的畅销书介绍，还有读书俱乐部的推荐书，以及著名作者的近期书籍等。不仅在亚马逊书店的网页上有大量的多媒体广告，而且在其他相关网络站点上也可以看到它的广告。例如，在 Yahoo! 上搜索书籍网站时就可以看到亚马逊书店的广告。

该书店的广告还有一大特点就在于其动态实时性。每天都更新的广告版面使得顾客能够了解到最新的出版物和最权威的评论。不但广告每天更换，还可以从 "Check out Amazon.com Hot 100.Updated hourly!" 中读到每小时都在更换的消息。

2. 营业推广

营业推广一般可以分为中间商的交易推广和消费者的营业推广两种。

中间商的交易推广主要是制造商针对中间商采用的促销策略。例如，免费向首次或大额购买的零售商、批发商提供一定数量的产品；组织销售竞赛并奖励购货领先的中间商，等等。在这方面亚马逊书店千方百计地推销自己的网点，不断寻求合作伙伴。由于有许多的合作伙伴和中间商，使得顾客进入其网点的方便程度和购物机会大大增加，它甚至慷慨地做出了以下承诺：只要你成为亚马逊书店的合作伙伴，那么由贵网点售出的书，不管是否达到一定的配额，亚马逊书店将支付给你 15% 的介绍费。

消费者的营业推广的主要目的是鼓励顾客购买产品，通过向各个年龄层的顾客提供赠券或者精美小礼品的方法吸引顾客长期购买本商店的商品。另外，亚马逊书店还为长期购买其商品的顾客给予优惠，这也是一种营业推广的措施。

3. 公共关系

在亚马逊书店的很多地方也体现了这一促销手段。首先，处理好企业和公众的关系。例如，亚马逊书店专门设置了礼品页面，为网上购物的顾客（包括大人和小孩）提供小礼品（这既属于一种营业推广活动，也属于一种公共关系活动）；其次，做好企业和公众的消息沟通，它虚心听取、搜集各类公众以及有关中间商对企业和其商品、服务的反映，并向他们和企业的内部职工提供企业的情况，经常沟通信息；公司还专门为首次上该书店网的顾客提供各种网上使用办法说明的页面，帮助顾客尽快熟悉，这也是一种做好公共关系的方法。

【分析】对于网上营销活动的整体策划活动，网上促销是其中极为重要的一项内容。亚马逊书店是世界上销售量最大的网上运营的书店，在网络营销中成功地通过网页运用了广告、营业推广、公共关系这3种方式进行商品促销，取得了巨大的成功。它每天更新动态实时性广告，从而使顾客第一时间把握新信息；对中间商进行有效的交易推广，对消费者进行长期营业推广；做好与公众的沟通，正确处理与公众的关系，从而促进商品的销售。

案例 2 霞飞化妆品的促销策略

上海霞飞化妆品厂（以下简称霞飞厂）针对促销对象，设计了两种类型的促销组合：①以最终消费者为对象的促销组合。基本策略：以塑造产品形象为目标的广告宣传活动，并辅之以一定的零售点营业推广活动。②以中间商为对象的促销组合。基本策略：以人员促销为主导要素，配合以交易折扣和耗资巨大的年度订货会为主要特征的营业推广活动。

霞飞厂在制定两种促销组合策略的基础上，对促销组合的以下方面做了十分广泛而深入的工作。

在广告方面，广告策划历年由厂长亲自决策。①广告费投入十分庞大，1991年为2 400万元，占当年产值的6%。②广告内容的制作，除聘请著名影星参与外，还把强化企业整体形象作为重点，播映一部以"旭日东升"为主题的电视广告片，同时利用中国驰名商标的优势，强调"国货精品""中华美容之娇"的品质。③在广告媒体的选择方面，因其目标市场是国内广大中低收入水平的消费者，而电视在他们日常生活中占有重要地位，因而把70%的费用用于电视广告，20%的费用用于制作各种形式的城市商业广告和霓虹灯、广告牌，其余10%的费用用于其他形式的广告媒体。

在人员推销方面，全厂产品的销售任务由销售科全面负责，该科建制占全厂总人数的1/10。推销人员实行合同制，每年同厂方签订为期一年的合同。推销人员若不能完成销售指标，第二年即不续签。推销人员的报酬实行包干制，无固定月薪收入，按销售实到货款提取0.5%的费用。推销人员工作实行地区负责制，每一省区配1～3名推销人员。此外，还派出营业员进驻全国各大百货商店的联销专柜，提高推销主动性。

在公共关系方面，每年大约投入120万～150万元，主要公关活动：①召开新闻发布会。例如，1990年在北京人民大会堂召开"霞飞走向世界"新闻发布会，会议地点本身就产生不小的新闻效应。②举办和支持社会公益活动。例如，赞助"全国出租车优质服务竞赛"、上海"夜间应急电话网络"，特别是针对女性对文艺活动的偏好等特点，赞助华东地区越剧大奖赛。

在营业推广方面，霞飞厂对零售环节采取一些常规性的推广活动，创新不大，对批发环节则集中了主要精力，主要包括两类手段：①经常性手段，如交易折扣、促销津贴等；②即时性手段，每年都举办隆重的订货会，既显示企业强大的实力，又进行感情投资，融洽工商关系。

【分析】霞飞厂在市场上的成功是与其运用了正确的市场促销策略分不开的。

霞飞厂设计了针对消费者和中间商的全方位且合理的产品促销组合和积极的实施策略，从而调动了各种促销手段相互配合，形成了"1+1>2"的效应。

在广告促销中，霞飞厂根据化妆品的特点重点做了广告宣传，针对自己的目标市场选择了相应的广告媒体，合理分配了广告预算，强化驰名商标，塑造企业形象，这就造就了广告的长期效应；在人员推销方面，强化了对推销员的管理，增强了人员推销的强度与覆盖面；在公共关系工作中，霞飞厂开展了多种形式的公关活动，提高了企业和品牌的知名度，也提高了自己的美誉度，从而较有效地塑造了文明、可靠的企业与品牌形象；在营业推广上，重视了对中间商的促销力度，组合使用了多种推广方式，也形成了产品促销的有效推动力。

相关知识

一、促销策略

促销策略是市场营销组合的基本策略之一。促销策略是指企业如何通过人员推销、广告、公共关系和营业推广等各种促销方式，向消费者或用户传递产品信息，引起他们的注意和兴趣，激发他们的购买欲望和购买行为，以达到扩大销售的目的。根据促销手段的出发点与作用的不同，可分为两种促销策略：推式策略和拉式策略。

1. 推式策略

推式策略，即以直接方式，运用人员推销手段，把产品推向销售渠道。其作用过程：企业的推销员把产品或劳务推荐给批发商，再由批发商推荐给零售商，最后由零售商推荐给最终消费者。

该策略适用于：

1）企业经营规模小，或无足够资金用以执行完善的广告计划。

2）市场较集中，分销渠道短，销售队伍大。

3）产品具有很高的单位价值，如特殊品、选购品等。

4）产品的使用、维修、保养方法需要进行示范。

2. 拉式策略

拉式策略，即采取间接方式，通过广告和公共宣传促销策略等措施吸引最终消费者，使消费者对企业的产品或劳务产生兴趣，从而引起需求，主动去购买商品。其作用路线：企业将消费者引向零售商，再将零售商引向批发商，最后将批发商引向生产企业。

该策略适用于：

1）市场广大，产品多属便利品。

2）商品信息必须以最快速度告知广大消费者。

3）对产品的初始需求已呈现出有利的趋势，市场需求日渐上升。

4）产品具有独特性能，与其他产品的区别显而易见。

5）能引起消费者某种特殊情感的产品。

6）有充分资金用于广告。

议一议

推式策略以谁为主要促销对象？拉式策略又以谁为主要促销对象？

二、促销组合策略

促销方式有广告、公共关系、营业推广、人员推销等，企业在实际促销活动中，可采用一种促销方式，也可采用两种或两种以上的促销方式。把几种促销方式有机搭配和统筹运用的过程就称为促销组合。促销组合策略就是各种方式的选择、运用与组合搭配的策略。

三、影响促销组合的因素

促销组合的运用是很复杂的，涉及的因素多，其最基本的影响因素有以下4个。

1. 产品性质

不同性质的产品，其购买要求和使用特点不同，需要采取不同的促销组合。一般从事消费品营销的企业，促销方式依次为广告→营业推广→人员推销→公共关系；而对于从事工业品销售的企业，促销方式依次为人员推销→营业推广→广告→公共关系。

2. 推动或拉引策略

采用推动策略时，人员推动的作用最大；采用拉引策略时，广告的作用更大些。

3. 顾客购买过程

在知晓阶段，以广告和宣传报道为主；在了解阶段，以广告和人员推销为主；在确信阶段，以人员推销和广告为主；在购买阶段，以人员推销为主。

4. 产品生命周期

在投入期阶段，广告和公共关系效果最佳，营业推广也有一定作用；在成长期阶段，广告和宣传报道仍需加强，营业推广可相对减少；到了成熟期应加强营业推广，辅之人员推销，削减广告；进入衰退期，营业推广可继续使用，广告只起提醒性作用。

案例思考

案例 1 以身试"毒",一喝成名

较长一段时间里,在北京的涂料市场上,除了业内人士外,普通的消费者中很少有人知道富亚涂料有限公司(以下简称富亚)。

为了提高品牌知名度、增加销售收入,富亚通过各大媒体爆出猛料:2000年10月10日,富亚涂料在北京建筑文化中心举办一场"家装安全动真格,真猫真狗喝涂料"的产品展示活动。离正式开始时间只有半小时的时候,活动现场已挤满了各大媒体记者和围观群众。由于动物保护协会的代表坚决反对用动物来测试富亚涂料的无毒性,当时富亚涂料公司总经理高级工程师蒋和平先生在崇文区公证处、众多媒体和观众的注目下,当场喝下一杯富亚乳胶漆,以证实富亚涂料的安全无异味、环保健康的特性。"一喝"之间,富亚声名鹊起,"能喝的涂料"一下子成为富亚的代名词。据统计,"喝涂料"事件后,富亚销售量猛增400%之多。自此,富亚由专家性消费品成功转型为大众消费品,默默无闻的富亚尝尽了甜头。

富亚在中高档涂料市场的占有率却没有大的提高,此时,国外涂料企业以6.6%的年平均增长速度"吞噬"着中国涂料市场。据有关资料显示,时至2004年,外资或中外合资的大型涂料企业在中国涂料市场的占有率已达到45%左右,而且几乎垄断了中高档的产品市场。通过市场调研,富亚人发现,这些"外国和尚"大手笔的广告宣传在赢取偌大的市场战绩的过程中扮演着举足轻重的角色。立邦每年投放在中国市场的广告费高达2500万美元,多乐士高达1185万美元。这使富亚高层意识到"酒香也怕巷子深",好产品不"吆喝",等于没有好产品。

2004年9月,富亚高层决定通过广而告之的方式,宣传富亚的健康漆。在广告的促销作用下,富亚健康漆大大提高了知名度,国内很多著名建筑工程都采用了富亚健康漆。富亚还走出国门,走向世界。一位意大利人在看了委内瑞拉大使馆的外墙富亚漆后,立即亲自驱车到富亚健康色彩配色中心,挑选了装修所用的全部内外用涂料。

思考:

1)富亚采取了哪种促销方式提高其品牌知名度和市场销售量?

2)富亚一度在中高档涂料市场失利的原因是什么?

3)富亚又是通过什么策略在中高档涂料市场提高市场占有率的?

案例 2 西塘老酒是怎样从"丑小鸭"变成"白天鹅"的

黄酒,有着世界三大古酒之一的美名,然而,长久以来,黄酒的市场表现却难负其名。在人们的心目中,黄酒始终不及白酒的尊贵地位。

2006年,一支黄酒品牌的崛起,打破了黄酒行业的传统营销法则。浙江嘉善黄酒旗下的西塘老酒,通过1年左右的整合营销传播,摆脱了嘉善黄酒的陈旧感,销

量节节攀升，产品进入中、高端市场。

2006 年年初，西塘老酒为把自己打造成嘉善黄酒中的"新贵族"，采取了捆绑古镇文化，借助公关事件发力，创造了"新黄酒行销模式"。"千年古镇，百年陈酿"，使西塘老酒跨入黄酒品牌中的"中产阶级阵营"。

随后，西塘老酒又发起了一系列的促销活动。2006 年 3 月初，中国旅游小姐决赛将在西塘举办，西塘老酒在活动前夕和进行期间展开了一系列巧妙的推广手段。在西塘镇公路的入口处，西塘老酒的广告扑面而来，达到了"西塘未到酒先到，美景未见人先醉"的效果。在旅游景点处设立了西塘老酒专卖店，使西塘老酒成为古镇的文化产品之一，海内外游人将之作为礼物纷纷购买。旅游小姐决赛举行期间，在决赛现场投放广告，同时在各个旅游景点发放品牌宣传页，其效果是随处可以看见拿着西塘老酒的各地游客，使其品牌影响力得到很大程度的提升。

2006 年 4 月 16 日晚，"唱响 2006，走进西塘"大型晚会在西塘盛大开演，同时举行 2006 中国嘉善古镇·西塘国际文化旅游节闭幕式，影响力非常大，中国内地、港台明星纷纷登台。西塘老酒借势促销。在晚会门票的背面印制西塘老酒形象广告，直接影响近 1 万名消费者。晚会现场投放高 2.8 米、宽 6 米的广告牌，晚会前后共发放了 4 万份单页、20 余万份宣传海报，借助晚会的巨大影响力，使其品牌认知度和美誉度再上一个台阶。活动结束几周后，嘉善、嘉兴两地的经销商频频传来喜讯，产品销量大幅抬头，更多的经销商对西塘老酒产生了兴趣，松江、苏州等地的经销商向嘉善黄酒要求合作。

由嘉善县委宣传部、县文广局和丁栅镇联合举办的 2006 浙江丁栅·嘉善田歌节将于 5 月 21 日在丁栅镇拉开序幕。嘉扇黄酒田歌节晚会全场用酒，在晚会现场，西塘老酒投放了巨大的活动背景板广告，同时赞助上海皮影剧团、浙江省歌舞团活动道具。田歌节期间，西塘老酒不仅得到了政府官员的垂青，也得到了各地文艺专家的青睐。

西塘老酒的促销还采用买赠的形式，赠品包括打火机、台卡，以及加送嘉善其他产品等，活动非常简单，经销商反应热烈，终端得到了有效的控制。伴随着西塘老酒走出区域，走向全国，嘉善黄酒将整体迎来品牌新的辉煌期。

思考：

西塘老酒在这一过程中主要采取了哪些促销策略？

营销实训

实训项目　制定促销组合策略

【实训目标】

1）训练团队合作的能力。

2）训练资料分析的能力。

3）培养促销活动策划的能力。

【实训内容与组织】

要求学生依据一定的主题，为背景企业设计一份促销方案，并进行简单的展示。

1）搜集经典运用促销组合进行促销活动的案例，并进行欣赏与分析。

2）仔细分析背景企业的以下资料，并进行分组讨论。

骆驼服饰有限公司（以下简称骆驼公司）成立于2005年，主要负责骆驼品牌发展、骆驼产品生产研发、线下实体店销售等综合业务。骆驼公司的核心产品以高档真皮男鞋为主，兼营时尚休闲女鞋、男女皮包、皮带、户外运动服装，仅鞋类每季新款数量达上千款。它集研发设计、生产制造、营销及出口为一体，目前已在全国建立了3600多家专卖店、专柜，全面覆盖一、二线中心城市的核心消费群体。2010年4月，骆驼品牌进驻淘宝商城，正式宣告布局电子商务战略启动。从淘宝开始，"骆驼"团队轻兵起步。刚开始的时候，没有仓库、没有特别备货、没有专属办公场地，只有1名平面设计和2名客服。艰难起步的"骆驼"网店，每日的访客仅有1000多，1个月才卖了700多双鞋。到2013年"双十一"却取得令人骄傲的战绩：近4亿，同比增幅超过85%。其中骆驼品牌户外类目成功卫冕，拿下"双十一"类目销售三连冠，其中冲锋衣销量全网第一。2015年"双十一"期间骆驼品牌全网销量突破4.2亿，连续5年成为服饰品牌销量冠军。在6年的电商营销中，骆驼公司在每年的"双十一"期间都取得了骄人的业绩，它的发展轨迹对其他品牌也是很好的借鉴。

3）以小组为单位给骆驼公司的"双十一"活动制定一份促销活动策划方案，并进行展示。

4）探讨并完善这份促销方案。

【成果与检测】

1）谈谈除了运用广告、营业推广、公共关系外，还可以采用哪些方式进行网店推销。

2）小组评价和教师评价。

项目小结

通过本项目的学习与实训，写下你的收获。

自我小结：

_____

_____

_____

_____

_____

_____

同学的评价：

_____

_____

_____

_____

_____

_____

教师的评价：

_____

_____

_____

_____

_____

_____

▶ EQ 驿站

两家小店

在一条马路上有两家卖粥的小店，左边一家，右边一家。两家相隔不远，每天的顾客也相差不多，生意都很红火。然而晚上结算的时候，左边这家总比右边那家粥店多出几百元钱的收入。一年之后，左边的小店变成了大店，扩大了规模，而右边的那家还是一年前的老样子。

　　有人对此迷惑不解,有一天,他走进了右边那家粥店,服务员微笑着把顾客迎进去,给他盛好一碗粥,问道:"加不加鸡蛋?"那人说"加"。于是她给顾客加了1个鸡蛋。每进来1个顾客,服务员都要问一句:"加不加鸡蛋?"也有说"加"的,也有说"不加"的,两种情形大约各占一半。

　　又过了几天,那个人又走进了左边那家店里。服务小姐同样微笑着把他迎进去,给他盛好一碗粥,问道:"加1个鸡蛋,还是加2个鸡蛋?"顾客笑了,说:"加1个。"每进来1个顾客,服务员都会问一句:"加1个鸡蛋,还是加2个鸡蛋?"爱吃鸡蛋的就要求加2个,不爱吃的就要求加1个,也有要求不加的,但是这种情形很少。一天下来,左边的这家店就要比右边那家多卖出很多鸡蛋。

　　感悟　　给别人留有余地,更要为自己争取尽可能大的领地。只有这样,才会于不声不响中获胜。销售不仅仅是方法问题,更多的是对消费者心理的了解与把握。

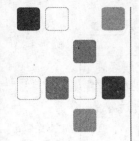

项目九
综合实训

学习目标

1）更进一步地理解营销策略。
2）掌握案例的解题技巧，综合运用营销知识。
3）能综合运用营销知识进行方案策划。
4）提高知识运用的综合能力。
5）培养分析问题与解决问题的能力，提高团队合作意识。

案例思考

案例 1 希尔顿的微笑服务

美国"旅馆大王"希尔顿于 1919 年把父亲留给他的 12 000 美元连同自己挣来的几千元投资出去,开始了他雄心勃勃的经营旅馆生涯。当他的资产从 1500 美元奇迹般地增值到几千万美元的时候,他欣喜而自豪地把这一成就告诉母亲,想不到,母亲却淡然地说:"依我看,你跟以前根本没有什么两样。事实上你必须把握比 5100 万美元更值钱的东西:除了对顾客诚实之外,还要想办法使来希尔顿旅馆的人住过了还想再来住,你要想出这样一种简单、容易、不花本钱而行之久远的办法去吸引顾客。这样你的旅馆才有前途。"

母亲的忠告使希尔顿陷入迷惘:究竟什么办法才具备母亲指出的"简单、容易、不花本钱而行之久远"这四大条件呢?他冥思苦想,不得其解。于是他逛商店、串旅店,以自己作为一个顾客的亲身感受,得出了准确的答案:"微笑服务。"只有它才实实在在地同时具备母亲提出的四大条件。从此,希尔顿实行了微笑服务这一独创的经营策略。每天他对服务员说的第一句话就是:"你对顾客微笑了没有?"他要求每个员工不论如何辛苦,都要对顾客投以微笑,即使在旅店业务受到经济萧条的严重影响的时候,他也经常提醒职工记住:"万万不可把我们心里的愁云摆在脸上,无论旅馆本身遭受的困难如何,希尔顿旅馆服务员脸上的微笑永远是属于旅客的阳光。"

为了满足顾客的要求,希尔顿除了到处充满着"微笑"外,在组织结构上,希尔顿尽力创造一个尽可能完整的系统,以便成为一个综合性的服务机构。因此,希尔顿饭店除了提供完善的食宿外,还设有咖啡厅、会议室、宴会厅、游泳池、购物中心、银行、邮电局、花店、服装店、航空公司代理处、旅行社、出租汽车站等一套完整的服务机构和设施,使得到希尔顿饭店投宿的旅客,真正有一种"宾至如归"的感觉。当他再一次询问他的员工:"你认为还需要添置什么?"时,员工回答不出来,他笑了:"还是一流的微笑!如果是我,单有一流设备,没有一流服务,我宁愿弃之而去,住进虽然地毯陈旧,却处处可见到微笑的旅馆。"

思考:

1)微笑服务体现了一种什么营销观念?

2)这种观念与"我生产什么就卖什么"的观念有何区别?

案例 2 肯德基及时处理苏丹红事件

2005 年 3 月 15 日,上海市相关部门在对肯德基多家餐厅进行抽检时,发现新奥尔良鸡翅和新奥尔良鸡腿堡调料中含有"苏丹红一号"成分。16 日上午,百胜集团上海总部通知全国各肯德基分部"从 16 日开始,立即在全国所有肯德基餐厅停止售卖新奥尔良鸡翅和新奥尔良鸡腿堡两种产品,同时销毁所有剩余调料"。

　　3月16日下午，百胜发表公开声明，宣布新奥尔良鸡翅和新奥尔良鸡腿堡调料中含有"苏丹红一号"，并向公众致歉。百胜表示，将严格追查相关供应商在调料中违规使用"苏丹红一号"的责任。

　　肯德基中国公司的部分产品，含有苏丹红事件在经历了近两周的检测和调查后，肯德基所属的中国百胜餐饮集团总裁苏敬轼2004年3月28日正式公布调查结果：经过各级政府在不同城市对不同原料进行抽检，确认所有问题调料均来自江苏宏芳香料（昆山）有限公司供应给广东中山基快富公司的两批辣椒粉。中国百胜餐饮集团向全国消费者保证，肯德基所有产品都不含苏丹红。

　　肯德基公司此次由于苏丹红问题遭受了重大打击。苏敬轼称，针对苏丹红事件的教训，中国百胜餐饮集团决定采取3项措施防范部分食品生产供应商不能严把食品安全关带来的隐患：一是将在过去的基础上加强原有的检测能力，投资200万元建立一个现代化食品安全检测研究中心，对所有产品及使用原料进行安全抽检，并对中国食品供应安全问题进行研究；二是要求所有主要供应商增加人员，添购必要的检测设备，对所有进料进行食品安全抽检；三是强化选择上游供应商的要求标准，严防不能坚持食品安全的供应商混入供应链。

　　思考：

　　1）面对"苏丹红一号"事件给肯德基带来的环境威胁，百胜集团采取了哪些对策？试用市场营销学的有关原理评价这些措施。

　　2）通过这起事件，你认为企业的营销活动在与其营销环境的适应与协调过程中应注意哪些问题？

案例3　报喜鸟西装的市场细分

　　成立于1996年的报喜鸟集团已连续多年进入全国西服销售收入前10名，主导品牌报喜鸟被认定为"中国驰名商标"。报喜鸟集团组建后，创立品牌成为迫切任务。国内外西服市场品牌竞争激烈。国际知名品牌如BOSS、杰尼亚占据高端；国内知名品牌如雅戈尔、杉杉处在中端；一些区域性品牌占据低端。

　　在经过市场调研后，报喜鸟集团老总吴志泽认为："男性进口名牌服饰优选的面料、新颖的款式吸引了高收入群体，但是中低收入群体无力购买，而国内一些实力雄厚的名牌产品则以一流品质赢得了自己的消费者群体，但在色调选择和款式变化上仍难以满足中高收入阶层中追求时尚的男性消费者。"从细分市场角度看，价位在1800～2000元的中端市场还少有人涉足。由此切入，可以避免同国内实力雄厚的品牌正面竞争，同时这也是有利可图的市场。

　　当时，报喜鸟在全国市场知名度偏低。报喜鸟集团认为，采用明星任达华（曾被评为香港十大杰出衣着男士）代言品牌，强化目标消费者对于报喜鸟是具有一定衣着品位、事业相对成功、较强经济实力人群首选品牌的归属感。

　　报喜鸟集团采取了根据品牌发展阶段性需要不断为品牌代言活动注入新内涵的做法：

　　1）"明星+名师"。报喜鸟集团以百万元年薪聘请意大利名师安东尼奥担任首席工艺师，由此形成了任达华与安东尼奥这样一个组合进行品牌推广活动，展示报喜鸟形象与品质并重的品牌内涵。

2）"明星+名模"。通过参加专业的服装博览会，举办大型流行趋势发布会、时尚发布会等，确立报喜鸟引领时尚的前卫形象，传达"东情西韵、古风新律"的品牌文化风格。

报喜鸟集团采用成本定价策略，不进行产品打折，推出"CS（顾客满意）工程"。"CS工程"的一项重要举措是提供个人量体定制项目，将顾客内在的气质、内涵以及外行的最大优点完美发挥，最大程度地体现个性魅力。报喜鸟的个人量体定制对顾客不收额外费用，尽管成本增加，但这样可以抓住回头客。

报喜鸟集团承诺每年推出一种新的技术产品连续推出新风格西服、挺柔西服、非黏合衬西服等新产品，不断引领潮流，给消费者以最大价值。2001年，组建报喜鸟时尚俱乐部，以"引领时尚，倾心服务"为宗旨，为消费者提供更加完善、细致的服务。在俱乐部会员个人资料的基础上，企业着手建立CRM，数据库营销成为了下一步发展的重点。

思考：

1）报喜鸟集团在早期经营阶段以什么变量进行市场细分？

2）在实践过程中，报喜鸟集团的市场细分和市场定位是否有差异？并解释无差异或有差异的依据。

案例4　新加坡樟宜国际机场的营销策略

有着辉煌历史的新加坡樟宜国际机场在2006年被评为世界最佳机场，多年以来，它一直都是亚洲最繁忙的航空枢纽，接纳了80多家航空公司，每周的经营业务包括飞往50多个国家、180多个城市的4000多班次的航班。它的主要竞争优势在于经营效率、便利措施、环境格调、与顾客的亲和力以及成本效益。然而，近几年来，随着诸如曼谷素旺那普国际机场和迪拜国际机场的崛起，樟宜机场开始面临新的挑战，那就是要保住其领先地位，为此，樟宜机场进行了大量投入。

现在，樟宜机场5个航站楼面积总计1 045 020平方米，5个航站楼能迎合不同需要的旅客，低成本航站楼主要为消费力较低的旅客服务，而1号、2号和3号航站楼主要为普通旅客服务，至于JetQuay航站楼主要为高端旅客服务。机场内共有350家商铺及超过120家餐饮店，充分满足旅客的各种需要。机场内还设有丰富的娱乐设施，如电影院24小时免费放映最新影片，XBOX KINECT室运动体验及XBOX 360 / PLAYSTATION 3精彩游戏等。

思考：

1）樟宜国际机场采用的营销策略是什么？

2）这种营销策略适用于什么情况？有何优缺点？

案例5　"三只松鼠"的产品组合策略

安徽三只松鼠电子商务有限公司（以下简称"三只松鼠"）成立于2012年，是一家以坚果、干果、茶叶等森林食品的研发、分装及网络自有 B2C 品牌销售的现代化新型企业。2012 年"双十一"当天销售额在淘宝、天猫、坚果行业跃居第一名，日销售额近 800 万元，2013 年销量突破 3 亿元。

进入"三只松鼠"的官方首页，我们发现其产品非常多，有坚果/炒货、果干/蜜饯、肉类/熟食、糕点/点心、饼干/膨化、素食/卤味、海味/河鲜、花茶/果茶、传统茶饮等十大类，其中坚果有 100 多种，干果近 40 种，花茶 20 多种。公司的主推产品如下：

1. 折叠坚果系列

1）碧根果：全世界 17 种山核桃之一，属纯野生果类，是集山地之灵气哺育而成，无任何公害污染的天然绿色食品。

2）夏威夷果：又名"澳洲坚果"，被认为是世界上最好的桌上坚果之一。果仁香酥、滑嫩可口，有独特的奶油香味，是世界上品质最佳的食用坚果。

3）吊瓜籽：本名栝楼籽，粒大肉多，含丰富的不饱和脂肪酸、蛋白质和多种氨基酸和微量元素，是食用瓜籽中的上品。

4）腰果：腰果仁是名贵的干果和高级菜肴，含蛋白质达 21%，含油率达 40%，各种维生素含量也很高，为世界"四大坚果"（其他 3 个分别为核桃、扁桃和榛子）之一。

2. 折叠干果系列

1）和田大红枣：个大、皮薄、核小、肉厚、颜好、干而不皱，维生素 C 含量高于苹果的七八十倍，碳水化合物含量比各种蔬菜和其他水果都高，是很好的食补品。

2）若羌灰枣：个小美观，呈椭圆形，肉实质脆，果实圆润饱满，晒干后为深红色，吃后满口余香。若羌枣富含维生素 A、维生素 B_1、维生素 B_2、维生素 B_6、维生素 B_{12}、维生素 C、维生素 P 等，被誉为"天然维生素丸"，并富含人体所必需的 18 种氨基酸和钙、锌、铁、钾、磷、铜等多种矿物质元素。

3）黑加仑葡萄干：生长时间长，天生是黑色的外表，世界少见的葡萄干，无籽肉厚，香醇怡人，有葡萄酒的天然芳香，嚼劲十足。

3. 折叠花茶系列

1）大麦茶：将大麦炒制后再经过沸煮而得，闻之有一股浓浓的麦香，喝大麦茶不但能开胃，也可以助消化，也有减肥的作用。

2）玄米煎茶：玄米茶以大米为原料，经浸泡、蒸熟、滚炒等工艺制成的玄米与绿茶拼配而成的添香保健茶，既保持有茶叶的自然香气，又增添了炒米的芳香，滋味鲜醇、适口，兼具茶叶的保健功能与大米的营养价值。

3）荷叶茶：主要具有分解脂肪、消除便秘、利尿 3 种作用，是一种食品而非药类，因此具有无毒、安全的优点。

4）冻干柠檬片：取 1~2 片放入杯中，适个人口味加糖，开水冲泡 2~3 分钟即可，如遇色泽变化不影响食用。都说柠檬是女人的水果，一个柠檬能令女人从头美丽到脚——美白、减肥、消斑、美齿、美体、美发、去皱。

思考：

1）什么是产品组合？它由哪几个因素组成？"三只松鼠"采用了什么产品组合策略？

2）"三只松鼠"采用了什么品牌策略？这种品牌策略有何优点？

案例6 青岛啤酒的产品线延伸策略

过去，青岛啤酒由于受产量限制，只生产高价位的啤酒，专供国宴、高档宾馆、饭店和出口创汇。久而久之，青岛啤酒竟然成了大众消费者心中可望而不可即的"水中月、镜中花"。随着啤酒饮品在我国的普及推广，各种地方品牌应运而生，啤酒市场也越来越大，相比之下，青岛啤酒由于市场定位"居高不下"，其市场占有率越来越低。而"洋啤"挑战中国啤酒市场看重的就是高档酒市场，因而对青岛啤酒构成的威胁最大。

要生存发展，必须让青岛啤酒真正走进大众消费者心中，于是他们转变观念，确定了"市场需要什么酒，就生产什么酒"的营销观念，制定出了"金字塔"式的市场开拓思路和高中低档啤酒全面出击的市场策略。他们将高档啤酒市场比作"金字塔"的"塔顶"，加以巩固，作为与洋品牌抗争的"武器"；而将大众需要的中低档啤酒市场比作雄浑粗壮的"塔身、塔基"，加以夯实。他们根据"大众酒摊成本，高档酒创效益"的经营策略，制定出立足山东、占领青岛、扩大全国市场占有率的具体目标。为巩固"塔顶"的高档酒市场，集团不惜出重金在全国建立自己的销售网络；为了培育青岛啤酒的大众消费群，他们发挥"产地销"的优势，在青岛和山东地区推出了青岛啤酒大众酒。由于青岛啤酒大众酒依然保留了传统青岛啤酒的纯正口味，一面世就深受消费者的喜爱。从1997年开始，瓶装的青岛啤酒大众酒逐渐遍布岛城的大小商家，每到夏季，散桶装的青岛鲜啤酒更是遍布岛城的大街小巷。

思考：

1）青岛啤酒的营销观念属于哪种营销观念？这种营销观念的具体内容是什么？

2）什么是产品线延伸策略？青岛啤酒的产品线延伸策略属于哪种类型？

3）青岛啤酒的产品线延伸策略有什么优势？

案例7 力士（Lux）——近乎完美的品牌策略

"力士（Lux）"是当今世界著名的香皂品牌，该品牌之所以风靡全球，经久不衰，除了大量用著名影星做广告树立国际形象外，它典雅高贵的名称也为它的发展起了很大的推动作用。甚至可以说，初期的力士能成功，完全依赖于它杰出的命名创意。

在19世纪末，力士所属的英国联合利华公司向市场推出了一种新型香皂。但是这种香皂的品牌名称一直没有确定下来，在最初的一年中曾先后用过"猴牌"与"阳光牌"作为品牌名称。我们不难看出，"猴牌"与香皂没有任何联系，让人感受不到产品的功能价值，并且还会让消费者有不干净的联想；而"阳光牌"虽然有所改进，但却仍落俗套，不能令人有耳目一新的惊艳感觉。所以在第一年里，这种香皂的市场销路一直不好。1900年，联合利华公司在利物浦的一位专利代理人，为这种香皂取了一个令人耳目一新的品牌名称"Lux"，立即得到了公司董事会的同意。名称更换后，产品销量顿时大增，并很快风靡世界。虽然香皂本身并无多大的改进，但"Lux"这一全新的品牌名称确实给商品带来了巨大的利益，因此，可以说力士的成功很大程度上应该归功于品牌的重新命名。直至今日，业内人士仍然认为"Lux"是一个近乎完美的品牌名称，因为它几乎涵盖了优秀品牌名称的所有优点。第一，它只有三个字母，易读易记，简洁醒目，在所有国家的语言中发音基本一致，易于在全世界传播；第二，它来自古典语言"Luxe"，是典雅、高贵之意，它在拉丁语中是"阳光"之意，它的读音和拼写令人很自然地联想到另外两个英文单词"Lucky（幸运）"和"Luxury（华贵）"。无论做何种解释，这个品牌名称都对该产品起到了很好的宣传作用，因为它本身就是一句绝妙的广告词。

　　思考：

　　1）通过阅读以上案例，再结合娃哈哈等案例，分析品牌对企业的重要意义，并进一步探讨企业的品牌设计原则和品牌运营策略有哪些。

　　2）企业又应如何保证品牌策略的成功实施？

案例8　娃哈哈的销售策略

　　2013年12月，在《食品界月刊》最新发布的"2013中国食品界最具价值品牌榜200强"中，娃哈哈品牌以454亿元位列第四位。在中国饮料品牌中遥遥领先。在强手如林的饮料市场，娃哈哈已经打拼出一片天地。

　　1. "最后一公里"的控制

　　与其他同时期跨国饮料巨头不同，娃哈哈的促销重点是经销商，公司会根据一定阶段内的市场变动、竞争对手的异动以及自身产品的配备而推出各种各样的促销政策。

　　娃哈哈认为，生产商推出任何一项促销活动或政策，首先应该考虑的便是设计一套层次分明、分配合理的价差体系。当今很多企业在营销中，喜欢动辄"超低空"，以低价轰炸市场，以为只要自家的价格比别家的低，肯定卖得就比别人的火，其实未必。因为没有考虑价差的低价，无疑让经销商无利可图，他不给你用力吆喝，不把你的产品摆在柜台上，买卖交易的"最后一公里"仍然无法到达。一般而言，低价策略在新产品进入一个成熟市场时会因其对原有市场价格体系的摧毁而达到出人意料的效果，可是在长效经营中却可能是一味毒素颇大的兴奋剂。

　　针对经销商的促销政策，既可以激发其积极性，又保证了各层销售商的利润，因而可以做到促进销售而不扰乱整个市场的价格体系。相反，依赖于直接让利于消费者的促销，则造成经销商无利可图而缺乏动力，最终竞相降价而可能把零售价格打乱。

　　2. "联销体"路线

　　娃哈哈的营销队伍目前走的是一条"联销体"路线。娃哈哈的营销组织结构是这样的：总部—各省区分公司—特约一级批发商—特约二级批发商—二级批发商—

三级批发商—零售终端。

其运作模式：每年年初，特约一级批发商根据各自经销额的大小打一笔预付款给娃哈哈，娃哈哈支付与银行相当的利息，然后，每次提货前，结清上一次的货款。一批商在自己的势力区域内发展特约二批商与二批商，两者的差别是，前者将打一笔预付款给一批商以争取到更优惠的政策。

娃哈哈保证在一定区域内只发展一家一级批发商。同时，公司还常年派出一至若干位销售经理和理货员帮助经销商开展各种铺货、理货和促销工作。

3. 渠道发展

2000 年起，娃哈哈悄然开始了一场雄心勃勃的营销网络建设工程。娃哈哈在一个区域内只选择一个批发商，该一批商只卖货给自己的二批商，二批商只向划定区域内的三批商和零售店铺销售。整个销售网络是在一个近乎全封闭的、规范化的系统内进行的。这可能是当今中国市场上最具雄心和创造力的一个营销试验：娃哈哈试图把数十年如一的自然性流向一变而为控制性流向。

一旦这一营销网络大功告成，价格的规范和产品的推广自然可以收发自如。

思考：

1）娃哈哈的渠道决策有什么特点？

2）结合娃哈哈的渠道发展历程分析影响渠道决策的因素有哪些。

案例 9　两厢 POLO 上市时的定价策略

POLO 作为德国大众旗下最负盛誉的品牌之一，于 1975 年面世，被称为德国大众的"神奇小子"。2001 年 9 月，德国大众推出第四代 POLO 轿车，与 POLO 目标顾客类同的车型有赛欧、派力奥、夏利 2000。3 款车中派力奥最低销售价格是 8 万多元，赛欧、夏利 2000 都在 10 万元左右，POLO 与这 3 款车在车型、排量上非常接近，加上先前风行的"10 万元紧凑型轿车概念"，于是，人们对于 POLO 的价位就有了更多的期盼。

基于赛欧、派里奥和夏利 2000 的价格，上海大众不希望消费者将 POLO 和它们做比较。上海大众极力宣传 POLO 是中国第一款真正与世界同步推出的轿车，是一款融合高新技术与潮流魅力的产品，并不是人们所说的经济型轿车，而是紧凑型轿车。与菲亚特派力奥、上海通用赛欧等比较，大众 POLO 的技术含量比它们高得多，并且有双安全气囊、ABS 等中高档轿车才有的装备。同时为了使 POLO 能适应中国路况，上海大众拿出 82 辆样车，经过了 200 万公里的试验。

3 月 25 日，波罗轿车总经销商——上汽大众汽车销售有限公司正式宣布接受预订，到 28 日，上汽大众累计接受订单超过 5000 辆，创造了中国轿车销售史上的新纪录。4 月 8 日 1.4 升 POLO 上市，价位分别为 12.75 万～14.8 万元，主要有手动挡舒适型 12.75 万元、12.81 万元及豪华型 14 万元；自动挡舒适型 13.55 万元、13.41 万元及豪华型 14.8 万元。POLO 面市当月销量达到 3041 辆。2002 年 9 月 12 日，1.6 升 POLO 上市，售价 13.55 万～14.8 万元，此时 POLO 销量突破 15 000 辆，平均达到每天销售 100 辆。截至 2003 年 9 月底，POLO 的总销量为 59 800 辆。2003 年

9 月 12 日，POLO 开始降价，价格降幅为 8100～1100 元。

波罗的面世，填补了上海大众的整条价格链中 13 万～15 万元的空缺。从普桑到 POLO，再到桑塔纳 2000，最后还有帕萨特，上海大众拥有了中国汽车企业最完整的一条价格链条。

思考：

根据以上资料分析两厢 POLO 上市时的定价策略及影响其定价的主要因素。

案例 10　"酷儿"的促销策略

"酷儿"是可口可乐公司在全球碳酸饮料市场萎缩的情况下推出的一款新产品。2001 年率先在日本和韩国推出，其后又逐步在中国台湾以及中国大陆部分城市陆续上市，郑州即其中之一。"酷儿"的成功至少有以下 3 个原因。

首先，可口可乐公司经过详细的市场调查发现，6～14 岁儿童是果汁饮料的重要消费群体，但并未引起重视。针对儿童特点成功地创造了"酷儿"独具特色的品牌形象，使与目标消费者的沟通变得轻松、简单、容易。正是因为准确把握了目标消费者的这些心理特点，"酷儿"在上市不久就赢得了消费者的偏爱。

其次，组织销售队伍，在有限的时间内迅速完成铺货任务。将各类卖场分类，责任分配到每个业务人员。并巧借可口可乐公司的优势选择部分卖场开设店中店；针对分布在市区大大小小的几千家小店，挨家挨户进行地毯式铺货，并推行了积极的销售政策，如首次进货仅 3 箱并可以享受买二赠一的优惠，承诺在 3 个月内卖不出去可以退货等。为配合铺市，电视广告片、POP 等宣传同时跟进，一是向消费者传达品牌信息，二是为了给销售商以信心，尤其是促使小店老板现金进货。在许多超市、烟杂店门口，到处都可以看到"酷儿"醒目的橙黄色招贴。除了广告，还举办了针对性的公关活动。到 2002 年春节时，各大商场的可口可乐独具中国民族特色的堆头旁边，都能见到橙色的"酷儿"堆头、"酷儿"小立人、"酷儿"布偶等卖点促销品。

最后，"酷儿"利用放学时间在市内各主要小学附近集中开展了免费品尝、集盖有奖等一系列促销活动，进一步推广新产品，让更多的目标消费者了解"酷儿"，接受"酷儿"，喜欢"酷儿"，选择"酷儿"。

如今，在郑州的街头巷尾，你经常可以看到手拿"酷儿"边走边喝的孩子。一个新品牌成功上市的标志，不仅仅摆在商场货架上，更是摆在了消费者的心中。

思考：

1）可口可乐公司在经营"酷儿"产品上掌握了小消费者的哪些消费心理特点？

2）什么是促销组合？可口可乐公司在经营"酷儿"产品上采取了哪几种促销方式？

3）本案例中的促销方式实施了哪些具体的措施？

案例 11　娃哈哈的春风行动

2012 年 12 月 26 日，在杭州市第十三次"春风行动"动员大会上，娃哈哈集团董事长兼总经理宗庆后代表娃哈哈集团向春风行动捐款 1000 万元，定向用于困难家庭的助学援助，并从杭州市市委书记黄坤明手中接过了"第十二次春风行动爱心奖"的奖牌。从 2000 年杭州市开展第一次"春风行动"以来，娃哈哈已累计向"春风行动"捐款达 3500 万元。特别是从 2009 年开展的第九次"春风行动"以来，已连续 4 次每次解囊捐款 500 万元，名副其实地成为杭州市"春风行动"第一捐款大户。而集团成立 25 周年以来，娃哈哈一直致力于社会公益事业，已累计为慈善事业捐赠 3.7 亿元。

宗庆后董事长在大会发言中表示，娃哈哈发源于杭州这片沃土之上，在企业发展的过程中一直受到杭州市委、市政府以及社会各界的大力支持。娃哈哈也始终抱着一颗感恩的心，在自身发展壮大的同时，积极地回馈社会、服务社会。宗总高度赞扬了杭州市开展"春风行动"的意义，他说，"春风行动"经过 12 年的发展，实现了从"冬送温暖"到"夏送清凉"，从一年一度"送温暖"到一年四季"送恒温"，从单一"输血"到综合"造血"的巨大跨越，为许多困难家庭送去了关爱和温暖。娃哈哈一直带头捐助，就是希望可以带动更多的企业及社会各界人士共同参与，在全社会形成关心、支持、参与"春风行动"的良好氛围。同时，他也期待那些受到帮助的困难家庭，自立自强、乐观向上，争取早日脱贫，积极地回馈社会，去帮助更多需要帮助的人，为社会贡献自己的力量。杭州市总工会有关领导表示，从 2013 年起，将把"娃哈哈·春风助学"援助项目延伸到 5 县（市），每年安排专项资金支持各地开展助学援助工作；重点帮扶 5 县（市）农村低保户、农村困难户和低收入农户。

思考：

1）娃哈哈的"春风行动"是什么促销方式？这种促销方式有何特点？

2）在营销实践活动中，除了这种促销方式外，还有哪些营销促销方式？

案例 12 农夫果园的营销策略

农夫果园是农夫山泉公司出品的一种混合型果汁饮料。作为竞争激烈的饮料市场中的新生力量，它的成绩是相当骄人的。

1. 3 种果汁形成的混合型果汁，提出果汁新概念

农夫果园走混合果汁路线，一来可以避开与先入为主的几大品牌（如统一的"鲜橙多"、汇源的"真鲜橙"、可口可乐的"酷儿"等）正面冲突，二来可以确立在混合果汁品牌中的领导地位。

混合果汁有它的"混合优势"。第一是营养互补的概念。一般人们会认为，多种水果营养更全面、更符合人体对各类营养元素的需求。第二就是口味。混合果汁能够做到各类水果风味互补，调制出独特的口感。农夫果园推出的有橙子、胡萝卜、苹果混合和菠萝、芒果、番石榴混合两种口味。新奇的混合口味吸引了众多的消费者。

2. 外观与包装：包装、容量、浓度的标新立异

"农夫果园"，这一品牌给人的联想是和谐淳朴的果园风情，宁静悠远的天然环

境，增加了果汁来源的真实性。

农夫果园的包装瓶签是 3 种水果横剖面的组合图，色彩艳丽；LOGO 为一个果农怀抱一大筐水果，洋溢着丰收的气氛。农夫果园的瓶口直径达到了 38 毫米，饮用时能够使整个口腔充满果汁，让味蕾更多地品尝果汁原味。包装上还有一个创意是农夫果园的运动盖。当瓶子打翻时，盖子会自动关闭，保证饮料不溢出。这样可以增添饮用的乐趣，既吸引目标消费群购买，也在一定程度上培养他们对品牌的忠诚度。

在容量上，农夫果园也显得别出心裁。农夫果园目前有 2 种规格：600 毫升和 380 毫升，比同类产品多 100 毫升和 30 毫升。这样有利于其在终端店头的陈列和促销员的口碑推荐，也为其价格策略做好了铺垫。

在浓度上，农夫果园独树一帜，在 PET 果汁饮料中率先向高浓度靠拢。包装标签上，"果汁含量≥30%"的字样显得异常醒目，突破了果汁含量与口味之间的矛盾。农夫果园既保留了清爽不粘口的优势，又从营养成分方面留下日后发挥的空间，为其价格策略做好了铺垫。

3. 独特的促销方式

农夫果园彻底扬弃所谓的形象代言人，而以一个动作作为其独特的品牌识别——"摇一摇"。"农夫果园，喝前摇一摇。"这一宣传诉求在农夫果园的广告片当中得到了充分的展现。农夫果园勇敢地把"喝前摇一摇"凝聚成一句广告口号，并把"摇"的动作上升为宣传诉求，把果肉纤维暗示为产品销售的一个卖点，把过去摇一摇的推辞口吻换成了推荐语气。农夫果园这样的宣传诉求立足于理性，不失为绝妙的差异化策略。

4. 价格策略

农夫果园的终端价格比其他主流品牌高出 5 角钱。虽然，量多出 1/5，浓度提高 3 倍，而价只高出 1/6，相对来说，农夫果园的定价比较适合价格敏感度较低的中高收入阶层。

当然，农夫果园实行差异化的价格走高端市场，还必须经受消费者认可和经销商接受的考验。对于消费者来说，能够接受农夫果园这样的价格，是由于此前一系列的差异化策略已经增强了对产品的认同。为提高经销商的积极性，农夫山泉公司采取富有创意的销售政策，特意召开了一次大型的经销商联谊会，邀请全国各地 700 多位经销商到农夫果园生产地浙江千岛湖参观果汁饮料的生产线，以此推荐新品，为价格策略铺平道路。

5. 分销方式

农夫果园采取的销售方式为超市销售，即通过长渠道、宽渠道方式进行销售。由于本企业的产品品质与品牌认知度高，经销商乐于接受，消费者对产品比较信任。

农夫果园的上市策略中，充满着差异性，也正是这些差异性的整合，形成了农夫果园的核心竞争力，令其成为了那个时段果汁市场上的最具锋芒的新星。

思考：

1）从产品策略、分销策略、价格策略和促销策略 4 个方面评价农夫果园的营销策略。

2）运用 4P's 营销理论①，帮助该企业重新进行营销策划。

营销实训

实训项目 1　营销组合策划

【实训目标】

1）训练团队合作的能力。

2）训练运用营销组合策划的技能。

【实训内容与组织】

要求学生依据 4P's 策略，为背景企业设计一份营销组合方案，并进行简单的展示。

1）仔细分析背景企业的以下资料，并进行分组讨论。

几年以来，EyeMo 在香港地区的滴眼剂领域中始终保持着领先地位，在消费者调查中，EyeMo 一直是名列第一的品牌，并且拥有最高的广告知晓度。不过，作为市场领导者也面临着一些挑战。

首先，过去两年的销售额显示整个滴眼剂市场规模呈现缩减趋势，与此同时，品牌的增长也进入停滞期。此外，消费者调查数据显示，最经常使用 EyeMo 的是 30～39 岁年龄组的人，恰好是属于上一代的滴眼剂的使用者。年龄在 20～29 岁的白领女性中电脑与互联网的重度频繁使用者被认为是最经常使用滴眼剂的人，但这些人却更喜欢竞争品牌的年轻形象。

公司对 20～29 岁的年轻白领女性进行了调查，想了解她们的消费习惯。调查主要从 3 个方面进行。

首先，要知道她们关心什么。调查显示，对她们中的大多数人来说，一个典型的工作意味着至少在办公室待 8 小时，并且长时间在电脑前、日光灯下工作，她们通常感到眼睛疲劳和发痒，而几滴滴眼剂可以缓解这些症状，不过她们通常认为这是无关紧要的小毛病，一忍了之。令她们无法忍受的是不好的个人形象和不受人欢迎。

其次，跟她们交流的最有效的方式是什么？数据表明，现有的网上活动中，电子邮件的使用率是 100%，并且一些聊天工具也比较广泛。

最后，她们是如何使用媒体的？对于 EyeMo 的目标受众来说，因特网和电子邮件不仅仅是为了完成工作进行信息搜索的工具，也是获取许多乐趣和相关资讯的渠道。

在以上调查的基础上，公司决定针对目标受众的特点制定一个促销方案，该方案的目标：将营销的重点转移到经常使用滴眼剂的人群；创造出使用滴眼剂的必要性的驱动力；转化 EyeMo 品牌形象以吸引年轻的用户，非常需要维护长期顾客关系。

2）以小组为单位，结合上述有关材料帮助企业制定营销组合策略，并进行展示。

---

① 杰罗姆·麦卡锡于 1960 年在其《基础营销》一书中第一次将企业的营销要素归结为四个基本策略的组合，即著名的 "4P's" 理论：产品（product）、价格（price）、渠道（place）、促销（promotion）。由于这四个词的英文字头都是 p，加上策略（strategy），所以简称为 "4P's"。

3）评价设计的营销组合策略方案。

【成果与检测】

参照以下评分标准进行评价、打分。

评分项目	评分点	自评	组评	教师评分
主题 （5分）	主题鲜明，紧密结合实际（5分）			
市场分析 （20分）	①市场营销环境分析（5分） ②目标市场分析（5分） ③消费者分析（5分） ④企业SWOT分析（5分）			
营销组合 策略 （75分）	①产品策略：产品层次、产品组合、品牌营销、包装等（20分） ②价格策略：定价方法、价格调整等（15分） ③分销渠道策略：选择渠道方式、渠道设计决策、渠道管理决策、建立渠道系统等（20分） ④促销策略：促销目标、促销工具、实施促销的计划及费用预算等（20分）			
合计				

注意：抄袭（同学间抄袭或网络抄袭）或大量内容类同（类同超过25%及以上）者，为不及格。

实训项目2　网络市场调研

【实训目标】

1）训练团队合作的能力。

2）培养网络调研的技能。

3）训练数据分析能力、语言组织能力和文字表达能力。

【实训内容与组织】

为背景企业设计一份问卷，整理分析统计数据，完成网络调研报告，并进行简单的展示。

1）仔细分析背景企业的以下资料，并进行分组讨论。

宁波市某职业学校大力推进创业教育，鼓励和扶持学有余力的学生组成创业团队在校园开办网店。某高一班级和创团队在班主任的支持下，计划在近期向学校申请开办一家校园网店，学校要求他们提交一份市场调研报告，以认证其可行性。和创团队目前最苦恼的事情是选择哪种类型的产品在网络进行营销。

2）以小组为单位，设计一份调研问卷在校园内进行问卷调研，并对调研数据进行整理，以完成调研报告。

3）对问卷及调研报告进行评价。

【成果与检测】

参照以下评分标准进行评价、打分。

评分项目	评分点	自评	组评	教师评分
主题 （10分）	① 主题鲜明，紧密结合实际（5分） ② 主题选择具有实用性、创新性、可行性（5分）			
问卷设计 （25分）	① 主题突出（5分） ② 问项完整性（5分） ③ 问项设计可理解性（5分） ④ 语义明晰性（5分） ⑤ 信息可处理性（5分）			
调研程序与方法 （15分）	① 调研程序合理、方法可行（5分） ② 采集样本数据及信息丰富、有效、可靠（5分） ③ 资料处理得当、科学（5分）			
调研报告 （50分）	① 基本架构合理，写作思路清楚，逻辑性强（15分） ② 理论应用准确、得当（15分） ③ 数据分析科学、有效、切合主题（15分） ④ 语言通顺，无错别字，符合中文行文格式（5分）			
合计				

注意：其中有下列情况之一者，为不及格。

1）没有进行调查，凭空胡编乱造。

2）内容与本次调研主题不符合，或直接网络下载无关内容。

3）任意扩大范围，没有对规定的主题、对象进行调研。

4）抄袭（同学间抄袭或网络抄袭），或大量内容类同（类同超过25%及以上）。

5）政治错误。

实训项目3　市场营销活动方案策划

【实训目标】

1）训练团队合作的能力。

2）全面培养营销策划的技能。

【实训内容与组织】

以小组为单位，根据提供的以下背景资料，策划一份较为完整的营销活动方案。

某花店决定在本地最著名的一家医院附近开分店，你现有5万元的创业基金，请你运用相关的市场营销知识，帮助该花店出点子，并进行营销策划。

【成果与检测】

参照以下评分标准进行评价、打分。

评分项目	评分点	自评	组评	教师评分
主题 （10分）	① 主题鲜明，紧密结合实际（5分） ② 主题选择具有实用性、创新性、可行性（5分）			
企业及团队 介绍（5分）	① 企业名称、LOGO及内涵（3分） ② 团队组成（2分）			

续表

评分项目	评分点	自评	组评	教师评分
市场分析 （30分）	① 企业目标和任务分析：明确企业市场营销策划方案的目标和任务，并分析其合理性（5分） ② 市场现状：提供足够的信息与数据，真实反映实际情况并进行市场调查与预测（10分） ③ 营销环境分析：进行宏观环境与微观环境分析，特别是目标顾客、主要竞争对手的分析（10分） ④ 市场需求与预测：确定目标顾客群，明确市场定位；确定现阶段的市场需求及下阶段的市场需要情况（5分）			
营销策略 （40分）	① 产品策略（10分） ② 分销策略（10分） ③ 价格策略（10分） ④ 促销策略（10分）			
财务分析及风险分析（15分）	① 财务分析：分析投入的资金、成本及预期利润、投资回收期等（10分） ② 风险分析：项目中可能遇到的风险及防范方法（5分）			
合计				

注意：其中有下列情况之一者，为不及格。

1）没有进行调查，文中分析数据均为凭空胡编乱造。

2）抄袭（同学间抄袭或网络抄袭），或大量内容类同（类同超过25%及以上）。

项目小结

通过本项目的学习与实训，写下你的收获。

自我小结：

同学的评价：

教师的评价：

_____

_____

_____

_____

_____

_____

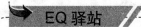 **EQ 驿站**

得人心者得市场

商家送给顾客最好的礼物是满意，顾客送给商家的最好礼物是货币。

美国好乐公司的副总裁艾丽莎·巴伦，掌管着 30 多亿美元的资产。她 20 岁时曾当过一家糖果店的店员，来店的顾客特别喜欢她，总是等着她给自己售货。

有人好奇地问艾丽莎："为什么顾客都喜欢找你，而不找别的小姐，是你给的特别多吗？"

艾丽莎摇摇头说："我绝对没有多给他们。只是别的小姐称糖时，起初都拿得太多，然后再一点点地从秤里往下拿。而我是先拿得不够，然后再一点点往上加，顾客自然喜欢我了。"

艾丽莎·巴伦的高明之处，就在于她抓住和满足了顾客心理上的微妙差别：一点点地往秤上加要比一点点地往秤下拿让顾客感到舒服。

感悟 得人心者得市场。谁能调动和满足顾客购买商品的内心渴望，谁就能受到顾客的欢迎，谁就能使商品畅销。

参 考 文 献

冯金祥. 2012. 市场营销知识. 3 版. 北京：高等教育出版社.

雷鹏，杨顺勇. 市场营销案例与实务. 2 版. 上海：复旦大学出版社.

龙思薇，王薇. 2014. 互动营销案例 100. 北京：清华大学出版社.

彭石普，梁若冰. 2011. 市场营销原理与实训教程. 北京：高等教育出版社.

唐方方. 2013. 移动商务与网络营销案例分析. 北京：北京大学出版社.

杨丽佳. 2011. 市场营销案例与实训. 北京：高等教育出版社.

杨勇，陈建萍. 2014. 市场营销：理论、案例与实训. 北京：中国人民大学出版社.

姚金鑫，霍丽丽，李绍刚. 2011. 市场营销案例与实训教程. 成都：西南交通大学出版社.

张良. 2004. 营销训练营. 深圳：海天出版社.

张卫东. 2011. 市场营销理论与实训. 2 版. 北京：电子工业出版社.

郑继兴，金振声. 2008. 市场营销理论与实践教程. 北京：清华大学出版社.

周光理. 2012. 医药市场营销案例与实训. 北京：化学工业出版社.